雪珥—中国改革史系列

绝版恭亲王

风口浪尖上的晚清改革舵手

雪珥 ——————————————————— 著

中国青年出版社

改革面对的是没有"剧透"的历史

——改革的逻辑、改革的对象与改革的边界——

皮钧

任何改革都是有逻辑、有对象，也是有边界的。但兹事体大，旁观者难以看清，非躬身入局者，不可察也！

中国史书汗牛充栋，保留了相当珍贵的文献。但从实践角度来看，可以"文人史"与"现实史"划分之。

"文人史"很像今天的网络文章，多为借史抒怀，虽不乏文彩灿然者，却往往隔靴搔痒，见表不见里，疑伪亦疑真，难以直指历史本来面目：为尊者讳，不过是为胜者旌名，但于历史之规律，往往淹没其中。即使是孔子的春秋笔法，"笔则笔、削则削"，也只能说是春秋时代发生的事情，与孔子的道德观有出入而已，但与春秋时代的社会变革本身并没有太多的直接内在联系。此种叙史方式占了中国史书的90%以上。后人读之，莫名其理；但美过往，无益将来。所谓尽信书，不如无书，指的就是这类史书。

"现实史"之所以难写，一方面是关键文献不足，特别是涉及最高决策层的东西，大家都讳莫如深，导致很多重大历史事件在史书中成了"神话"，无头无尾、无因无果。另一方面是作者见识不足，不能对那些在历史上起到决定性作用的伟大人物所面临的形势进行"归位思考"，特别是在重要转折时期，当时人、当时事的独到眼光与判断，不一定都和盘托出。后人必须从史迹中找出其基本逻辑和本源思考，并还原到历史场景中去，才能看清本真。否则后人无法从历史中汲取有价值的经验与教训。这就需要绝大的现实眼光与时代眼光（注意：不是历史眼光，看了剧透的人是没有资格评论历史的）。这也就是为什么恺撒的《高卢战记》、丘吉尔的《第二次世界大战回忆录》能够成为真正不朽的历史巨著的原因。毛泽东同志的《论持久战》既是一篇光辉的哲学文献，又是一篇光辉的历史文献，其意同也。

"改革史"尤其如此。

本书的作者雪珥先生曾先后在政治领域、经济领域和文化领域工作，又恰逢改革开放之伟大时代，亲历了许多事件，并与诸多决策者保持了良好的互动，加之本人酷爱历史，中英文俱佳，又练就一支妙笔，故而能从纷繁复杂的历史资料中挑出"改革史"这一特殊题材，生成经世致用之佳作。

改革的逻辑

改革都是为了解决具体问题而进行的——改革往往不是结果导向，而是问题导向——没有问题谁改革啊？！

找出改革的出发点和根本原因，才是改革史研究的历史使命，而不是仅仅看结果。从中国历史上看，改革者往往都是以悲剧人物收场。在中国这样一个"成王败寇"文化盛行的场景下，没有几个人愿意认真研究改革者尤其是那些"失败"了的改革者。而历史规律往往提醒我们，要学会在前人停止的地方再出发，而不是重新发明"轮子"。

雪珥先生的改革史恰恰遵循了这一点：《国运 1909》《辛亥：计划外革命》等，都是按照这个逻辑展开的。不仅详述了当时的史实，更重要的是认真考察了改革的推动者即当事人的思考与行动。很多结论都值得深思：如清末的宪政并未改变中央集权的模式，反而是"集权者的尺码从 XXL 换成了地方无数小 S 号"。这个 100 多年前改革者面临的中央和地方的关系问题，在毛泽东同志的《论十大关系》中又认真提出，只能说明需要改革的问题并没有在百年前的革命中解决，甚至，很多问题不是革命能够解决的。

因此，改革的落脚点一定是问题，离开问题的改革都是臆想。

改革的对象

改革的对象既不是敌人，也不是朋友，而是"筹码阶层"。

古往今来，人们往往把改革的阻力笼统归于体制因素或是既得利益集团，既不准确，也不科学。因为这样模糊的表达，恰恰说明我们缺乏这方面的知识——有些以壮士断腕的决心改革的人，往往断的是毛发！改革的对象不是孤立的东西，不是虚幻的概念，而是存在于各个领域，是一些与我们有着千丝万缕联系的活生生的人——任何离开人的研究都是歧途。

事实上，改革的对象，是"筹码阶层"。

所谓"筹码阶层"，就是这样一群人：除了被施舍或者占有，他们没有能力生产出自己赖以生存和发展的条件，他们认为自己是一种"筹码"，可以通过讨价还价任意"卖出"自己。他们不是普通的懒汉——懒汉只是好吃懒做，而他们崇尚投机取巧，并且把满足私欲的一切行为也冠以"劳动"这样显贵的名号；他们也不是普通的搭便车的人——搭便车的人只是在占便宜，而他们却千方百计让别人付出改革的成本，自己获取改革的利润。他们没有自己的目标和追求，只是看人下注、因人成事。他们不是发展的动力，却自认为是成功的筹码，甚至还要独占胜利的荣光。本质上他们是一个"不劳而获"的阶层，但平时在人群中却不易被识别和区分，甚至很多事业被葬送的时候，还难以被人察觉。这才是真正的危险之处！

"筹码阶层"存在于政治、经济、文化、社会诸多领域，是创新的最大敌人，是现代化发展的严重障碍，也是懒政怠政的主要人群。他们是个人私欲的奴隶，却要摆出历史主人的派头；没有为历史开道的能力，却要享受创造历史的荣光。其实，古代杰出的政治家对此早有深刻洞察。范雎在其著名的《献秦昭王书》中就深刻指出："善厚家者取之于国，善厚国者取之于诸侯。天下有明主，则诸侯不得擅厚者，何也？为其割荣也。"所以昭王罢黜尸位素餐的穰侯而起用一代名相范雎后，史载："昭王得范雎，强公室，杜私门，蚕食诸侯，使秦成帝业。"如果不能在改革中摆脱"筹码阶层"的束缚，任何政治进步所赢得的民心都将被挥霍殆尽。

我们在雪珥先生的书里可以清晰地看到这个"阶层"的种种嘴脸。今天所遇到的官僚体制、政商关系、社会板结、文化虚无、奢侈浪费，都能够在百年前清末的改革中看到重重迷影。

但是，理有固然，势无必至。历经百年的变革，也并没有取得对这个阶层改革的实效。

改革的边界

改革是有边界的——底线就是避免"始变终乱"，从而引发革命。

改革的目的是为了"存续"，而革命的目的是为了"颠覆"。二者的目标和手段完全不同。因为"改坏了的改革"而引发革命，这在历史上不在少数。但此中得失是不能在革命中寻找的，只能在改革中寻找。因为革命者并不关心改革者关心的问题，二者立场大相径庭。旧王朝的解体和旧体制的崩塌，并不必然带来问题的解决，甚至可能以新的方式在新体制中继续存在。

改革如马拉松，往往需要经过多年的实践，才能够看清其本质。好在中国的历史足够悠久，后人可以跨三代研究（正反合）。如宋代研究唐朝灭亡的原因，认为"安史之乱"是唐朝衰败的根源，由此把改革的矛头直指"节度使"制度，从而形成"抬文抑武"的体制。结果宋朝倒没有亡于内乱，但因这种"羸弱"的体制使得国力如纸，最终竟亡于外患。后人不一定都能看清前朝的问题，真实原因往往并不那么显而易见！

雪珥先生的改革史之所以具有极为强烈的现实意义，即在于尝试厘清上述问题。

从更为广阔的历史视角看，我们今天所做的工作，也是1840年以来中国社会现代化大转折的组成部分。孙中山领导的辛亥革命虽然推翻了帝制，但没有找到复兴的道路，却引发了几十年的军阀混战。是中国共产党理顺了清末改革者与革命者留下的烂摊子——从这个意义上讲，新中国面临的问题，是现代性大转折的组成部分，很多问题，其实在清末就已经显现。我们现在要解的诸多难题，甚至可以说与百年前是同一套"试卷"，只不过当时很多题目还没有来得及作答。

近代史离今人很近，从情感和认识上更易引起共鸣，殷鉴不远，其意可追。同时，我们也看到，现在的国内外局势和经济社会发展又形成了许多新的特点，"将改革进行到底"的难度可想而知。

总之，中国是一个改革大国，"文明早起、政治早熟"，有着极为丰富的改革实践，这是世界上任何一个国家和民族所不能比拟的。加之改革往往与改革者的情怀、命运环环相扣，与国家的盛衰兴亡紧密相连，因此成为中国文化中的独有的道统与意象。加之改革样本丰富，所有的探索对当下的国家治理能力与治理体系现代化，都是有极大帮助的。

真正的改革者从来都承认创造的当代性和主动性，并把历史看作一代又一代人接续奋斗的创造性劳动的历史。真正的改革者也正是在这种实践中克服了狭隘的、地域的意识，而成为具有世界和历史意识的自觉的人。后人完全可以在前人思考与实践停止的地方继续探索——这是我们出版这套改革史的"初心"。

2017 年 7 月 1 日晨于京华三生楼

— 总自序 —

珍惜改革，珍惜改革者

雪珥

1

曾有一位颇具影响力的政坛老前辈，在聊天时问了我一个问题："你的研究与写作，有影射吗？"

我几乎不假思索就回答："当然有影射。没有影射，我就不写了。"

前辈一愣，他大约没有想到有人会痛快承认影射，毕竟大多数人对此是只做不说，甚至只做不认。

我解释说："我觉得，历史研究的作用就是资治通鉴，要服务于当下的。我的研究向来是'问题导向'，带着针对性做问题研究。我的'影射'，在于确定问题的所在，并非结论先行，结论应该根据史料来判断。这样的'影射'，才是资治通鉴。"

我再补充："我的研究，尤其是传播，将受众确定为政商两界的精英，影响有影响力的人。这些精英都是行过万里路、读过万卷书的，那种结论先行的'影射'，绝无可能赢得他们的丝毫关注。我的所谓的'影射'，无非就是确定贴近现实的研究课题。"

前辈听了，若有所思。

2

研究改革史，对我来说，一度仅仅是个人爱好而已。

初衷其实很简单：走出校园后，我的生活轨迹完全是在政、商两界从事各种实务，见证、参与了如火如荼的改革实践，亲历了不少风雨雷电，亦因此养成了闲暇之余试图跳出事外琢磨改革逻辑的习惯。大约是长期从事实操的关系，我相当厌烦那种跳跃式的、缺乏行为逻辑链条的空头讲章，总是思考：既然历史如同涓涓长河，改朝换代的"抽刀"究竟能有多少"断水"功效？以"砸烂一个旧世界"为基本手段，真能如愿"建设一个新世界"吗？我总觉得，在长达一个半世纪的中国现代化进程中，除了那些政治挂帅的宏大叙述之外，应该存在着更多的"技术操盘"细节，记载了前人的思考、探索，对当下更具有"资治通鉴"的意义。

带着这样的初衷，从"技术操盘"入手，我开始了这个最初完全自娱的探究。后来所发生的一切，完全出乎我的意料：

没想到自己的博客能有这么多"粉丝"；

没想到知名的老牌出版社会主动联络出书；

没想到多位"中堂大人"们能多方力荐；

没想到商学院EMBA的企业家学员们能如此喜欢改革史课程……

我发现，关注中国现代化进程"技术操盘"的人，并不在少数，尤其在政商两界精英中非常普遍。这些当家人、挑担者，在经历了错综复杂的实践后，最深的体验就是办事之难绝非坐在象牙塔内冥想那么简便、那么轻挑。

中国改革进展至今，堪称已登上"三千年未有之大变局"之巅，既有的各种理论都显出了疲态，而静下心来在前人的改革探索中披沙沥金，或许是个更为可行的"笨"办法。这大约就是近年对晚清改革的研究突然成为显学的关键动力，我为自己无意间在其中扮演了推手角色颇感自豪。

这些年来，媒体给我安了不少头衔，基本集中在"历史"领域。而在我自己看来，我研究的就是公共管理，无非更多的是从历史维度入手。这些年，无论是周游列国，还是在国内探亲访友，我打交道最多的，依然是政界、商界人士，听他们谈最为鲜活的当地政经情况。在我看来，这不仅是"接地气"，也是"接天线"。这种习惯，一方面是我自己的人生阅历及既有朋友圈的惯性；另一方面也是因为政、商两界是我的主要研究对象及主要受众群体。

精力有限，我给自己的研究定位了一个基本传播路径：影响有影响力的人。其中一个主要渠道，就是在一些顶尖商学院开设EMBA课程或EDP课程，讲授中国改革史或政商关系演变史。商学院学员无疑是中国社会的精英，至少是成功人士。商学院的课堂亦是竞争最为严酷的：不仅教授要给学员们打分，学员们也给教授打分，优胜劣汰，任何的忽悠都会被无情地碾碎，这给了教授者巨大的压力。学员们不仅事业有成，有丰富的实践经验，其中大多数人读书之广、思考之深，亦已超过不少教授。

在这样的课堂上，靠发牢骚、靠做作的批判根本难以立足，解决问题，至少直面问题、解答问题，是必须具备的能力。我曾经应邀在某商学院为一位著名法学家的跨班级讲座充当点评嘉宾。这是我十分钦佩和敬仰的一位大家，我也基本认可他对中国现实的诸多批判，但我在点评时，也毫不客气地指出：与"看到问题"相比，更难的是"解决问题"；与充当批判者、旁观者相比，更难的是做实践者、挑担者；与扮演"思想家""哲学家"相比，更难的是扮演"工程师"；处于转型期的中国，最好是少些云里雾里的"坐而论道"，多一些脚踏实地的"起而行之"。值得欣慰的是，这位大家及听课的大多数学员们，都认同我的意见。

这些年我最为自豪的是，在诸多商学院里，我多是最受欢迎的教师之一。

3

从"技术操盘"入手研究中国改革史,"问题导向"是必需的。

对我最有影响力的"问题导向",首先是:中国近代国运之衰,真是因为"闭关锁国"吗?

"闭关锁国",俨然是国人对近代史的基本认知前提,并由此衍生出国人对近代史的"两蛋"批评:不是"笨蛋"(愚昧),就是"坏蛋"(反动)。国史上主动的"闭关锁国",主要在于明清两朝。明朝的海禁,始于洪武四年(1371)朱元璋下达"片板不得入海"的政策,到隆庆元年(1567)"开海禁,准贩东西二洋",实行"隆庆开关",实施了近 200 年。清初的海禁,始于顺治十二年(1655)"无许片帆入海,违者立置重典",终于康熙二十三年(1684)设立闽粤江浙 4 个海关,为期 29 年。两者合计约 230 年,此后直到 1949 年,再无主动的闭关海禁政策。

无论明清,中国在世界经济中都扮演了重要的角色,成为那一轮全球经济一体化的重要参与者。清朝中叶,对华贸易成为英国东印度公司 90% 以上利润的来源;在沙俄全国对外贸易中,对华贸易占比达到了 7.3%~8.3%,关税占比高达 20.4%~38.5%;争夺毛皮这一中国进口的大宗商品市场,也成为列强在北美殖民地进行博弈的主要经济动力……外贸为清帝国带来了巨额白银,根据美国汉学家、大清国海关高级干部马(H.B.Morse)在《中华帝国对外关系史》中估算，从1700—1830年的130年内，仅广州一个口岸流入白银总数在9千万镑到1亿镑，折合3.6~4亿银元。中国因素成为影响国际经济并进而影响国际政治的重要砝码，清帝国已经深深地嵌入了全球商业运行的齿轮之中。

鸦片战争前的中国，既不闭关也不锁国，如此一来，那么最值得我们思考的"技术"问题就是：造成中国近代悲剧的问题究竟是什么？

对我影响较大的第二个"问题导向"是：中国近代的第一轮经济改革，真是毁于"官督商办"吗？

在这轮被普遍称为"洋务运动"的改革中，"官督商办"是主要的形式，受到当代很多学者的猛批。但是，我们却忽略了两个基本事实：

第一，"官督商办"在当时对中国的经济发展起到了相当大的推动作用。中国资本主义起步时存在两个很大的问题，资本稀缺和平台稀缺。资本稀缺，表现为资本少而散，投资工商业意愿低。平台稀缺，表现为投融资平台和信用交易平台的稀缺。在当时的情况下，只有政府才能弥补这两个缺失。权力首先起到了信贷的功能，财政直接投资，或者间接提供担保；其次搭建了投融资平台和信用交易平台，一定程度上弥补了社会信用和社会信任不足的问题。细细分析投资数据可以发现，无论轮船招商局，还是上海电报局、漠河金矿、开平煤矿等，第一轮改革开放的大多数企业，都是靠财政的投入才得以诞生、得以维持。针对如此大规模的财政投入，实行"官督"无疑是监管的基本需求。

资本之外，当时的政府亦给企业提供"专利"，即一定时空内的市场垄断"专享利益"，以扶持企业发展；同时亦为企业家提供体制内的政治身份，即官职，以利于其在官本位的社会里与官场、民间打交道之用。

总之，"官督商办"是当时条件下的混合所有制实践。在其初期，权力对资本的扶持作用相当显著，甚至可以说，如果没有权力的扶持，中国的资本主义是无法起步的。但是，权力与资本的这种关系，也带来了相当多的弊端，这种混合所有制形式，先天就带着强烈的病毒性。比如，权力作为重要的生产要素投入之后，令资本市场的发育受到极大的影响，而资本市场本来是可以作为投资者用脚投票的主要杠杆的。官督商办的混合所有制企业，虽然也能上市，但几乎所有股票都是记名制的，转让成本十分高昂。同时，权力的过度介入，令这些企业在股票市场上出现了严重的投机化倾向和内幕交易现象，企业的信息透明度极低，暗箱操作居多。如此依赖，企业的"外部治理"机制难以建立。

第二，在忽略"官督商办"的实际价值之外，我们更忽略了：与中国同时起步的日本改革，实行的也是"官督商办"，并持续半个多世纪，政府主导作用也很强，为什么从结果来看他们比我们做得好？问题不在于是否需要政府发挥作用，而是是否规范，以及如何规范政府与市场的边界。

日本比我们更早地通过法治建设，更早明确了权力与资本的边界，而我们在晚清的整个第一轮改革甚至直到当下，都是模糊的。在模糊状态下，企业固然享受了没有边界的扶持，但也承担了没有边界的干扰，"大爱"无边的时候，"大害"也是无边的。在这种状况下，企业家既是受益者，也是受害者；政府也同样既是受益者，也是受害者；而归根到底，在缺乏规则、边界的丛林状况下，无论企业和政府、资本与权力，到最后都是受害者，没有受益者。

晚清这一轮改革的最大问题，就是在于萝卜快了不洗泥，在应该建立规则、可以建立规则的时候、地方，没有建立规则，在可以把水澄清的时候没有去澄清，最终，潜规则取代了显规则，浑水取代了清水，时间一长，无论是政府还是企业，都习惯了潜规则，习惯了在浑水中游泳，乃至后世对此更形成路径依赖，导致中国的政商关系长期地陷在潜规则的浑水泥沼中无法自拔。

4

中国当下的这一轮现代化进程，我认为至少可以溯源到一个半世纪之前。一个半世纪以来，我们总是有意无意地强调中国尤其是中国所存在的问题的特殊性，而容易忽略在现代化进程中的许多问题或许具有超越国界的共同性。

我认为，造成这种错觉的重要原因之一，是我们的近现代史研究，不仅长期忽略对各种经济数据的搜集与分析，更忽略全球一体化背景下中外交流互动的各种细节分析。

其实，中国在改革转型中出现的各种问题，从腐败到环境污染，在其他任何国家的现代化转型中，尤其美国，都出现过，一个不落。这些发达国家花费了数十年甚至上百年的时间，才通过不断的制度改进对其进行修补裱糊，这正是"国家治理能力与治理体系现代化"的题中应有之意，也是对耐心与韧性有更高要求的活儿。可以肯定的是，任何推倒重来、砸烂重来，不仅不能解决实际的问题，而且容易将问题暂时掩藏起来、延宕下去，最终往往憋出更大的脓包。

当今改革开放 30 多年来，我们已经普遍接受企业管理是一门技术，却并未接受国家治理也是如此。当国家治理需要改进、完善的时候，我们往往不爱研究技术细节，而习惯去怪罪或期许一个虚幻的"主义"。很多年前，胡适先生说过"多研究些问题，少谈些主义"，引起过很多争议，但是，我们应当承认：任何"主义"的推行都必须根基于诸多"问题"的解决，或者说，"主义"确定之后，"问题"就成为实践"主义"、实现"主义"的关键。

改革者的艰难，就在于他在努力解决"问题"的时候，却往往要遭遇别人手持"主义"棍棒的质疑乃至打击，并且，这种质疑与打击同时来自左右两个方向。古今中外的改革者，往往是"虽万千人吾往矣"的孤独者，不是他们天性孤僻，而是改革必然会触及诸多利益群体。手段强硬的改革者，尽管其改革成效"利国利君利民"，却往往因"不利官"而难以善终，被视为"独夫官贼"。自商鞅以降，改革者的悲歌史不绝书。

当然，改革者中也不乏身段柔软者。其或在推动改革的时候，和光同尘、与时俱进，拥抱"海心"、拒绝"地命"，跻身先富起来的人的行列，比如范蠡、比如盛宣怀；其或毕生谨小慎微，忧谗畏讥，比如诸葛孔明、比如恭亲王。无论改革者的下场是哪一类，他们的孤独必定是相同的。

5

对于改革史的研究与写作，我自己当然有一个较宏观也较宏大的"顶层设计"。不过，在自己的精力、能力都尚不足以支撑修房建屋之前，我必须也只能在"技术操作"层面上选择每天烧制一块砖、一片瓦，用最为老实、最为笨拙的方式进行积累。因此，迄今我的改革史系列著作，大多都是先在报纸上以专栏形式连载，而后结集修订出版。这些书，依然是砖瓦材料而已，错漏之处不少，留待今后更有精力、能力的时候，再重新搭建，看看此生是否有望盖起理想中的那间房。

自第一本书出版至今，倏忽10年了。多本书的初版版权早已到期，未再加印，二手市场上居然能"炒"到数百元一本，这在当今图书市场大约也算异数。我自己认为，其中原因一是在于"影响有影响力的人"的定位所致；二是因为聚焦近现代改革史的"有效供给"依然严重短缺。

感谢中国青年出版社给我一个机会，将拙著集中作为一个系列修订再版；感谢皮钧社长在百忙之中拨冗亲撰导言；感谢责编、设计师以及发行各部门的通力合作；感谢许多许多朋友们为此付出的一切。

1987年，我跨进中国青年政治学院的大门时，刚满17岁。那时绝对没想到，毕生将与中国的政治难分难舍。本书即将付梓时，恰逢我入都30周年纪念，填了一首七律感怀：

少年簪花把吴钩，
意气风高百尺楼。
无路请缨等长风，
有怀投笔觅封侯。
紫竹院外难策马，
昆玉河畔不栖鸥。
江山应在今朝醉，
诗酒且留后人愁。

草于悉尼—北京—华盛顿历次旅途，
改定于2017年7月23日，悉尼北石斋

目　录

绝版恭亲王

难以复制的大清王爷

150 年前的 1860 年 9 月，英法联军的隆隆炮声将大清王朝的咸丰皇帝赶到热河"狩猎"，而咸丰则将京城的烂摊子丢给了自己的弟弟——时年 27 岁的恭亲王奕䜣。几天后，攻入北京的侵略者悍然将号称"万园之园"的圆明园付之一炬。临危受命的奕䜣亲历了种种耻辱，与英法两国签订了《北京条约》，以割地赔款的代价使内忧外患的帝国有了难得的平静。

可能恭亲王本人也没有想到，在此后近半个世纪的时间里，他将会在大清王朝扮演一个极为特殊的角色。在历史浪潮的颠簸中，恭亲王站到了舵手的岗位上，极力维持着大清帝国这艘破败的巨轮缓慢前行，直至心力交瘁。

回顾起来，恭亲王奕䜣的一生确实具有浓厚的传奇色彩。先是在与咸丰的储君之争中功亏一篑，被封为恭亲王后不久便受到咸丰的猜忌和排挤。经过与外国交涉的历练，勇于任事的奕訢开始奠定自己在政坛的地位。咸丰死后，他抓住机遇，同慈禧共同发动辛酉政变，控制了中枢机关，总揽清朝内政外交，成为权势显赫的铁帽子王。作为满亲贵族中难得的有才识者，恭亲王奕訢几乎一手导演了随后 30 年间的王朝改革，可谓当之无愧的"总设计师"。从总理衙门到洋务运动，从近代海军到近代教育，使本已痼疾缠身的王朝居然出现了颇具声势的"同光中兴"，可谓厥功至伟。

遗憾的是，在错综复杂的权力斗争中，奕訢始终无法摆脱慈禧太后的阴影，不得不一次次在宦海沉浮中挣扎，最终抱憾辞世。但是历史不会忘记奕訢，他的时代抱负和政治智慧至今仍值得后人思考。

19 世纪后半叶，西方列强的政治、经济、军事方面都处于急剧发展时期，中华帝国却裹足不前。清朝军队虽然屡屡在西方列强的坚船利炮面前蒙羞，但多数士大夫仍然顽固地沉浸在天朝大国的旧梦中，无事则空谈气节，有事则颟顸畏缩。即使贵为一人之下、万人之上的恭亲王，也是在极为艰难地实施满腔抱负。事实证明，在其一生的改革努力中，奕訢几乎无时无刻不受到保守势力的牵掣。他首先必须在权力斗争的夹缝中谋生存，然后才能小心翼翼地为王朝谋发展，其代价便是个人命运的几番沉浮以及朝野舆论的毁誉参半。正如本书作者曾经感慨的："尽管恭亲王早已获得了'鬼子六'的雅号，被人们贴上了自由派的标签，但是，除了蔡寿祺之类投机钻营的举报者外，从来没有任何一个持不同政见者对他的人品及政治品格有过怀疑。这种稳健的政治手法，使恭亲王在关键时刻，既能推动改革不断前进，也能掩护激进的改革者从反对的声浪中逃生。"

岁月如烟，那位曾经书写了一段传奇的恭亲王已湮没在历史的尘埃中，不过他的府第倒是在历经沧海之后得以保存。如今，在风景秀丽的北京什刹海西南角，有一条静谧悠长、绿柳荫荫的街巷，当年门前车水马龙的恭王府就坐落在这里。作为现存清代王府中保存最完整的建筑，恭王府已成为中外闻名的旅游景点。具有讽刺意味的是，虽然近些年来这里游人如织，但绝大多数看客都是为恭王府曾经的主人——著名权臣和珅而来的。现代的人们往往会对虚构的电视剧趋之若鹜，却对真实的历史漠然置之，这恐怕要算恭亲王奕訢的又一重悲哀了吧。

著名学者侯仁之先生曾说："一座恭王府，半部清代史。"在浮躁喧嚣的今天，又有多少人能真正体味这其中的含义呢？从这个意义上讲，作为现今恭王府的管理者，我由衷钦佩雪珥先生非凡的历史见地。虽然雪珥自称为非职业历史拾荒者，但他多年来始终以独特的视角致力于中国近代改革史的研究，成果斐然，其已出版的《大东亚的沉没》《绝版甲午》及《国运1909》等作品均引起了热烈反响即是明证。在雪珥看来，恭王府曾经的主人——恭亲王奕訢堪称是中国近代改革的源头。正是基于这种认识，他本人曾多次前来恭王府实地搜寻资料，凭吊历史，最终写成《绝版恭亲王》一书，为我们展现了一代亲王在那个云谲波诡的年代中曾有的飒爽英姿和痛苦无奈……

毫无疑问，恭亲王的传奇堪称中国近代史上的绝版，但我希望像雪珥先生这样的杰出研究永远不会绝版。

恭王府管理中心主任　孙旭光

2010 年 8 月于恭王府

栏杆猛拍春梦惊

1

七月的鹅毛大雪，纷纷扬扬地飘落在澳大利亚的阿尔卑斯山（Alps）上。脚套在厚厚的雪橇鞋里，我感觉到前所未有的行路难。只有踏上雪橇板，才能从滑行的轻快中，体会到减少摩擦所带来的快感。

这种快感，应该是大家都喜欢的，至少光绪皇帝也喜欢。

这张发表于英国《图片报》（*The Graphic*）的版画，描绘的是光绪皇帝在北海冰冻的湖面上，乘坐着奥地利赠送的雪橇。拉雪橇的，是极具大清特色的"驯鹿"——8名太监，他们熟练地踩着同样是舶来品的冰刀鞋，带着帝国的最高元首，在冰面上滑行。

夜晚，守着熊熊燃烧的壁炉，孩子们熟睡的呼吸在屋子里轻轻回荡。看着手中发黄的老报纸，1895年1月19日的出版日期清晰地标注在报头边上。百年的历史，与窗外那银装素裹的无尽山河相比，无非是弹指一挥间。一个帝国，就如同雪橇急速而过留下的雪痕，随即被时光的严寒封上，镜也似地光亮得几乎不留痕迹。

岁月无情。

雪峰上的天空无比澄澈，南十字星闪烁，北斗星已无处可循。即便斗转星移，却总是有颗星在指引着暗夜的方向，令你无法质疑造物主的神奇。

2

半年前，我也是在漫天的风雪中，第一次走进了后海边的恭王府。

游人如织，都是来参观"和珅他家"的。中国人实在太渴望成功了，对于成功的路径并不在意，走正途也好，捞偏门也罢。他们认为只要能成功，哪怕如同流星般划过长空，也能成为万人仰慕的榜样。

在一道道流星的灿烂光芒下，那些恒星倒是显得晦暗、无趣。

恭亲王就是这样的一颗恒星。

作为中国近代"改革开放"的第一个画圈者，他不仅将那个被后世描绘为"腐朽、没落、反动"的大清王朝延长了半个多世纪的生命，并且第一次将历经千年自大后的中央帝国请下了神龛，使其主动平视——而非俯视，亦非被人打翻在地后被迫仰视——整个世界。

作为一个被革命者痛斥为"鞑虏"的少数民族政权，清帝国以自己近300年的历史，打破了"胡人无百年运"的宿命咒语，也在中国历史上留下了一个巨大的问号，拷问着无数后人：走了那么久，我们究竟离起点有多远？离终点又有多远呢？无数的大王旗换了又换，无数的海誓山盟说了又说，仿佛戏台上的斑斓戏袍和假声念白，曲终人散，如果失去了戏台，我们还能找到自己真正的角色吗？

这是一个吊诡的现象：在主流话语体系对清王朝的普遍贬低和诅咒中，清王朝留下来的各种遗产，尤其前30年经济改革（洋务运动）和后10年政治改革（清末新政）的经验教训，却成为后世自觉不自觉的效仿对象。历史的传承，其实并不是人力所能切断的。

3

作为大国的"总理"、血统最为高贵的皇族、同时代人中难得的清醒者，恭亲王实在是太低调了，他的光芒被掩盖在太后们那巨大的宝座阴影下和那些充满八股陈词的公文之中。

绝版恭亲王

光绪皇帝乘坐着奥地利赠送的雪橇，8 名踩着冰刀的太监如同北极犬一般，带着他在冰面上滑行。

本书初版自序

后人刻薄地说他"一生为奴",却不知这并非个性的选择,而是中国特色的权力运作的定位结果。作为接近最高权力的"老二",如果不甘寂寞,就只有两种结局:成为老大,或者成为零,all or nothing。这种胜者通吃的零和游戏,注定了中国的舞台上只能上演独角戏,梁启超称之为"一人为刚万夫柔"。于是,恭亲王便只能"柔",在政治精神层面上自我阉割,以便在权力这一强效的春药面前令人放心。

恭亲王故后,这座豪宅很少有人关注,除了后世那位赢得万千民心的周恩来。不知未来的史家们,该如何解读日理万机的周恩来,何以会无数次地、低调地来到这里,并将尽早开放恭王府作为其政治遗嘱之一。

4

恭亲王给后人留下了一个悬念。

他曾经写过一首七律,怀念他曾经的助手宝鋆:

只将茶莾代云舣,竹坞无尘水槛清。
金紫满身皆外物,文章千古亦虚名。
因逢淑景开佳宴,自趁新年贺太平。
猛拍阑干思往事,一场春梦不分明。

这本是一杯盛满了牢骚的女儿红，却在"猛拍阑干思往事"一句中，露出了烧刀子般的峥嵘烈度。

"拍阑干"这种方式，最早是一位名叫刘孟节的宋人记录的，刘诗人常感怀才不遇，写下了"读书误我四十年，几回醉把阑干拍"。到了辛弃疾那里，就不仅要"阑干拍遍"，还要"把吴勾看了"，一手拿着刀剑，一手猛拍阑干，这就不只是抑郁，而且十分愤懑了。恭亲王又为何而抑郁呢？又为何而愤懑呢？

更为吊诡的是，他后来又把"猛拍阑干思往事"一句删除，改成了"吟寄短篇追往事"，拍阑干改成了写作文，硬生生地将一盘重辣重麻的川菜，改成了温润甜腻的苏点。

或许，逝者如斯，恭亲王想不豁达都难，牢骚太盛防肠断呀……

5

《绝版恭亲王》这个系列在报纸上连载时，一些读者悄然而热烈地反馈：这是一本中国官场的教科书。

我不禁愕然。

在我想来，这该是中国改革史的另类记录和解读。我曾经认真地回头检查，看看究竟是什么原因导致了我有心所栽的花成了无意所插的柳，却随即释然。原来，中国式的花、柳竟是如此难分难解，权谋几乎无时无刻不是生活中的主旋律。无怪乎我的上本改革史小书《国运 1909》，被一些朋友当作了"官场导读"，相互推荐，居然多次登上排行榜。

这种特殊的市场"被定位"，导致我的读者大多是沉默的一群。他们在看，他们也在思考，但他们不说。不说，不是因为不会说，而是因为不便说，也不想说。我曾经的师长、红墙内的一位显宦，据说看了我的专栏彻夜难眠，长叹一声后，道："不当家不知柴米贵，难呐！"

我似乎恍然大悟：他们并非喜欢我的文字，而是与文中的主人公产生了共鸣。体制内的改革者，一面要和光同尘，一面要负重前进，艰难而孤独。掌声难得，嘘声易起，本想"左右逢源"，却往往是"左右为难"，上下不讨好，里外不是人。这种"势禁形格"下的痛楚，但凡是想有所作为的当家人，都能感同身受。

如果这本小书果能令"当家人"们产生小小共鸣，就算被人称作"官场教科书"，又如何呢？

6

现今恭王府的管理者们，的确让我大吃了一惊。

最初我是纯粹从一个游客和商人的角度，惊叹于这么一家文化部直属的文保机构，居然能把一个没落了百年的王府，经营得有声有色。有声有色的百年王府也再度验证了体制中本就有不少能人，只是如何发挥而已。

而当我有幸参观了他们的资料库，并向他们的研究人员讨教切磋后，那种只在象牙塔内弥漫的书卷气，令我十分陶醉。作为中国王府文化的研究中心，他们在这个喧嚣的年代里，依然默默地守着古卷青灯，保存和琢磨着民族记忆中最可宝贵的一部分。

我必须向他们表达我的谢意，并在澳洲的星空下为他们祷告祈福：

——孙旭光博士，如今恭王府的"总管"，一位年轻的学者型官员，他的史学修为、开明态度及经营能力，令我折服；

——刘霞大姐，恭王府管理中心副主任，她的热情及对恭王府一草一木的极度熟悉，帮助我在最短时间内领略了恭王府的底蕴；

——陈光大姐，恭王府的学术领头人，一位从事过很多年艰苦的野外考古的专家，踏实、勤勉、低调、博学，令我受益良多……

7

又开始下雪了，真正的六月雪，万里外的故国想必早已一片火热。

明天不知道是否还能登顶，去拍拍那被冰雪包裹着的阑干？

雪珥
2010 年 7 月 6 日记于澳洲阿尔卑斯山

第一章

叔嫂共和

年轻的叔嫂联手夺得了政权，创造性地进行了一场涉及根本的政治体制改革："一国两制"，即太后的"垂帘听政"制度与恭亲王的"亲王辅助"制度同时并存。这种"叔嫂共和"的"一国两制"，不仅形成了皇族与外戚之间的微妙平衡，并且在晚清内忧外患的惊涛骇浪中，维持和保障了政权的基本稳定。

风啸天安门

天很冷了，北京城却很热闹。

安定门上，大英帝国的米字旗猎猎飘扬。从安定门到天安门东侧的礼部大院，长达 3 英里的街道两侧，身着红色制服、头顶白色头盔的英军士兵沿街排开，足有 3000 多人。

军乐声中，在两个军乐队的前导下，英军队伍分成数个方阵，浩浩荡荡地进入安定门。首先是 100 名炮兵组成的方阵，随即是几个步兵方阵、100 名军官代表方阵，在这些方阵后面，是英军司令部参谋们的队伍。英军司令格兰特准将（James Hope Grant）则在其卫队和助理们的簇拥下，骑着高头大马。

他身后 30 码，是一乘大轿，装饰着朱红色，16 名中国轿夫，身着崭新的号衣，抬得四平八稳。轿子中坐的正是英国全权使节、在华的最高长官额尔金勋爵（Earl of Elgin）。他穿着鲜艳的礼服，

1860 年 10 月 24 日清晨，
英国《伦敦新闻画报》记者沃格曼从安定门城楼上用画笔记录的英军进城的情景。

额尔金勋爵乘坐 16 人抬的中国大轿，
以他自以为的中国特色的方式试图建立英国在中国首都的威望。

绝版恭亲王

爱热闹而又"好客"的北京市民纷纷围观英军入城典礼，
大看西洋景。

正襟危坐。他的坐骑也满身披挂，跟随在轿子后面。几个步兵方阵在他的后方，迈着整齐的步伐行进。

这可是北京城从未出现过的西洋景，北京市民们几乎倾巢而出，拥挤在街道两旁，希望能一瞥轿子里那位"伟大的鬼子"（Great Barbarian，《纽约时报》用语）。记者们的现场报道和当事人的日后回忆录，都清晰地记载道：尽管街道破旧，人群拥挤，但围观的中国人几乎鸦雀无声。在刺刀和强权底下，散漫惯了的大清人民，终于表现出了很好的文明素质。

这是 1860 年 10 月 24 日，一个寒冷的深秋时日。在经历了多年断断续续的战争后，中英两国将在天安门旁签署和平条约。

对于大清国来说，这是一次城下之盟——不，是城内之盟，北京实际上已经在英法联军占领之下：11 天前，英法联军从安定门入城时，沿街站岗的清军士兵向这些"洋鬼子"们行跪迎大礼，北京市民则"观者如堵"，这座千年古都再度习惯性地展现了对于战胜者的顺从，一如 200 年前跪迎满清的辫子兵入城一般。半个世纪前莫斯科为对抗拿破仑大军而实行的焦土抗战，在北京人看来，或许实在是太愚蠢了。

占领军确定了礼部衙门作为签约会场，莫非是要给"不知礼"的"鞑靼人"上一堂生动的国际礼仪课？

礼部门前的广场及四周的街道，同样挤满了来看热闹的北京市民。中英两军士兵在两侧站岗警戒。英军的游行队伍足足行进了1个小时，到达礼部对已是下午3点，大大晚于两国确定好的午时，这对于守时的英国绅士而言，是不可思议的怠慢。

额尔金的大轿直接抬进了礼部大门，穿过前院落轿，落轿时口令声起，两国卫兵向他行军礼，英军军乐队高奏国歌《上帝保佑女王》。大清国代表团团长、咸丰皇帝的弟弟、恭亲王奕訢在此恭候多时。他迎上前去，拱手致意，英军司令格兰特准将回忆道：对于恭亲王的致意，额尔金答以"骄傲而轻蔑的一瞥"（a proud contemptuous look），只是略略一躬身作为还礼，"这一定令可怜的恭亲王怒火中烧"。

《纽约时报》的记者则观察到，恭亲王的行礼显得十分犹豫和焦虑，而额尔金勋爵更是十分冷淡。法国人记载说，当恭亲王上前致意时，额尔金居然佯装没有看见，甚至连头也没有回一下。额尔金勋爵要求恭亲王走在他的前面，"恭亲王只得这样做了，不过脸上却带着一种厌恶的情绪"。

恭亲王此时年方27周岁（不少文献记为28岁，当为虚岁），却担负着大清帝国最为沉重的担子之一。1个月前，在联军的隆隆炮声中，咸丰皇帝仓皇出逃，才匆匆起用了这位被自己足足排挤了5年的兄弟。再就业后的恭亲王，成了风箱里的老鼠，一边是联军的刺刀威胁，另一边则是死要面子强撑的流亡皇帝，经过艰难的折冲与折腾，双方终于达成了协议。

在这样不得不"卖国"的"城内之盟"上签字，当然是件吃力不讨好的差事，但脏活累活总得有人做，恭亲王并没有选择的

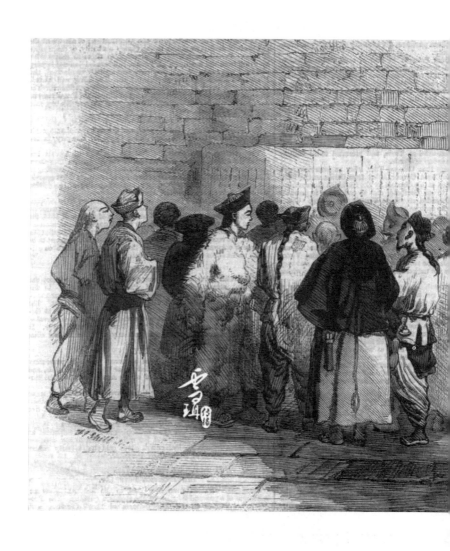

英军发布的安民告示前，围了好多北京市民。英国《伦敦新闻画报》记者沃格曼绘制。

绝版恭亲王

机会。为了显示自己的诚意，恭亲王本已带了400名精兵组成的卫队出席签约仪式，但他最后还是将卫队留在了正阳门（前门）外，只带着20名亲随进入内城。结果，没想到英国人却迟到了，令他们在这里苦候多时。

礼部大堂中间，放了三张桌子，中间一张上面摆着待签字的条约文本，两侧分别是给两国全权使节签字所用。观礼的100名英军军官站在左侧，这些英军军官都是挑选出来的"好干部"，尽管英法联军在京郊大肆劫掠，但在北京城内却执行了严格的军纪。除了占领安定门外，英军官兵除非特批，一律不得擅自进入北京城。因此，能见证并参与签约仪式，是莫大的荣耀。右侧，则是观礼的中国官员。

额尔金勋爵入内后，直奔左侧签约桌坐下，然后示意恭亲王坐在右边。英国人留下的所有记载都承认，这是因为中国习俗"左"大于"右"，细节决定成败，英国在这上面也要压中国一头。而根据法国人的记载，双方在谁先入座的问题上又发生了争执，经过"相当长时间的谈判，结果决定亲王和大使同时入座"。总之，对于双方而言，气氛似乎都十分尴尬，《纽约时报》一篇报道的题目干脆就是《侮辱恭亲王》（*Humiliation of Prince Kung*）。

典礼在恭亲王的开场白中开始，额尔金的顾问、日后著名的汉学家威妥玛（Thomas Francis Wade，"威妥玛拼音"的发明者）担任翻译。

签约仪式按部就班地开始了，在场的英军摄影师费里斯·毕陀（Felice Beato）却差点引起了一场大风波。

英军司令格兰特准将回忆道："在签约仪式中，那位不知疲倦的摄影师毕陀，急于为条约签订拍摄一张好照片，就把他的照相设备搬了进来，把它放在大门正中，用巨大的镜头对准了忧郁的恭亲王的胸口。这位皇弟惊恐地抬起头来，面如死灰，朝额尔金勋爵看看，又向我看看，他似乎担心对面的这门样式怪异的大炮会随时把他的头给轰掉——那架相机的模样确实有点像一门上了膛的迫击炮，准备将其炮弹射入他可怜的身体。人们急忙向他解释这并没有什么恶意，当他明白这是在给他拍肖像照时，他脸上惊恐的表情顿时转阴为晴。"

而根据法国人的记载，在摄影的时候，额尔金勋爵一点也不考虑中国亲王的在场，竟下令全体肃立不动。他的话突然一出口，"把那些不懂其意的中国人都吓得半死，在英国摄影师的机头转动下他们连动都不敢动"。

由于当时室内光线不好，这次摄影并不成功。直到一周后，在恭亲王与额尔金的再次会晤中，毕陀才拍出了那幅后来闻名世界的恭亲王肖像照。（见本书第041页插图）

签约并互换文本后，恭亲王和额尔金相继致辞。双方共同表示，这一条约将有力地推动中英两国政府和人民之间的相互理解和永久友谊。额尔金随即告辞，恭亲王起身相送，送了几步后停住，额尔金便也停下来。这时，恭亲王身边一位主要官员，急忙上前耳语几句，恭亲王犹豫了片刻，还是将额尔金送到台阶边。

法国人对中英签约仪式的记载，与英国人的记载区别很大，将英国人在仪式上的傲慢无礼作为嘲讽的重点，俨然自己是大清国的哥们儿。"中国人总是按照他们的方式来理解优先权和礼仪，而且在这方面很小心，也很敏感，（英国人）这样做当然严重伤害了恭亲王的自尊心……（额尔金）对中国亲王表现得傲慢、严厉和过分的放肆，弄得这位中国亲王异常激动不安，并在好几个场合中都流露出来"。他们认为，额尔金勋爵之所以对待恭亲王如此粗暴，是要传递一种深刻的政治信息，要令中国感到"此时所签订的不是一个和平条约，而是一个征服条约"。

《中法北京条约》在次日签订，法国人似乎的确比英国人客气多了。法国特使葛罗男爵（Jean-Baptiste Louis Gros）远比额尔金勋爵要有绅士风度。恭亲王事后向咸丰皇帝报告说："法夷较英夷更为恭顺。"英法之间虽然在中国问题上结为盟军，但算盘却不一样：法国只想捞一把就走，而英国却想着要在中国生根开花结果。在葛罗向巴黎的密报中，他坚信额尔金已经得到伦敦密令，要借此"消灭现今统治的皇朝，可能还要去援助南京叛乱分子（指太平天国），我不愿意，也不能够走到这样的地步"。

在中法签约过程中，也有些插曲。法军司令孟托邦将军（Cousin Montauban），因在北京郊区八里桥打败僧格林沁军队而被法皇封为"八里桥伯爵"（comte de Palikao），他在回忆录中写道："（在礼部）当我们坐下来的时候，就按照中国人的习惯上茶，然而我对我的主人们的阴险狡诈一直是这样的不信任，所以就仔细观察，看看给我们喝的茶是不是和恭亲王的一样，来自同一茶壶。只有在看见亲王首先饮茶后，我才开始喝起茶来。”

而到了互换批准书的时候，法国的外交官和中国官员都有那么几秒钟的犹豫，“因为大家都想晚一些把自己手头的条约文本交给对方”，结果还是法国的第一秘书占了上风，他走向前去，一把抓住了中国官员的条约文本，抢了过来，然后才把法国的批准文书递过去。

与英法签订条约，这是年轻的恭亲王第一次在外交舞台上正式亮相，却受到了英国人慢待。吊诡的是，在大清国的官方记载中，却很难找到恭亲王签约受辱的细节。相反，在发给咸丰皇帝的报告中，恭亲王说道：当额尔金看到自己只带了20名护卫时，“诚诈自分”，“桀骜情状为之顿减”，似乎是自己的坦诚与磊落减少了对方的戾气。但恭亲王话锋一转，认为这些洋鬼子的性格就如同犬羊，“时吠时驯，何足为喜怒”。设身处地地想，一个高贵的天潢贵胄，在占领军的刺刀下奉旨“卖国”，受到侮辱，必然是深受刺激。这种窝囊气，他是不可能形诸文字，而只能深埋心中。

无论中英还是中法签约，在仪式的最后，城门上都会鸣放21响礼炮。这样轰鸣在天安门上空的礼炮，声声刺激着恭亲王的耳膜。但是，远在热河的领导核心，是否也能真切地听到这命运的砸门声呢？

英军在第二次鸦片战争后所颁发的军功章。

绝版恭亲王

英军在北京组织的临时警察。

权力的天平

这是一个"非诚勿扰"式的故事，与一般爱情故事不同的是，这两个人的恩怨情仇牵涉到了天下社稷、人间苍生乃至世界变局的宏大命题。小伙的名字叫作爱新觉罗·奕訢，人称恭亲王；姑娘的名字叫作叶赫那拉·兰儿，人称慈禧太后。

有关恭亲王与慈禧太后的故事，至今仍然被如此演绎着。中国人很多时候都愿意用这样家长里短的平民心态和八卦视角，来观察那些曾经不可望、更不可及的伟大人物们，以便在艰难尘世中自我宽慰：彼此彼此，无非如此。

有关恭亲王与慈禧太后的任何八卦，自然于史无证，甚至连那传诵得更为广泛的慈禧太后与荣禄的地下恋情，也只是康有为和梁启超流亡海外后，为了鼓动华侨们捐出自己的血汗钱，而炮制出来的唐人街街头肥皂剧，被英国的无良记者和文人加工后（即所谓的《慈禧外纪》），成了海内外推崇半个多世纪的"信史"。

即使在入关时豪放不羁的满人，在执政者的位置上坐了200多年后，于礼教这一基本原则，甚至比汉人还能严防死守。当1861年咸丰皇帝在热河与世长辞时，慈禧太后还只是个26岁的"二奶"，作为"大婆"的慈安太后，比她更小，年仅24岁，正是流年不利的本命年。留在北京的恭亲王，刚刚处理完了与英法联军的艰难谈判，英法不仅撤军，而且转过身来协助大清中央镇压太平天国。恭亲王成为国际舞台瞩目的政治新星，此时，他也只是个 28 岁的青年干部。恭亲王赶往热河奔丧，想向两位寡嫂见面请安，起初遭到"八人帮"拒绝，理由就是叔嫂私晤，不合礼法。14 年后（1875 年），同治皇帝过世，他的皇后随即自尽，尽管对其死因有很多猜想，但毫无疑问的是，她立即被宣扬为道德模范，树立了有史以来级别最高的贞节牌坊。

恭亲王与两位寡嫂之间的共同之处，关键就是两点：一、深感以肃顺为首的顾命大臣"八人帮"，日益跋扈，他们虽贵为太后和亲王，却毫无尊严与权威；二、他们都是早上八九点钟的太阳，深信世界归根到底是属于自己的，如果不能犯难一搏，今后的漫长人生都将在"八人帮"的阴影下度过。

在打倒"八人帮"的辛酉政变（也称祺祥政变）中，除了主流观点强调的各种利益团体的博弈和斗争外，作为政变发动方的两宫太后和恭亲王，他们那飞扬的青春，无疑是难以忽视的因素。正是这种朝气，形成了他们冒险一搏的勇气，也奠定了之后 30 年改革开放（洋务运动）的基调。值得注意的是，作为这次政变的尖刀，对 45 岁的肃顺和 54 岁的端华实行外科手术般"精确打击"的，正是时年 21 岁的醇亲王奕𫍽（光绪之父、宣统之祖父）。或许，这不只是两个利益团体的搏杀，也是两个时代的格斗。

野史记载，肃顺在临刑前，引唐代杜牧的诗句作为绝笔："东风不予周郎便，铜雀春深锁二乔"（七绝《赤壁》），若此

民间对恭亲王与慈禧有许多八卦演绎。

（本图为笔者用电脑 PS 而成，博读者诸君一笑！）

事果然为真，则"周郎""铜雀台""二乔"的矛头所指，很值得玩味。而高阳在他那著名的小说《慈禧全传》中，更是绘声绘色地记载道，肃顺在死前跳脚大骂："恭六、兰儿！你们叔嫂狼狈为奸，干的好事！你们要遭天谴！"凡此种种，皆给热衷阴谋论、酷爱八卦的看客们，留下了极大的想象空间。

年轻的叔嫂联手夺得了政权，但在制度设计上却犯了难。

合法掌握着最高权力的，是年仅 6 岁的同治皇帝，他需要辅政者乃至摄政者。而合法掌握辅政权乃至摄政权的"八人帮"，却已经被打倒，扫进了历史的垃圾堆。面对这种局面，叔嫂们创造性地进行了一场涉及根本的政治体制改革："一国两制"，即太后的"垂帘听政"制度与恭亲王的"亲王辅政"制度同时并存。

这两种制度，虽然史有先例，但都是权宜之策，并不符合大清"祖制"，更不符合中国传统的防止君权旁落的基本准则。自古以来，后宫、外戚干政都是正统朝廷所不容许的，而且，"垂帘听政"很容易激发人们对武则天称帝的无限遐想。至于历史上的"亲王辅政"，大多都演变为篡位的悲剧，在通往最高权力的台阶上，这些血缘高贵得离帝座只有一屁股之遥的亲王们，其实是睡在皇帝身边的、最为危险的政敌。

在大清国的现实条件下，"垂帘听政"和"亲王辅政"成为唯一的选项，而且，为了防止出现武则天或多尔衮，这两种体制必须长期共存、互相监督。

这种"叔嫂共和"的权力格局，在清初的孝庄太后与多尔衮的搭档中，已经做过试点，积累了实践经验。但在那个年代，孝庄的权威远不如多尔衮，实际上还是"亲王辅政"一头独大，只是因为多尔衮或出于政治觉悟或出于伟大爱情，才保住了顺治小皇帝的皇位传承。但已经无限接近于最高权力的多尔衮，最后还是没能逃脱"老二"们惯常的下场：身败名裂。

如今，两宫太后既不如孝庄那般具有运筹帷幄的能力，恭亲王也没有多尔衮那样一句顶一万句的威望，实力对等的前提下，真正的权力分享与制衡便得以成型，并且日益固化为"一国两制"，成为大清国"晚年"的主旋律。即使在恭亲王被贬的"甲申易枢"（1884 年）中，也并没有出现后世主流史家所说的太后专政局面，无非以醇亲王奕譞顶替了恭亲王奕訢，依然是亲王辅政。到了宣统朝，则形成了摄政王载沣与隆裕太后的"叔嫂共和"局面。纵观清史，孝庄太后和多尔衮、慈禧太后和恭亲王奕訢、慈禧太后和醇亲王奕譞、隆裕太后和醇亲王载沣，成为四组"叔嫂共和"的搭档。

这种"叔嫂共和"的"一国两制"，不仅形成了皇族与外戚之间的微妙平衡，并且在晚清内忧外患的惊涛骇浪中，维持和保障了领导阶层的"圈内民主"，为保持中央政权的基本稳定、凝聚作为统治基础的满清贵族，起到了保驾护航的作用。从此之后，大清中央核心虽有权力斗争，但你死我活的"路线斗争"并不多，所谓的"洋务派""保守派""清流派"，其争斗的焦点更多地

绝版恭亲王

集中在权力的分配与改革的节奏、力度、尺度上。除了在戊戌变法、义和团时期之外，高层的人事更替，很少带来政策的急转弯，新的领导班子往往萧规曹随，以渐进改革为基调的政策贯穿始终，令大清王朝在"三千年未有之变局"中，在同治、光绪和宣统三任小皇帝手上，依然延续了半个多世纪的寿命。

毫无疑问，涉及方向和旗帜问题的"路线斗争"的安宁，并不代表涉及利益与势力的权力斗争的消停；"垂帘听政"与"亲王辅政"这"一国两制"的共存，并不代表负责"听"的太后与负责"做"的亲王之间的和谐。帘幕内外的争斗，成为大清中央内部的主要矛盾。

在"叔嫂共和"的早期，年轻的太后们与亲王们（参与政权管理的并非只是恭亲王一人），基本奉行了"男主外、女主内"的传统分工，太后们在后宫负责教育皇帝，而亲王们负责在朝廷管理国家。一切政令都通过形式意义上的"谕旨"而下达，太后们更多地是代替皇帝履行国家元首的象征作用。

根据"一国两制"原则设定的权力框架，国家大事的处理程序有6个步骤：一、"慈览"，一切中外章奏，均首先呈递两宫皇太后"慈览"——请注意，是"览"，而不是直接处置；二、"详议"，即"慈览"后发交议政王（即恭亲王）和军机大臣"详议"；三、"请谕"，两宫皇太后代表小皇帝发出具体指示。实际上，基本是军机处拟好了处理意见报批，形式上的意义为主；

四、"缮拟",根据太后的批复（往往是"知道了"三字），军机处缮拟谕旨；五、"阅定"，太后审阅；六、"颁发"，发至内阁正式施行。

这一制度的设计，与当时西方的责任内阁有相似之处：太后等于国家元首，代表最高权力，而不介入具体事务；而亲王负责的军机处则等于国家行政机构，负责各项具体工作的推进和落实。

在"叔嫂共和"的早期，实权显然是在恭亲王的手上。辛酉政变发生后，刚刚派驻北京的美国公使蒲安臣（Anson Burlingame），向华盛顿报告了中国的"宫廷革命"，准确地提到了恭亲王的摄政实权，却丝毫没有提及慈禧的名字，因为他压根儿没搞明白中国还有两个太后。在 1868 年《纽约时报》对中国政务流程的详细介绍中，几乎完全找不到太后在其中的作用。美国有历史学家相信，在太后与亲王的联合政权中，太后的作用是象征性的。

在这样的格局中，恭亲王自然成为国家权力的中心。瓜田李下，嫌疑自生，恭亲王在日理万机的同时，令太后们感觉被怠慢，甚至怀疑将遭遇又一个多尔衮，实在也在情理之中。当"叔嫂共和"进入第四个年头（1865 年）时，两宫太后突然发难，一举褫夺了恭亲王的"议政王"头衔。

后人普遍认为，这是慈禧太后主持的夺权行动，但这实在是两位年轻寡妇的联手亮剑。尽管都被尊为太后，但此前慈安太后贵为皇后，她之于慈禧，不仅是妻于妾，更是君于臣。这是很多

"双面"慈禧。左图为美国女画家凯瑟琳·卡尔（Catherine Karl）入宫数月所画的慈禧，在她的描绘中，慈禧是一个慈祥、睿智、果敢的伟大女性。而慈禧的政敌们则将她描绘成一个凶残的老太婆（右图），更多地显露她冷峻的一面。多面化，本是常人的常态，慈禧也不能例外。

研究晚清的人所容易忽视的基本定位。作为昔日的正宫娘娘，同治皇帝的教育乃至日常生活，都是由慈安太后而非皇帝的生母慈禧太后来负责的。在后世的眼中，慈安太后的形象十分和善，甚至懦弱，但在最为关键的辛酉政变中，她所表现出来的果决和刚毅，绝不亚于慈禧，而且，"正牌太后"不必依赖"母以子贵"就已天然获得权威资源和号召力，这更是慈禧难以企及的。从公、私两方面看，慈安太后在捍卫皇权方面都绝非一个唯唯诺诺的跟班。维护和巩固同治皇帝的地位，应对来自国内外的一切挑战，两位太后担负着共同的使命，其利益是完全一致的，区别或许只在于：一个台前、一个幕后；一个低调、一个高调。

在慈安、慈禧和恭亲王这个年龄相仿的三角组合中，真正的核心是年龄最小的慈安。她在表面上的"清净无为"，正是一个国家元首应有的超然姿态。她放手让其他两位管理具体的行政事务，并且游刃有余、不露声色地调节着左右平衡：在褫夺恭亲王的"议政王"头衔时，站在了慈禧一边；而在之后处死慈禧的宠监安德海，尤其在为同治皇帝挑选皇后时，又联合了恭亲王。如果我们认可恭亲王与慈禧均为人中龙凤，那能如此周旋于这对龙凤之间的慈安太后，就不可能是懦弱无能的庸才。

1865 年对恭亲王的"修理"，效果是显著的。在一番深刻的自我批判后，恭亲王被允许重返领导岗位，但其定位却迅速地调整为一个大管家，而太后们则超越"皇嫂"、确定了"女主人"的主导定位。在她们看来，恭亲王似乎开始远离成为"多尔衮第二"的危险。

1881 年，慈安太后暴病身亡，后来的史学家普遍认为，这意味着平衡慈禧太后和恭亲王的砝码失衡了：3 年后（1884 年），慈禧太后就驱逐了恭亲王。但实际上，在 1884 年那著名的甲申易枢后，"叔嫂共和"的"一国两制"并未结束，顶替上来的醇亲王虽然比恭亲王的身段更为柔软，但绝非太后的附庸。

"垂帘听政"与"亲王辅政"的权力天平上，慈安太后这一砝码分量的背后，正是满清"部族专政"的坚实传统，他们念兹在兹所防范的是：不能出现"武则天"，也不能出现"多尔衮"。这种原生态的权力分立、相互制衡，或许正是这个被称为"腐朽、没落"的政权活到 260 多岁的"高寿"的主要原因？

"总理"的劳碌相

尽管早已通过大量的情报及公文往来，对大清国这位年轻的"总理"了如指掌，但当英国代表团与恭亲王奕訢共处了短短的数小时后，依然为他的风度而折服。

签订《中英北京条约》，是 27 岁的恭亲王在国际舞台上的第一次亮相。面对着装备精良、人数众多的占领军，面对着处处故意怠慢自己的英国全权特使额尔金勋爵，这位年轻人从容不迫，应对自如。

英军司令格兰特准将在回忆录中描写到签约情景时，感慨道："恭亲王真是个谦谦君子，他明显地在控制着自己的紧张恐惧。"额尔金勋爵的助手洛奇（Henry Brougham Loch）则回忆说："恭亲王当时只有28岁，但看上去要比实际年龄老多了。他的相貌很睿智，但显得十分焦虑。其实，考虑到他的处境，这并不奇怪。他隐藏了他的恐惧感，如果有的话。"

自从上一次鸦片战争（1840年）之后，20多年来，英国人似乎从来就没有对中国高级官员有过任何正面的评价。年轻的恭亲王令他们发现，中国除了充斥着大量颟顸、愚昧、贪鄙的干部之外，也有如此风采照人、作风清新的高官。遍阅史料，无论是当时的新闻报道还是时人的日记回忆，虽然将中国的各个方面都描写得极为阴暗，却很难找到对恭亲王的负面评价，这位年轻的王爷，似乎成为铁幕后面唯一一朵绽放的鲜花。

即使从清代流传下来的野史看，恭亲王也很难称得上帅哥。对于恭亲王的外表，与恭亲王多次接触的美国传教士、日后北京大学的首任校长丁韪良（William Alexander Parsons Martin）曾经直言不讳地写道："恭亲王身形瘦削，肤色黝黑，因为近视而眯缝着眼睛，并不漂亮，""他并非很有'王子相'的人。"尽管有的资料说他"俊美"，但那也是相对他的哥哥咸丰皇帝而言的。据说，咸丰皇帝在少年时曾从飞驰的骏马上摔下来，伤及骨头，虽经名医多方治疗，但终身行走不便。从正史上看，可以肯定的是，咸丰皇帝文弱多病，而恭亲王却身体健朗。咸丰皇帝虽然广

1860 年 11 月 2 日，恭亲王回访额尔金勋爵的时候，
英国随军的意大利摄影师费利 斯·毕陀给他拍摄的两张肖像照之一。

储后宫，甚至在民间也留下了大量的无法考证的风流韵事，却只生下了一儿一女，这种广种薄收的极为衰弱的生育能力，直接导致了日后慈禧太后的上台。而咸丰的其他兄弟们，包括恭亲王及醇亲王，都是枝繁叶茂，子孙满堂。

正史记载，少年时的恭亲王与咸丰兄弟俩，曾经共同习武，还共创枪法二十八式、刀法十八式，令老爹道光皇帝龙颜大悦，将枪法与刀法分别命名为"棣华协力"和"宝锷宣威"，同时，还单独赐给恭亲王一把金桃皮鞘白虹刀，由此亦可见恭亲王在这一"发明创造"中的关键作用。恭亲王习武善射，在史料中多有记载，而且其传诵至今的众多诗文，文采飞扬，可谓文武全才，是当时皇子中绝对的佼佼者。但毕竟时运不济，与皇位无缘，在咸丰即位后更是备受猜忌。

尽管丁韪良并不恭维恭亲王的外貌，但依然是恭亲王的铁杆粉丝之一。在他的笔下，我们可以看到，那种直面暴风雨的勇气、决心和智慧，才是恭亲王在大清政界光彩照人的风采所在。丁韪良说，"恭亲王的命运之星升起在黑暗的暴风雨中"，他靠着"超凡的才智和勇气"，"在皇室危难的关键时刻，不止一次地挺身而出"，"尴尬的局面愈发衬托出恭亲王的尊贵与镇定"。

当皇帝出逃、政局波动时，年轻的恭亲王挺身而出，令西方国家刮目相看。恭亲王手上并没有什么资源，他"从未见过外国人，也没有显著的势力支持他，京师的御林军已经溃散，圆明园被洗劫，城市也已失陷"，然而，"就像朱尔·法夫尔（Jules Favre，签订普法战争条约的法国外长）签订和平条约时那样，恭亲王没有表现出丝毫悲伤，毫不示弱，努力争取最有利的条款"。

即使在签约前后处处贬低恭亲王，英国全权特使额尔金勋爵还是在自己的回忆录中，表达了对恭亲王的敬意，他认为恭亲王是个更容易沟通的对手。英国人注意到，即使是在这种签订"城内之盟"的巨大心理压力下，恭亲王始终镇定自若、彬彬有礼。讲究等级的英国人甚至惊讶地发现，这位中国"王子"对那些翻译及协助签字盖章的秘书人员，"十分和蔼，如同对待一个朋友，而并没有摆出那种手握特权的皇家威严来"。

丁韪良日后总结道：恭亲王的虚怀若谷，正是他能团结一大批官员，在艰难时刻继续维持政府运转的关键。作为同文馆的总教习，丁韪良经常有机会与恭亲王见面。恭亲王对他特别热情，每次见面，"都按照满人的习惯，亲热地握住我的双手，这与汉人跟我打招呼时的冷淡态度形成了鲜明的对比。汉人即使是亲密的朋友，也只是拱手而已，相互间敬而远之"。因为丁韪良十分熟悉中国文化，恭亲王还特别帮他取了个号"冠西"，意思是"冠绝西方"，从此，丁韪良也被称为"丁冠西"。

丁韪良说："他总是听从下属的意见，他的讲话不过是总结了下属的考量。作为一个皇帝的儿子和另一个皇帝的兄弟，恭亲王是中国当今统治者构成材料的良好例证。"在甲午战争后的废墟中，丁韪良更是毫不隐讳地称赞恭亲王是大清改革的"老舵手"。

丁韪良在他的回忆录中，详细地描绘了恭亲王的魅力：“他的眼睛、鼻子等，都显露出他是个相当有内涵的人。当他开始说话时，他的脸部飞扬着智慧的光芒。他说话很快，其话语的准确度远高于其深刻性。”“他的行为举止既和蔼又优雅，说话迅速而有力，给人以有自主力量的印象。”

签订《北京条约》时英国代表团的成员、日后写了大量有关东方著作的芮尼医生（David Field Rennie），回忆道：“恭亲王十分和蔼可亲，他的长相是十分典型的鞑靼人：他的右脸颊上有两颗浅浅的瘢痕，连在一起，看上去似乎是之前长过疖子的痕迹。他的脸和手看上去都很小，手指十分小巧，如同妇人。”芮尼用大量篇幅，详细地描写了恭亲王在接见过程中展现出来的绅士风度，为之大为倾倒。

恭亲王的这种翩翩风采，随着年龄的增长而更为成熟。1879年，美国前总统、内战英雄格兰特将军（Ulysses S. Grant）访问中国，这是西方国家政治领袖首次访华。格兰特随行的私人朋友、著名记者、日后的驻华公使（1882—1885）杨约翰（John Russell Young）写道：“恭亲王与之前我所见过的东方王子及政治家们不同，他十分生动。这是一个机敏的男人，直觉敏锐，意志坚定。印度和穆斯林的王子，以及我们在印度斯坦和埃及的朋友们，往往是呆板地坐着，整个谈话中面容呆滞，令你以为是在和石头对话。但是，恭亲王在谈话中，却表情丰富，十分生动。天很热，他边说话边摇着折扇，说到兴起的时候，他就将折扇半合着，指着格

英国杂志根据想象描绘的咸丰皇帝与皇后画像。

兰特将军的胳膊，同时，用热切的目光注视着将军的脸。"在美国出版的杨约翰回忆录中，画家给读者呈现了一个美貌若潘安的恭亲王形象。

在西方人的照相机和画笔下，这一时期的恭亲王给后世留下了一些影像。英军摄影师费里斯·毕陀在《北京条约》签订后为恭亲王拍摄的照片，成为中国历史上的第一张皇室照片。

根据西方人给我们留下的影像和描述，这位大清国"总理"的形象基本可以还原：

他身材瘦削，甚至双颊凹陷，其腰围尺寸似乎与其地位完全不成正比，更与一般高级干部们脑满肠肥的形象大相径庭。这种瘦削，无疑并非福相，多主终身劳苦；却并非缘于先天体弱，更不可能因为营养不良，或许正是江山社稷的沉重担子所致。作为最早在大清"铁屋子"里清醒过来的人，恭亲王却因为自己的特殊地位，不能大声地呐喊，只能一边高举大旗"抓革命"，另一边则悄悄改革"促生产"。能做的不能说，至少不能多说；能说的却不能做，至少不能真做。

在瘦削的外表下，却是人格层面上的"美男子"，温文尔雅，风度翩翩，对待列强占领军不卑不亢，对待自己的部属和蔼可亲，这令他在国际国内都赢得了相当多的认可。在那批判与斗争充斥的高层，他几乎是所有干实事者的总后台，而我们至今耳熟能详的"实事求是"口号，就是他当年鲜明地提出来的。在晚清的改革进程中，被后世推崇的曾国藩、左宗棠、李鸿章等人，其实只是改革的桨手而已，幕后的真正掌舵人、伯乐、保驾护航者就是恭亲王。

中国绘画向来不注重写实，恭亲王因此得以成为第一个留下真实影像的中国"总理"。总理往往高居一人之下、万人之上，戏曲中都尊称为"千岁"乃至"九千岁"。一个有趣的现象是，恭亲王之后的中国总理们，无论贤愚，几乎都是瘦型的，这成了这个职位的标准形象，与那些总统、执政、主席们的"样样都伟大"形成了鲜明的对比。

这自然因为执掌中国大船的艰难与烦琐，但或许也来自伴君如伴虎的如履薄冰。"老二"的身份是尴尬的，不能不做事，却不能做太多的事，尤其不能做太大的事。投身于具体而细微的政务琐事，成为一个"事务主义"者，或许也不仅是其个性使然，而在于更能给老大传递一个信号：本人只会埋头拉车，不善抬头看路，更不会高瞻远瞩，请老大放心，更请老大多批评指正。毕竟，一个能力和品格都完美得无可挑剔的"老二"，是老大心头最大的痛。

无论在画像还是相片上，恭亲王的眉宇间都显露着与其 27 岁的年龄完全不符的沧桑，这是因为一个庞大帝国的重担，还是因为这个微妙的地位呢？

第二章

皇家无亲

龙生九子，在道光皇帝的九个儿子中，除咸丰之外，奕誴、奕訢都曾先后有机会问鼎帝位。惇亲王奕誴改换了谱系，只能做个"荒唐王爷"，自娱自乐；恭亲王奕訢虽然地位崇高，处在大于2（老二）、小于1（老大）但无限接近于1的地带，却忧谗畏讥，蹉跎一生，壮志难酬。大清国的政治六合彩，落在了并无任何资源优势的老七醇亲王奕譞头上，真可谓是渔翁得利。这是造化弄人，天意难测，还是政治行情黑庄盛行，波诡云谲呢？

"窝囊"王爷绵中针

1884 年 4 月，世界似乎被北京的"政变"弄懵了。52 岁的大清"总理"、恭亲王奕訢，在执掌权柄 23 年后，被突然"双开"，整个军机处下岗。新的军机处迅速组建，并且"军机处遇有紧要事件，著会同醇亲王奕譞商办"，恭亲王的弟弟、光绪皇帝的生父、醇亲王奕譞实际接替了他的领导职务。这就是清史上著名的"甲申易枢"。

鲜为人知的 Prince Chun（醇亲王）突然与曾经如雷贯耳的 Prince Kung（恭亲王）一样，成为西方媒体关注的焦点，各色人等睁大双眼，试图从来自北京的蛛丝马迹中，寻找中国的未来发展动向。美国《芝加哥每日论坛报》（*Chicago Daily Tribune*）大摆乌龙，报道说"中国前总理恭亲王自杀身亡"，用大篇幅回顾恭亲王改革的伟大一生。而英国《泰晤士报》（The Times）则

醇亲王与恭亲王兄弟俩并辔而立。在打倒肃顺等顾命大臣"八人帮"的"祺祥政变"中，醇亲王的功绩并不亚于恭亲王，"亲王辅政"其实也有醇亲王的份儿。

说："这是一场突然的政变，但政权的易手，只在中国首都产生影响，其后果却还很难预料。"这家世界第一大报，发表了一系列的报道，并且自信地宣称："这一事件，标志着中国历史、中外关系史的新时代的开始。"

醇亲王刚刚取代恭亲王的地位，御史们就上书说，作为皇帝本生父，醇亲王应该避嫌，不可"与闻机务"，参与军国大事。在中国的传统政治游戏中，"避嫌"不仅是"显规则"和"潜规则"的主要组成部分，更是一门精深的政治艺术。当年，醇亲王得知自己的儿子载湉（即光绪）被选为接班人后，焦虑万分，乃至晕倒在工作岗位上，最后以健康为理由在30多岁的盛年提前退居二线。这种及时而适度的"晕厥"，体现了这位王爷讲政治、顾大局、谦虚谨慎、戒骄戒躁的一面。相比较而言，执政20多年的恭亲王，"晕厥"总是来得不够及时、不够彻底。

对于御史们的反对，慈禧太后批示说："自垂帘以来，揣度时势，不能不用亲藩进参机务。谕令奕譞与军机大臣会商事件，本专指军国重事，非概令与闻。奕譞再四恳辞，谕以俟皇帝亲政再降谕旨，始暂时奉命。此中委曲，诸臣不能尽知也。"御史们本来也是做做分内的应景文章而已，自然适可而止，皆大欢喜。

与聪明外露、果决刚毅的六哥恭亲王相比，排行老七的醇亲王似乎多了些"老气"，表现得更为低调、更为绵里藏针，也更为大智若愚。时人就曾以"易中枢以驽马、代芦服以柴胡"尖刻

醇亲王与福晋叶赫那拉氏。福晋叶赫那拉氏是慈禧太后的亲妹妹，在同治夭亡后，慈禧毫不犹豫地选择了妹妹亲生的儿子做皇帝（即光绪）。这种政治上的血缘关系，令慈禧太后的权力有效期延长了半个世纪，醇亲王家族因此成为大清帝国历史上最为显赫的家族。

评价这位新任总理，认为他的才具，比起恭亲王来实在只是"驽马""柴胡"而已，这种评价一直延续至今。

在打倒肃顺等顾命大臣"八人帮"的"祺祥政变"中，醇亲王奕譞的功绩往往被掩盖在慈禧和恭亲王的光环背后：正是他带兵将肃顺和端华从热被窝中抓住，完成了政变中最艰难、最有风险也是最为关键的任务。在之后的"叔嫂共和"体制中，他执掌首都卫戍部队的主力"神机营"长达30多年，实际上形成了恭亲王掌握外交、醇亲王掌握军事的基本格局。在醇亲王的主持下，"神机营"成为大清国军事改革的"特区"，"添习火器技艺""改弓箭为洋炮"，甚至配备了当时世界上最先进的克虏伯（Krupp）钢炮、哈乞开思（Hotchkiss）步枪、毛瑟（Mauser）后膛枪等。在装备和训练方面，远超过李鸿章那更为著名的淮军。

"叔嫂共和"的特征是"垂帘听政"和"亲王辅政"两制并存，"亲王辅政"是满清亲贵们接受"垂帘听政"的条件和前提。而醇亲王不仅是皇叔，也是慈禧太后的妹夫，这注定了他能被最大多数的人接受。在慈禧眼中，这无疑也是对恭亲王的一种制衡。尽管他在早期恭亲王两次被慈禧修理的时候，都义愤填膺地站出来为六哥说话，却在第三次成为实施打击的主力和实际的替代者。

醇亲王在取代恭亲王前，给世人的感觉相当地"左"，比较保守、排外。对恭亲王的改革，尤其"外敦信睦、隐示羁縻"的外交政策，他总是嗤之以鼻，建议太后"摈除一切奇技淫巧、洋人器用"，甚至两次秘密上书，建议削弱恭亲王的权力。野史中

醇亲王与少年载沣的合影。大儿子光绪皇帝入宫 后，醇亲王小妾所生的载沣成为实际上的长子，并由福晋叶赫那拉氏亲自抚养，亦被慈禧太后视作亲密晚辈，为载沣之子溥仪日后登基埋下了伏笔。

说他"疾其兄之专权，久有眈眈之意"。毫无疑问，这样的互相监督，正是慈禧最希望看到的。

同治死后，光绪即位，醇亲王虽然为避嫌退居二线，但作为影子"太上皇"，还是吸引了各种人物纷纷投靠到他的门下。"桃李不言，下自成蹊"，权势之下，即使自己不想结党结派，也会自然成党成派，这是中国政治的无奈之处。恭亲王和醇亲王作为离最高权力最为接近的老二，虽然都十分"忧谗畏讥"，但还是不能不成为遮天的大树。法国侵入越南，局势告急，慈禧太后要求闲居的醇亲王多挑担子，并最终用他取代了恭亲王。

之前以高调的"极左"面貌出现的醇亲王，一旦主政，便令人惊愕地实现了大转身。在对法战略上，他几乎完全继承了此前所批判的恭亲王的"投降路线"，甚至走得更远，令海内外观察家们跌破眼镜。当"极左派"们指责李鸿章对法屈膝时，老李气定神闲地说：那都是恭亲王和醇亲王两位王爷确定的方针，我老李无非是个执行者而已。

对于自己当看客时的"极左"言论，挑上担子的醇亲王承认自己"尝持偏论"，不当家不知柴米贵。但事实上，从醇亲王变脸之迅速和彻底来看，其之前的"极左"面貌，极有可能只是为了赢取"基本教义派"支持的一种手腕。在野的时候，站着说话不腰疼，可以指点江山、挥斥方遒，而一旦亲自执政，为了儿子的江山社稷，他也就只能成为或者还原为一个现实主义者。

作为他的亲密战友，大清国首席洋干部、海关总税务司、英国人赫德（Robert Hart）在 4 月 27 日写给伦敦的信中，谈及中法战争时说："或者恭亲王表面上虽然和平，而暗地里却在反对进步，排斥外国人，并且主张战争。而七爷和他的朋友反倒是主张和平和进步的——我有一半倾向于相信这是正确的解释。在中国有时须应用颠倒的法则。我想七爷如果控制这政府，很可能中国能够真正地进步。"

大清国第一轮改革，历时 30 多年。以"甲申易枢"为界，醇亲王主政的后 10 年，与恭亲王主政的前 20 年相比，几乎所有改革措施都没有被中止，而且在海军、铁路、电信等基础建设方面，得到了更为长足的进步，尤其在新疆和台湾先后建省，大大加强了对边疆省份的控制。外交方面，醇亲王也展现了与恭亲王一般的灵活身段，以至于后世的主流史学家们批判这位"爱国王爷"一挑起管理国家的重担，怎么就和乃兄一般软弱、一般"卖国"？这类似于恭亲王当年发动政变，处决了肃顺等人，却几乎完整地继承了肃顺的所有政策，尤其是重用曾国藩等汉臣的政策，将权力斗争与政策连贯有效地进行了区隔，不因人废事，更不因人废制。

更为吊诡的是，野史把恭亲王、醇亲王哥俩争权传得有鼻子有眼，实际上这哥俩时常聚会，并且共同感慨挑担累、挑这付看客多多的大清担子更累。或许，那种留在纸面的"争执"，只是"前人撒土、后人迷眼"罢了。

低调得近乎窝囊的醇亲王奕譞，其家却一连出了两任皇帝

（其子光绪、其孙宣统），一任摄政王（其子载沣），两个郡王（其子载涛、载洵）。道光皇帝的儿孙当中，风水几乎都流往老七家中。

和恭亲王一样，醇亲王成为中央二号首长，挑上国家重担后，嘴巴立即闭上，尾巴马上夹紧，而他对慈禧太后的态度，成为后人诟病的主要对象。主流的观点认为，他在慈禧面前，比恭亲王更能逢迎，更为软弱，而最大的罪证就是不惜拿海军军费为慈禧太后建设颐和园，令北洋舰队成为"房奴"。

颐和园的建设资金来源，一直是蒙在慈禧和醇亲王，包括李鸿章头上的阴影，人们普遍认为他们挪用了本该用于北洋舰队的军费，从而直接造成了甲午战争的失败。但这一指控，如同针对晚清的诸多政治抹黑一样，完全是虚构和曲解的。

这一指控的来源，在于《翁同龢日记》。光绪十二年（1886）十月，庆亲王与醇亲王见面，"深谈时局"，醇亲王请庆亲王转告翁同龢等，在为慈禧太后修建颐和园的问题上，要"谅其苦衷"，他的目的就是"以昆明湖易勃海，万寿山换滦阳也"。这么做的动机，与其说是逢迎慈禧太后，不如说是营造一种更为和谐、团结、吉祥的氛围：一则表白自己的忠诚，让领导放心；二则也希望老佛爷及早放手，使光绪皇帝能够尽早单飞。这是一种无须言词、心照不宣的表白。

严肃的史学论证却认为，此"勃海"并非北洋舰队活跃的"渤海"，而与下句中的"滦阳"一样，指代的是一处塞上行宫

青年载沣。

"白海"，其意思也就是让慈禧就近在京郊修园林，而不是如同祖宗们那样跑到更为遥远的塞上去建行宫。

更为关键的是，为北洋舰队预留的经费，是根据收支平衡的基础所做的国家预算，众目睽睽之下，根本没有截留的余地。为修颐和园而筹集的260万两白银，虽然名为"海军军费"，却并非来自财政拨款，而是各省督抚们的私人"报效"。醇亲王同时监管颐和园工程和海军建设，就将这笔款子以北洋的名义存入天津的外资银行生息。取名"海军军费"，为的是减少舆论对中央的可能压力，却没想到效果适得其反。而这些舆论的源头，来自康、梁师徒流亡之后的政治抹黑，如同他们以武则天的小说形象为蓝本虚构慈禧的私生活一样。梁启超晚年自承当年文字均为政治宣传所用，不可作为信史。

实际上，围绕北洋舰队的军备更新、扩充，争论的焦点并非预算经费的运用，而是对军事改革的不同应对思路。以翁同龢为代表的"清流派"，根本不顾及军事技术革命的浪潮，对李鸿章提出的北洋舰队更新方案横加阻遏，认为吨位数已居世界第八就足以保卫海疆，在国家预算中大量缩减了北洋的军费，导致北洋的相对战斗力大为下降。

同样，在颐和园的修建上，恭亲王的"硬抗"，就远不如醇亲王的"软受"。而醇亲王也从这样的政治默契中，获得了更大的自主空间：在他执政期间，所有改革措施都更为直接，时人慨叹醇亲王比恭亲王要更加痛快果断。从李鸿章留下的各种文献看，他更多地把恭亲王当作英明领导，而把醇亲王当作知音和战友。每当李鸿章的改革遭遇阻击或挫折时，恭亲王是暗中保驾，醇亲王则是公开护航，旗帜鲜明，态度清晰，毫不含糊。

从醇亲王在慈禧面前的柔软身段看，我们或许可以说他是绵里藏针；而从醇亲王对待改革和改革者的鲜明态度看，他更有"针尖带绵"的一面。这种性格遗传给了他的儿子、第二代醇亲王载沣（溥仪之父），这位末代摄政王在内政（政改力度空前绝后）、外交（既敢于与美德两国结盟，也敢于派军舰巡视西沙东沙等群岛）上频繁亮剑，却能容纳反对势力，甚至赦免汪精卫那样欲取他性命的刺客，而在改朝换代后，甘于乃至乐于被人误以为"窝囊"。

1888 年，醇亲王一度病危，自以为不久于人世。当慈禧太后与光绪皇帝去看望他时，他的政治遗嘱就是"无忘海军"，并且将当年（1886 年）检阅北洋舰队时慈禧所赐的一块如意，交给了光绪（醇亲王两年后方去世）。无独有偶，10 年后（1898 年，戊戌年），恭亲王在临终前，也是握着光绪皇帝的手，叮嘱他要小心康、梁等打着改革旗号实现政治野心的"广东小人"。

作为中央的最核心人物，这两位亲王和慈禧太后、光绪皇帝的利益诉求是完全一致的，那就是如何巩固和加强这个政权。后来清廷以扩大执政基础为手段的政治体制改革，都是服从和服务于这一目的。为修园林而自毁长城的事，从常理上说，应该不可能成为他们的选项之一，除非他们真的如抹黑宣传所说的愚昧得近乎脑残。

醇亲王给子孙们留下了一幅极堪品味的家训：

财也大，产也大，后来子孙祸也大，若问此理是若何，子孙钱多胆也大，天样大事都不怕，不丧身家不肯罢；

财也小，产也小，后来子孙祸也小，若问此理是若何，子孙钱少胆也小，些微产业知自保，俭使俭用也过了。

锦衣玉食的凤子龙孙，能从荣华富贵中勘出此番深意，这是一种什么胸怀？

政治六合彩

慈禧太后绝对没想到，惇亲王——在咸丰兄弟中排行第五的奕誴，平日里看着极为窝囊，而且与老六、恭亲王奕訢并不相容，这次却会跳出来为恭亲王说话。

而且，太后刚刚任命他及醇郡王、钟郡王、孚郡王4人，取代恭亲王，轮流领班朝会，即主持中央的每日国务例会。这等于让惇亲王中了政治六合彩，可他为何如此不识抬举呢？

这是1865年4月3日，离太后亲自动笔，以皇帝口吻撰写上谕，将恭亲王"双开"才一天。在那篇别字连篇的上谕中，慈禧太后指责恭亲王："从议政以来，妄自尊大，诸多狂敖（傲）。以（倚）仗爵高权重，目无君上。看朕冲龄，诸多挟致（制）。往往谗始（暗使）离间，不可细问。每日召见，趾高气扬。言语之间，许多取巧，满口中胡谈乱道。"

事件的起因，是翰林院编修蔡寿祺于一周前上疏，弹劾奕訢贪墨、骄盈、揽权、徇私，并要他"归政朝廷，退居藩邸，请别择懿亲议政"。

太后同时任命了新的行政领导班子，一下子让4位王爷同时上台，满以为这样就能团结大多数可以团结的人，结成最广泛的统一战线。

但惇亲王不识抬举，几乎全盘否定了慈禧太后对恭亲王的指控："恭亲王自议政以来，办理事务，未闻有昭着劣迹，惟召对时语言词气之间诸多不检，究非臣民所共见共闻。而被参各款，查办又无实据，若遽行罢斥，窃恐传闻中外，议论纷然，于用人行政，似有关系，殊非浅鲜。"要求"饬下王公大臣集议"，进行集体研究，商议对恭亲王的处分。

这份奏折语气谦卑，却带着骨头。慈禧太后批阅后，当天就召见军机大臣文祥等，指示说："恭亲王于召见时一切过失，恐误正事，因蔡寿祺折，不能不降旨示惩。惇王折亦不能不交议。均无成见，总以国事为重。朝廷用舍，一秉大公，从谏如流，固所不吝。君等固谓国家非王不治，但与外廷共议之，合疏请复任王，我听许焉可也。"下令第二天召开王公大臣翰詹科道等中央全会，专题研究蔡寿祺和惇亲王的奏折。

但是，在第二天的中央全会前，慈禧太后单独召见了倭仁等大臣，告诉他们说："恭王狂肆已甚，必不可复用……汝曹为我平治之。"按照她的这个指示，倭仁等确定了中央全会的批斗会基调。

结果，在会上形成文祥和倭仁传达的太后指示精神完全是相反的。与会的中央干部们或以惇亲王或以倭仁为首，分成了两派，争执不下；或者看看水太深了，不敢表态。大家只能确定6天后（4月9日）再议。

第二次中央全会的前一天（4月8日），排行老七的醇郡王奕譞回京，也上疏为六哥恭亲王抱不平。

醇郡王在报告中认为，要客观看待恭亲王的表现，成绩毕竟是主要的，"感荷深恩，事烦任重，其勉图报效之心，为我臣民所共见"；缺点则是次要的，具体表现在"小节有亏"，而原因也在于恭亲王太忙了，"至其往往有失于检点之处，似非敢有心骄傲"。最为关键的是，蔡寿祺的指控"本无实据"，如果因此将恭亲王调离了领导岗位，"不免骇人听闻，于用人行政，殊有关系"。所以，对待恭亲王还是要批评为主，"令其改过自新，以观后效"。

在第二次中央全会上，大臣们和王公亲贵们依然分成了两派。倭仁起草了一份以"批恭"为主的决议，但遭到王公亲贵们的坚决反对，已经 60 岁的肃亲王华丰（即善耆之祖父、川岛芳子之曾祖）干脆另写了一份决议。倭仁没办法，只好 4 次修改自己的稿子，王公亲贵们依然不同意。最后，与会人员分别按照政治路线站队签名：军机大臣多在倭仁的稿子上签名；王公亲贵们多在肃王的稿子上签名；纪检部门（都察院）、老干部及干部子弟管理局（宗人府）等则另行上了报告，搞得五花八门，中央领导班子几乎分裂。

4 月 11 日，两宫太后终于接受了惇亲王的意见，表示说，出于"防微杜渐"的目的，必须对恭亲王"略示薄惩"；但为了大局的需要，恭亲王可以边工作边检查。恭亲王的"议政王"头衔，则再也没有恢复。

在这次慈禧太后与恭亲王交手的首个回合中，慈禧太后对率先抗拒的惇亲王十分不满，她在召见倭仁时，质问道："惇王今为疏争，前年在热河言恭王欲反者非惇王耶？"

原来，1861 年咸丰帝去世后，两宫太后与恭亲王、醇亲王等密谋除掉以肃顺为首的顾命大臣"八人帮"。当时，恭亲王赶到热河吊孝，与肃顺、惇亲王等一起吃饭。饭桌上，被排除在密谋之外的惇亲王，当着恭亲王的面，手提肃顺的大辫子嚷嚷道："人家要杀你哪！"肃顺是个大度惯了的人，只当是玩笑，连声说："请杀，请杀！"恭亲王却被吓得半死。后世多将此解释为惇亲王对恭亲王的嫉妒。

其实，惇亲王奕誴本来是最有机会成为皇帝的，因为他才应该是道光皇帝的"长子"。在奕誴出生之前的两个月，道光皇帝刚刚失足踢死了长子，而次子、三子均在2~3岁时早夭。当时，后宫有两位嫔妃祥贵人（惇亲王奕誴之母）、全嫔（咸丰皇帝奕詝之母）都怀着身孕，按预产期的测算，祥妃最早生产，即日后的惇亲王奕誴将成为道光皇帝的四子，即存世的长子。根据野史的说法，全嫔很有心计，她收买御医偷偷配了催产药，实行"计划生育"，终于抢在祥妃之前，生下了皇四子奕詝（咸丰皇帝）。6天后，奕誴来到人间时，却发现已经有人加塞了，他只好成为皇五子。再一年后，道光的另一妃子，早夭的次子、三子之母静妃生下了皇六子，即日后的恭亲王奕訢。

老妈"抢跑"的结果，令奕詝备受早产的煎熬，体质很弱，加上成年后纵欲，结果在年仅30岁时即病逝，只留下了一儿（同治皇帝）一女。

迟到的五阿哥奕誴在16岁那年（1846年），被父皇道光下令，过继给8年前已经去世且无子嗣的惇亲王绵恺。绵恺是道光的三弟，因性情粗疏，不断犯错，爵位就不断在亲王、郡王间上下。奕誴过继后，被封为惇郡王。这年正好是道光65岁，他在考虑接班人的问题，奕誴就算是出局了。据说，奕誴出局，不仅因为他长得丑，没有天子相，还因为他大大咧咧，不好读书，十分粗俗。

大大咧咧的奕誴，接了大大咧咧的惇亲王绵恺的爵位，倒也是相配。日后，老四奕詝即位，将老六奕訢晋升为恭亲王，并将恭亲王和惇郡王都安排在中央工作，实际上已经突破了亲王们不可兼军机的祖制。当了中央领导人的惇郡王奕誴，依然不改散漫的习气，如同他那位嗣父绵恺一样，不断"失礼"，不断被痛责，因此在1855年丢了郡王爵位，降级为贝勒，撤销一切行政职务，下放到上书房学习班改造。估计是学习班教导有方，一年后奕誴捡回了郡王的爵位，数月后又成功晋级为亲王。

这位惇亲王的脾气，与严谨的恭亲王截然不同。据说，他在大夏天时会手持大蒲扇，光着膀子在什刹海边纳凉，和下人们也不讲究规矩，很有平民色彩，北京城因此留下不少关于他的民间传说。

虽然因为妈妈的肚子而错过了皇位，但这位王爷并没有对政治彻底死心，在关键时刻还是很有权力的直觉的。除了当着恭亲王、肃顺的面说肃顺要被杀头之外，他在几次政治风波面前，都有着看似匪夷所思的表现。野史记载，惇亲王经常嘲弄慈禧太后，有一次，慈禧想把自己不喜欢的同治皇后阿鲁特氏废位，惇亲王当时负责宗人府，坚决反对："欲废后，非由大清门入者，不能废大清门入之人，奴才不敢奉命。"按大清国的规矩，只有皇后过门才是从国门"大清门"抬入的，慈禧本人是"二奶"出身，嫁入皇宫时没有任何仪式，因此终生耿耿于怀。

正史上记载，1884年的"甲申易枢"，就是这位惇亲王和恭亲王合唱的双簧。在讨论对法国作战方案时，兄弟俩却大谈当年10月为慈禧祝寿进献之事。一同觐见的光绪皇帝的老师翁同龢觉得他们"极琐屑不得体",并在日记里感慨:"天潢贵胄,亲藩重臣,识量如此!"而这或许正是恭亲王在惇亲王的配合下,故意以"极琐屑不得体"来主动获咎,给所有人,尤其老七、光绪皇帝生父醇亲王的上台提供一个机会。

可以说,在两宫太后垂帘听政和恭亲王辅政的"一国两制"中,这位"粗俗""散漫"的惇亲王,成了太后与恭王之间的另一个平衡人物。而恭亲王在其执政生涯中,得到了这位比他大1岁的五哥的特殊协助。话无遮拦的惇亲王,是慈禧相当忌惮的人物。

惇亲王家似乎总是能在关键时刻折腾点儿令全国乃至世界刮目相看的动静。惇亲王有三个儿子,载濂、载漪、载澜,在义和团—八国联军动乱中,这三兄弟都是义和团的幕后推手,而犹以老二载漪最为著名。载漪自幼好武,加入了满洲亲贵的精锐部队"神机营",展露才华,被慈禧太后看中,将慈禧自己弟弟桂祥的三女儿许配给了载漪。

成了慈禧太后的内亲,自然能够在政治上不断进步。载漪是家中老二,无法继承父亲的爵位,而且,当时惇亲王还在世,一门也不可能封两个王爵。慈禧太后于是下旨,令载漪过继给刚刚去世且无子嗣的瑞郡王奕志,袭了爵位,但是,在撰写委任状时,出现了笔误,将"瑞"字写成了"端",只好将错就错,载漪就成了"端郡王"。他的英译名 Prince Tuan 在西方几乎家喻户晓,就是因为他被八国联军指定为义和团动乱的"头号罪魁"。

1898 年，光绪皇帝及其身边的一小撮年轻干部，发动了盲目而操切的"戊戌变法"，将包括真正在第一线改革的实践者在内的几乎所有干部，都推到了所谓"改革"的对立面。反弹力度之大，甚至威胁到光绪的帝位。已经退居二线的慈禧太后力挽狂澜，亲自出马，以"戊戌六君子"的脑袋为最小代价，保住了光绪的帝位。同时，为了向"改革"的受害者们妥协，她同意为已经证明是"天阉"（先天的阳痿病患者）的光绪皇帝立嗣。候选人中，只有载漪年方 15 岁的儿子溥儁，与她血缘最为接近，是嫡亲的侄外孙，于是被册立为"大阿哥"。没想到，这一接班人的指定，却引发了国际社会的激烈反弹，列强拒绝承认，载漪终被洋人们逼上"灭洋"的道路，试图通过义和团这一人民战争的汪洋大海，来支撑起儿子将来的帝位巨舟。

　　溥儁备位东宫，是继其祖父惇亲王奕誴在娘胎中以来，第二次最为接近最高权力宝座。只是，人算不如天算，"放火"发动群众后，这把群众运动的火却最终失控。在八国联军的炮口下，载漪差点被当作战犯扭送联军处决，而溥儁自然是与皇位永远分手了。

　　龙生九子，在道光皇帝的九个儿子中，除咸丰之外，奕誴、奕訢都曾先后有机会问鼎帝位。惇亲王奕誴改换了谱系，只能做个"荒唐王爷"，自娱自乐；恭亲王奕訢虽然地位崇高，处在大于 2（老二）、小于 1（老大）但无限接近于 1 的地带，却忧谗畏讥，蹉跎一生，壮志难酬。大清国的政治六合彩，落在了并无任何资源优势的老七醇亲王奕譞头上，真正可谓是渔翁得利。老七一家连出两任皇帝（光绪及宣统）、两任醇亲王（奕譞与载沣）、两位郡王（载涛与载洵），炙手可热。这是造化弄人，天意难测，还是政治行情黑庄盛行、波诡云谲呢？

王爷蓝筹股

大清国的政治行情，有点阴阳不定。"庄"后有"庄"，"庄"外套"庄"，令人眼晕。官场如股市，惯于追涨杀跌的官员们为此头疼不已，既怕错过绩优股，更怕沾上垃圾股。风险四伏，三分天注定，七分靠打拼，爱拼却也未必会赢。

这不，恭亲王这只坚挺了23年的蓝筹股，却在1884年的春夏之交突然就崩盘了：撤销了一切领导职务，彻底被"双开"。大盘引领者改为光绪皇帝的老爸、醇亲王奕譞。

毫无疑问，有个做皇帝的儿子，哪怕这皇帝当得很窝囊，那也绝对是优质资源。光绪皇帝即位后，醇亲王为了避嫌，一度退居二线，深藏不露。如今突然改制亮相，闪亮登场，那些早已看好这只潜力股的官员们，一拥而上，疯狂追捧，掀起了一轮狂热的政治牛市。

醇亲王的行情高开高走，并且保持高位运行，这其实并无悬念。令众人惊叹的是，在醇亲王的牛腹底下，一只盘口小、价位低的"创业股"，却以迅雷不及掩耳之势，一飞冲天。

庆亲王的形象，一直不像个王爷，倒像个账房先生。

071

这匹"创业股"黑马，就是刚刚接替恭亲王执掌总理衙门，并被晋封为庆郡王的贝勒奕劻，也就是日后在国际舞台上大名鼎鼎的 Prince Ching（庆亲王）。

奕劻当然是龙种，但有点边缘，属于皇族的旁系。奕劻的祖父，是乾隆皇帝的第十七子永璘，册封为庆亲王。清代的宗室爵位共分 12 级，亲王、郡王、贝勒、贝子是高级爵位，随后是 4 类"公爵"：镇国公、辅国公、不入八分镇国公、不入八分辅国公。"入八分"就是 8 种标帜，分别是朱轮、紫缰、背壶（车上可带暖壶）、紫垫、宝石、双眼（可插双眼雉翎）、皮条（车上有皮鞭可驱散路人）、太监。再往后就是 4 类"将军"：镇国将军、辅国将军、奉国将军、奉恩将军，分别相当于一品至四品的武官级别，每类"将军"中又分三等，俸禄不同。

按照清代的规定，爵位逐代递减。永璘死后，儿子绵慜袭位，爵位降为庆郡王。绵慜死后无子，先由仪亲王之孙奕彩过继，承继了"贝勒"的爵位。但奕彩居然在居丧期间纳妾，犯了严重的生活作风问题，被革除爵位退回本支。老庆亲王永璘的其他儿子们，随即为了争夺这个贝勒爵位，展开了残酷斗争，惹恼了道光皇帝，干脆将爵位降了 6 级，越过贝勒、贝子及四类"公爵"，飞流直下三千尺，直接降为相当于一品武官的镇国将军，而且是其中最低的三等，勉强维持永璘的祭祀而已。这种政治待遇上的高台跳水，往往能在瞬间摧毁一个簪缨世家，根本不需要等候"富不过三代"的时限。

身穿朝服的庆亲王。在升迁途中的每个岗位上，他都展现出了超人
的工作能力。这位贪墨王爷成为大清诸多改革者幕后的保驾护航人。

永璘的第五子绵悌承袭这个"三等镇国将军"的爵位。吊诡的是，老庆王家的这个爵位，似乎被诅咒了一般，谁承袭谁就断子孙，绵悌死后又断香火。这回，轮到了其六弟绵性的儿子奕劻，过继袭爵，爵位则按规定递减为辅国将军，相当于二品武官。

奕劻承袭了辅国将军后，第一件事情就是给恭亲王奕訢腾房。老庆亲王永璘的府邸原是和珅的老宅，和珅毕竟曾是大清国的首富，而其子又娶了乾隆皇帝的女儿，和府因此又可享受公主府的级别，规制特别宏伟。奕劻以二品级身份，住在这样一座豪宅里，实在过于扎眼，极不相称。或许，老庆王家风波不断，香火不旺，就是出于这种"伤福"的"逾制"。道光皇帝下旨，将老庆王府赏给了刚册封的恭亲王奕訢，这就是至今著名的恭王府，而奕劻则搬入了大学士琦善（就是传说中那位整林则徐的"奸臣"）那座被查抄罚没的宅第。

说来也怪，搬了房子后，老庆王家的熊市行情便到头了，开始春暖花开。一年后（1851年），奕劻升到了贝子，10年后（1860年）升到了贝勒，20年后（1872年）成为御前大臣并且赏加郡王衔，而到1884年恭亲王倒台时，出任总理衙门大臣，正式晋封庆郡王。袭爵时的奕劻，和堂兄恭亲王的地位至少差了10级。正常情况下，这两个家族将永无可能并驾齐驱，但到了甲午年（1894年），奕劻获封庆亲王，1908年更是获得了世袭罔替（即"铁帽子王"，子孙袭爵时不必递减爵位），彻底追平了恭亲王。而且其妻妾中还封了6位"福晋"，超出了清制规定的亲王只能封5位福晋的限额。

以一个旁支宗亲成长为清代第十二位也是最后一位"铁帽子王"，奕劻爆出了大清官场最大的冷门。

晚清参与中央工作的四大王爷（恭亲王、惇亲王、醇亲王、庆亲王）中，单从个人仕途成就来看，奕劻无疑可拔得头筹。恭、惇、醇三人，均是道光的儿子，先天资源就十分丰足。在他们这些凤凰面前，奕劻就如同草鸡。但"草鸡"也有"草鸡"的优势，特别谙熟人情冷暖、世态炎凉，特别能办事，特别能察言观色，尤其特别能伏低做小，时刻准备着跃上枝头亮亮翅膀。

四人中，恭亲王为人最为周正严谨，这也源于他从28岁开始就挑起了主持中央日常工作的重担。从恭亲王留下的诗文来看，这本是个内心世界异常丰富的才子，但长期陷入政务和政争，他的"幸福感"绝对是四位王爷中最低的。从他的照片和西方人的画像看，他就是一脸的"苦相"，劳碌命。而他的个人生活似乎也不够丰富多彩，甚至都谈不上幸福，连子嗣都不旺盛，考虑到之前和珅、永璘等人如过眼云烟般的短暂富贵，这座府邸的风水的确令人生疑。

恭亲王待人宽厚，这点连西方人都大为认可。这令他的周围凝聚了一批精英，在内忧外患中，支撑起了政府的运行。恭亲王自身崖岸高峻，洁身自好，既不似四哥咸丰皇帝那样"绯闻"不断，也不似后来的庆亲王奕劻那样"丑闻"绵绵。对于恭亲王个

绝版恭亲王

庆亲王的一大长处，就是特别能团结干部，这或许来自他早年的坎坷，而绝非简单的买官卖官的『商业关系』就能建立的。

人道德的仅有指控，是说他曾默许门房收取进门费（门包），但这也是野史所载，孤证而已。

惇亲王奕誴则因老妈不重视"计划生育"，而错过了本能成为皇家老大的机会，后来又被老爸道光皇帝送给别人家承嗣，心里多少有些不平，以王爷之尊跑到街头小摊大碗喝酒、赤膊躺在什刹海边纳凉等"平民"作风乃至"痞子"作风，也多少有些故作姿态。他在"叔嫂共和"的体制下，也长期在中央工作，敲敲边鼓，有时倒也能发挥些平衡的作用。

醇亲王奕譞，给时人和后人的印象都是"窝囊"，为人低调，不显山、不露水，却一门出了两任皇帝、一任摄政王，两个郡王，在道光诸子中独领风骚。晚清半个多世纪，实际上就是醇亲王家的时代。

血统上毫无优势的奕劻，绝对是个另类。他有着恭亲王那样的办事能力，在恭亲王之后实际主持大清外交近 30 年，并且成为李鸿章、袁世凯等改革者及实力派的政治靠山。在诸如甲午战争、庚子事变、新政改革乃至辛亥革命等重大转折关头，他都是主角之一。

奕劻也有着醇亲王那样的隐忍和低调，他的权力伸展和布局，都是"悄悄地进村、打枪的不要"，对上级从来都是逆来顺受，唯唯诺诺之后再想法"遇见红灯绕着走"。作为一个毫无先天资源的旁系宗室，奕劻只能依靠后天的努力，多笼络那些能办事，尤其能办大事的人，以便形成合力。野史传言，光绪驾崩时，

绝版恭亲王

有人甚至想拥戴奕劻之子载振，这虽是野叟村言，却也代表部分官心民意。

奕劻更有着惇亲王那般的大智若愚，他或许是这四个王爷中名声最不好的。时人说他家是"细大不捐，门庭如市"，"异常挥霍尚能积蓄巨款"。著名的《泰晤士报》《纽约时报》等，也提到他家就是中国官场"集市"（market），连门房都设了"收费站"（toll）。后世有人称他为大清"首富"，虽未必尽然，但也差不离了，仅在汇丰银行就有 200 万两白银以上的存款。他与军机大臣那桐一道，因特别能贪而被时人讥为"庆那公司"。

这四位王爷，在大清国的政治行情表中，画出了不同的曲线。恭亲王的走势基本是一条下行的阴线，高位开盘，盘中三次剧烈震荡（"三起三伏"），在 1884 年的甲申易枢后，则直线下跌，从此就深度被套；惇亲王则是中位开盘，中位行走，小有起伏；醇亲王则是中位开盘，持续走高，盘中十分活跃，最终成为大盘的领头羊。最有戏剧性的是庆亲王奕劻，低位开盘，急剧拉高，中间甚至连起伏都没有，亮出了一条极为灿烂的阳线。

四位王爷有一个共同之处，就是都学会了谦虚谨慎、戒骄戒躁，尤其在领导面前多反省、多自我批评。这其中，做得最好的就是庆亲王，他的身段最低。当然，因为出身的问题，他也缺乏"强项"的资本。其次是醇亲王，这位皇帝的本生父，最拿手的就是以柔克刚，绵里藏针，闷声不响发大财。然后是恭亲王，在慈禧太后的不断敲打下，恭亲王从以批评太后为主，转变为批评和自我批评相结合，之后就是以自我批评为主。做得最差强人意的是惇亲王，他时不时地要和老大们抗上一抗，这与其说他有所图，不如说是他的心态平衡问题，当然，他也不敢真玩儿，以装疯卖傻为主，留条退路，便于大家一笑了之。

最为低调的庆亲王，属于那种不怕肉麻的主儿，能高举红宝书、高喊万岁，为了巩固地位，啥都能干，也啥都敢干。最令当时的政治观察家及日后的历史学家大跌眼镜的是，这位王爷可算是唯一一个敢于大张旗鼓地贪腐的国家领导人，因而高调地成为大清国的"首富"之一。晚清两次以反腐败的名义出现的台谏风潮，矛头都直指奕劻，而奕劻依然屹立不倒。在这种时候能够做

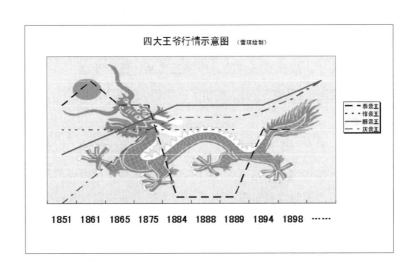

四大王爷行情示意图 （雪珥绘制）

1851　1861　1865　1875　1884　1888　1889　1894　1898 ……

到依然雄起，靠的是手上的真本事。奕劻在内政、外交方面都还算有两把刷子，甚至连与八国联军谈判那么艰难的活儿，都能和李鸿章两人扛了下来。在晚清改革的几次反复中，奕劻都是改革者背后最为坚强，也最有技巧的支持者，英国公使窦纳乐（Claude Maxwell MacDonald）甚至认为他是"推动中国政府（进步）的一个杠杆"。

本事之外，当然还得乖巧。恭亲王未必就对官场潜规则陌生，但他的高贵身份、卓越才华以及巨大的影响力，令他可以不屑于这种面子游戏，当然最后又不得不伏低做小。奕劻则不仅对官场游戏烂熟于心，而且敢于放下身段，婉转歌喉，亲身实践厚黑学。奕劻心里明镜一般，在低调地展示着自己驾驭复杂局面的能力的同时，却高调地展示着自己对醇酒美人的"低级趣味"，表达自己有能力、无理想，以自污而获得政治上的安全感。

这种既能干又安全的干部，显然是大多数的领导们最乐意见到的，而这或许也正是奕劻成为大清政坛上增值最快的绩优股的根本原因？充满牛劲的恭亲王，最终不得不做熊；而装熊的奕劻，最后却成了真正的牛人，也难怪大清官场最后成了一个"熊出没请注意"的乐园……

第三章

谁主沉浮

"向他当初身便死，一生真伪复谁知。"

作为大权在握的"老二"，恭亲王永远都是最高权力的最大威胁者……

对于恭亲王既利用又防范，绝非出自慈禧太后神经质的多疑，而只是权力操盘的一种常识而已。"老二"的忠诚与否，只能到撒手人寰的最后时刻才能真正得出结论。恭亲王谥号为"忠"，绝非是对过程的描述，而是对结局的概括。

风中芦苇

阳春三月的北京城,正遭遇一场"倒春寒"。大清国"总理"、恭亲王奕䜣被推向了风暴中心。慈禧太后坚决要求恭亲王下岗。

这是 1865 年,距离慈禧与恭亲王戮力同心,一举粉碎以肃顺为核心的顾命大臣集团,仅仅 4 个年头。双方把政治盟誓写在了年号"同治"之上,但这来之不易的安定团结的政治局面,如今面临着严峻的挑战。

这场风波来得似乎有点突然。

这年 3 月 31 日,"翰林院编修"兼"日讲起居注官"蔡寿祺上了一道奏折,指控恭亲王奕䜣"揽权纳贿、徇私骄盈"。蔡寿祺此时的官职,类似大清中央办公厅的中级干部,兼国家通讯社的高级记者,有撰写"内参"的权力。中国官场上,笔杆子从来就是投枪与匕首，有时甚至比枪杆子还管用。但蔡寿祺居然敢炮轰当朝总理，莫非真是书呆子犯了痰气？

能在高手如林的中央国家机关混到高级笔杆子，蔡寿祺当然有几把刷子。大清官场如赌场，撑死胆大的，憋死胆小的，爱拼才会赢。风险最大、收益也最大的，就是提前买入政治原始股。垂帘听政的两宫太后，只是名义上的代理国家元首，实权都握在恭亲王手中，太后们的确如同乏人问津的冷门股。蔡寿祺逆市操盘的算盘打得并不坏：恭亲王乃当朝显贵，投怀送抱的人早已大排长队，与其锦上添花，不如给另一家雪中送炭，烧烧太后的冷灶。何况，如今已经熬过了太平天国的内乱及英法联军的外患，也不怕窝里折腾一下了。

慈禧太后当然明白，权力争夺不是请客吃饭，不是做文章，不是绘画绣花，不能那样雅致，那样从容不迫、文质彬彬，那样温良恭俭让。蔡寿祺一搭台，慈禧太后赶紧唱戏，并且雷厉风行，两天内就宣布将恭亲王"双开"："革去一切差使，不准干预公事。"

这一声政治炸雷果然不及掩耳。大清官场在醒过神来之后，立即反弹，无论王公勋戚，还是文武百官，纷纷请愿，强烈要求挽留大清的好总理恭亲王。各方博弈了1个多月，恭亲王终于在太后面前"伏地痛哭、无以自容"，做了违心的自我检讨，深挖思想根源，灵魂深处大闹革命。慈禧则收回成命，归还了这位前政治盟友的几乎所有乌纱帽，但依然去除了"议政王"的头衔。

THE PRINCE OF KUNG.

美国《哈泼斯》杂志 1866 年刊登的恭亲王画像。

绝版恭亲王

在一片和谐至上、理解万岁的欢呼声中，这场持续了39天的政治风波平息了。大清政坛终于换了老大，牝鸡司晨的新时代开始了。

4月18日，风波还在进行当中，《纽约时报》的驻华记者就发出了报道，将其称为一场"革命"，认为这一事件足以展示"中国人民"和"中国政府"的某些特性。在详细介绍了风波过程后，《纽约时报》发出疑问，在恭亲王的治理下，统治中国的这个少数民族政权保持了稳定，赢得了持续发展和国际信任，内政外交方面日渐理顺，如今风云突变，"新朝代的黎明是否会蒙上朝臣内讧和内政纷争的阴霾呢？"

在提到恭亲王的妥协时，《纽约时报》将其形容为风暴中弯折的芦苇，甚至在风暴尚未来临前就已经屈膝。无独有偶，长驻北京的另一位美国人、38岁的传教士、同文馆教师丁韪良，在其6月1日为《哈泼斯》（Harpers）杂志写的文章中，也将恭亲王形容为暴风雨中弯折的芦苇。这位日后北京大学（京师大学堂）的首任校长，忧心忡忡地说，"斯巴达曾经在两位国王的共同统治下实现和谐，罗马也曾在两位执政者的共同领导下走向成功"，如今，恭亲王已经被打倒，获得胜利的这两位"教育程度低下的女性"，能领导好中国吗？

作为改革与开明的代表，恭亲王的落败被西方普遍解读为大清政治的一次倒退和反动。而在后世中国的主流史学者们眼中，这一风波也成为慈禧太后弄权的一大罪证。恭亲王当然不是蔡寿祺所指控的"权奸",但平心而论,他毫无疑问是"权臣"。"君子无罪,怀璧其罪",整天与最高权力瓜田李下地黏糊在一起,招来嫌疑也几乎是必然的。白居易曾有诗云:"周公恐惧流言日,王莽谦恭未篡时。向使当初身便死,一生真伪复谁知?"恭亲王就是大清朝名副其实的"周公",他的政治命运三起三落,受尽猜忌,其背后的原因无非是:在最高权力的卧榻之侧,他发出的鼾声实在太过于响亮了。

西方人或许不会完全明白,在风暴中低头,这与其说是芦苇的屈服,不如说是芦苇的生存之道。任何烈风如刀的所在,能蓬勃生长的,从来就不是也不可能是参天大树。尽管几番沉浮,恭亲王却一直是同治、光绪两个时代最有势力和实力的政治人物,即使退居二线、三线,他的影响力依然在左右着大清的内政外交。那些在日后的史书上远比他更有光彩的人物,如曾国藩、左宗棠、李鸿章,无一不是在他的羽翼遮蔽下,才从官场的刀光剑影中幸存下来,而他大力提倡、呼吁并身体力行的改革,不仅体现在30年的经济改革(洋务运动)中,也体现在随后的政治改革(1901—1911年"新政")中。

恭亲王的"芦苇"个性,也证明了政治学的一个常识:权力既不是职位,也不是头衔,而是影响力。一介布衣、一个"群众",只要有足够的影响力,照样能呼风唤雨,甚至左右政局,后世的李鸿章、袁世凯等等,也都几起几落,却在任何时候都能成为旗帜与方向。

当然，芦苇毕竟只是芦苇，而非参天大树。

在这场风波中，本是参天大树，亦有资本可继续成为参天大树的恭亲王，最终选择了成为芦苇的命运。风波持续 39 天，他并没有在第一时间就颠颠地去做检讨，就足以证明他内心的痛苦挣扎。可惜我们没有足够的史料，来还原他当时的心态：是顾全大局还是爱惜羽毛？是厌倦内斗还是害怕对抗？

从此，恭亲王从"同治"公司的缔造者、合伙股东降级成为职业经理人、高级马仔，在慈禧太后的眼中，这是个不能不重用又不能不控制使用的人才。优秀得几乎无懈可击、小心谨慎得无可挑剔，这种完美本身就是他最大的缺点。曾经丰采四溢、棱角分明的"鬼子六"，自此甘心自我矮化，小心翼翼地让聚光灯集中在皇座乃至皇座后面的帘子上，在展现超强行政能力和经济管理能力的同时，展现了萎靡得如同太监般的政治性格，一手硬，一手软，奠定了一个操盘手、一个管家、一个技术型官僚的典型"老二"形象。

小心谨慎的"老二"，依然不能逃脱生前被清洗、身后被注水的命运。由恭亲王倡导、推动并亲自操盘的大清改革，无论深度、广度还是力度，乃至遭遇的阻力，都可谓前无古人、后少来者。从 19 世纪 60 年代开始，恭亲王主导的改革涉及方方面面：救亡与启蒙、御侮与内治、稳定与发展、效率与公平、扩大执政基础与维护执政地位等等，举凡同治、光绪年间的改革，无一不是在他的保驾护航下得以出台、推进；改革的主要人物，如曾国藩、

当时一幅表现抢劫圆明园的素描。

绝版恭亲王

左宗棠、李鸿章等，无一不是在他的保驾护航下得以保全、发展。但是，因为现实政争的需要，自 1884 年"甲申易枢"、恭亲王被逐出权力中心后，他作为"老二"的历史地位和作用就受到长期的、持续的、人为的矮化、淡化及边缘化。

慈禧太后显然更乐于让恭亲王的亲密战友、属下、学生李鸿章来充点改革的门面，这不仅是因为"李大架子"那一米八的雄伟身高和"看见红灯绕着走"的机智灵便，更因为李鸿章无论获得多么崇高的地位，也都还是安全的、可控的。

当李鸿章被当时的国际社会普遍看作中国改革的旗手时，人们似乎忘记了，在恭亲王指挥的航船上，李鸿章只是一个桨手而已；当后世的人甚至喊出了李鸿章是大清改革的总设计师时，人们的确忘记了，在恭亲王的设计工作室内，李鸿章只是个描图的学徒而已。而进入民国之后，随着整个晚清历史被有意识地妖魔化，恭亲王更被忽视了。

恭亲王的宅邸，至今坐落在后海边上，如织的游人中，多是来此瞻仰和珅故居的，沾点财气与福气，很少有人关心"慈禧太后的小叔子"。一部有关恭亲王的电视连续剧，虽然有名角压阵，似乎并没受到票房待见，"一生为奴"的标题略显刻薄，倒也还算符合大多数人的观感。

似乎是作为另类导游词，在整修如故的恭王府内，居然在墙壁上还能清晰辨认出斑驳的红色大字标语：

努力学习最高指示

忠实执行最高指示

热情宣传最高指示

勇敢捍卫最高指示

……

"谋杀"同治帝

1875 年 2 月 12 日，美国《纽约时报》和《芝加哥每日论坛报》同时在头版刊发了一则极短的报道："来自中国的电讯表明，这个国家的内战将无法避免。"

次日，这两家报纸又在显要位置刊发了一篇报道，称虽然醇亲王之子（即光绪皇帝载湉）已被选为接班人，但同治皇后阿鲁特却怀有身孕，如果她能诞育一位皇子，则帝位之争必将趋于激烈。报道说，传言皇后已经自尽，但无法得到证实。

此时，距离年仅 19 岁的同治皇帝驾崩正好 1 个月，尽管大清国竭力给国民和世界营造一个印象——大清国的形势一片大好，不是小好，而是大好，越来越好，但在这大好形势下，西方人似乎并不领情。1 月 31 日，这两家大报的头版上就同样刊登了一则短消息："传言说，因皇位继承问题，北京已经爆发骚乱。"

有关红墙内阴谋的种种揣测，在西方蔓延。主持中央日常工作、时年 43 岁的恭亲王奕訢，再度站到了风口浪尖。

同治皇帝的夭折，吸引了西方媒体的高度关注，这无疑是因为中国绝对无可否认的大国（并非强国）地位。

　　《芝加哥每日论坛报》在得到同治死亡的消息后，发表了一篇题为《英国与中国》（*England and China*）的文章。文章认为，同治皇帝统治着 3 亿多的庞大人口（英德当时的一些地理学家甚至估计当时的中国人口在 4.5 亿~5 亿），远远超过大英帝国（包括所有殖民地）的 2.8 亿人口，两国人口相加，达人类总人口的半数以上，这是人类历史前所未有的事情，中英两国无可争议地是世界上的最大的国家。

　　如今，这个与英国一般伟大的国家失去了他们的领袖，世界当然表示了浓厚的兴趣。官方公布同治的死因为天花后，一时之间，天花（smallpox）和种痘（vaccination）的基本知识就成为西方各报争先报道的内容之一，以满足读者的强烈需求。

　　除天花之外，有很多非官方的史书认为，同治皇帝少年风流，私生活不够检点，沾染了严重的性病。这些疾病与天花协力，摧毁了这个少年天子。而史家们争论不休的，就是谁该对同治皇帝的放荡负责。在这些责任人中，公认的、首当其冲的就是慈禧太后和恭亲王。

　　慈禧太后被攻击的理由是她过度干预了儿子的房帏秘事。传言她并不喜欢皇后阿鲁特氏，以至于同治皇帝不敢与皇后同房，却也不愿按照慈禧的心意，去临幸她所钟意的慧妃（富察氏），于是，经常独宿养心殿。为了解闷，便开始偷偷溜出宫去寻花问

同治皇帝给这个世界留下的，无非是一个放荡的少年天子形象。但按照中国式的习惯，同治皇帝的官方标准像（右），依然是英俊潇洒和法相庄严的，而在西方雕塑家的手中，同治帝的形象与东亚病夫无异（左）。

柳。而为了防止被官员们撞上，他还不敢去高级娱乐场所，尽选择那些低档的、官员们不常去的地方，结果沾染了一身的性病。

恭亲王被攻击，则因为正是他的儿子载澂，充当了皇帝寻花问柳的伙伴。而恭亲王又以从儿子那里逼问得来的实情，作为向皇帝进谏规劝的砝码，从而导致与皇帝关系紧张。双方关系搞僵，恭亲王不久被同治皇帝以"无人臣礼"为由，予以"双开"（取消亲王爵位，撤去一切职务），引发轩然大波。

出来混，迟早是要还的，同治皇帝终于病倒了。他在病重无法办公的时候，任命了自己的老师李鸿藻代行批答奏章。李鸿藻很谨慎，只敢批示"知道了""交该部议"等废话。一周后，在亲王们的请求下，同治皇帝同意，除了汉文奏章让李鸿藻代批外，恭亲王代批满文奏章。慈禧太后则召集军机和御前大臣，发表了重要讲话，谈了1个小时之久，大意就是皇帝如今都无法亲自批阅文件，要大家想想办法。恭亲王带头表示，自然还是要请太后出来掌舵。慈禧指示"此事体大，尔等当先奏明皇帝"。次日，同治在病榻前召见恭亲王，亲自交办该事，"天下事不可一日稍懈，拟求太后代阅折报"，并叮嘱恭亲王"照常好生办事"，"语简而厉"。随后，就发布上谕，由太后批阅裁定折件，恭亲王到手才5天的文件审批权又消失了。

比文件审批权更重要的，当然是接班人的问题。

同治皇帝死后，有关其接班人的选择乃至争论过程，在正史中没有任何记载，而在野史中，却存在许多不同的版本。

说法之一，是当时皇后阿鲁特怀有身孕。果如此，当然必须等待她的临产，如果所生是男孩，继承人问题迎刃而解，如果所生是女孩，则再另行挑选接班人。史家经常引用的一段"野史"，说慈禧当时表示："皇后虽已有孕，不知何日诞生，皇位不能久悬，宜即议立嗣君。"恭亲王则认为："皇后诞生之期已不久，应暂秘不发表，如生皇子，自当嗣立，如所生为女，再议立新帝不迟也。"其他王公大臣也几乎赞同恭亲王的意见，但慈禧却坚决反对："现在南方尚未平定，如知朝廷无主，其事极险，恐致动摇国本。"

　　这个说得有鼻子有眼的段子，其实连野史都称不上，其来自两个英国人写的《慈禧外纪》（*China under the Empress Dowager*），而这本初版于1910年、畅销世界数十年的"历史巨著"，已经被无可争辩地确定为"伪书"——一部彻头彻尾的历史小说而已。两位作者编造同治皇后怀孕的灵感，估计就是来自那与中国御史们一样"风闻报事"的《纽约时报》驻华记者。

　　说法之二，是同治皇帝曾想立孚郡王之子、贝勒载澍为接班人。据说同治已经要求其师傅李鸿藻在病榻前起草这一传位诏书。但这一说法同样源自《慈禧外纪》，被国内大量辗转摘引、添油加醋后，说是李鸿藻心中害怕，起草完后就到慈禧那里去汇报，慈禧一看大怒，下令将皇帝"尽断医药饮膳"，活活饿死了这亲生骨肉、少年天子。

　　说法之三，是同治皇帝选择了自己寻花问柳的哥们儿、恭亲

同治皇帝虽然命短，却开创了中国皇帝接见外宾的先例，这也令他成为首个
被西方人士近距离接触的"天子"。图为同治皇帝接见外交使团的情景。

绝版恭亲王

王之子载澂。据说，因此之故，当同治皇帝驾崩，慈禧召集领导班子商议接班人大事时，恭亲王居然说了句："我要回避，不能上去。"这一说法，来自陈夔龙的《梦蕉亭杂记》。但日后官至直隶总督的陈夔龙，当时还在老家刻苦攻读迎接高考呢，这当然也是道听途说。

说法之四，则是从下一辈的"溥"字辈选择，这一辈居长的是当时6岁的溥伦（后出任农工商大臣，拥护共和），但溥伦的父亲载治却是从远房过继给隐志郡王奕纬（道光长子，咸丰皇帝和恭亲王的长兄，早夭）的，不是近支亲室，血统不纯。这说法，同样源自于《慈禧外纪》而被广为转载，极不可靠。

尽管以上说法的来源都相当不靠谱，但也大致列举了当时可能的接班人选。从各方面衡量下来，载湉（光绪）作为接班人的确是相当合适的，尤其在血统上，他不仅是醇亲王奕譞之子，最纯正的天潢贵胄，而且其生母、醇亲王福晋正是慈禧太后的嫡亲妹妹，也就是说，慈禧太后身兼载湉的伯母和姨妈双重关系，这是其他皇侄们（包括恭亲王的儿子们）无可比拟的。

同治皇帝死后不久，皇后阿鲁特便也香消玉殒。

根据官方公布的文件，这位皇后死于悲痛，"毁伤过甚，遂抱沉疴"，官方的评价很高，说她正位中宫后，"淑慎柔嘉，壸仪足式。侍奉两宫皇太后，承颜顺志，孝敬无违"。悲痛是可以想见的，而一个21岁的健康的年轻女子，会因悲痛过度而死亡，则是比较离奇的。也无怪乎后来野史中出现很多段子，来试图重新阐释阿鲁特的离奇死亡。

以《纽约时报》等为代表的西方媒体，乐于从权力斗争的角度来解读皇后之死，而其立足点就是皇后其时怀有身孕，慈禧为了一己的权欲，居然连亲生的孙子（或孙女）都不顾，迫害皇后致死。这种说法，到了《慈禧外纪》出版后，经辗转摘引，几乎成了一种定论与共识，尽管其毫无史料支持。

中国本土产的野史，在更有中国特色的解释——"婆媳是天敌"之外，也将焦点聚集在权力斗争上：阿鲁特皇后将是慈禧太后干预政治的竞争对手之一。各种段子综合起来看，基本说的是同治死后，慈禧便有逼死皇后的打算，逐渐断绝了她的饮食供应，皇后无奈，写信给娘家，其父回信只有四字"皇后圣明"。皇后知道娘家也没办法了，只好自杀身亡。关于她的自杀，有说是吞金，有说是绝食。

当后世将所有的指责都指向慈禧时，一个美国学者却发出了惊人之语："所有这些，都可能是恭亲王的阴谋。"

美国学者西格雷夫（Sterling Seagrave）在他那本极为畅销的慈禧传记《龙夫人》（*Dragon Lady*）中，提出了一个大胆的假设，如果说同治皇帝、皇后、荣安公主的一连串离奇死亡背后有阴谋的话，那最大嫌疑人不是慈禧，而是恭亲王。

西格雷夫首先排除了慈禧太后的"作案动机"：无论如何，

阿鲁特能够成为同治的皇后，必定是经过慈禧的首肯；而自己的孙子（如果阿鲁特真怀孕的话）能继位，对她的地位不仅没有伤害，而且还将"给她在下一代中的安全提供保证"。其实，西格雷夫没有提到，作为太皇太后，并不必然丧失自己的权力。清代初期的孝庄太后，就是以太皇太后的身份，在其孙子康熙皇帝的早期，成为执掌实权的摄政者。太皇太后摄政的难度，并不比皇太后摄政的难度高多少，两者都是同样的权宜之计而已，关键在于政治力量的平衡。

西格雷夫还引用了一个此前没被人关注的细节：就在一连串死亡发生的时候，慈禧本人也身染重病，并且此病蔓延了8年之久。加拿大华裔学者邝兆江（Luke S. K. Kwong）在其由哈佛大学出版的英文著作《百日维新的碎片》（*A Mosaic of the Hundred Days*）中，考证慈禧太后一直患有严重的肝病。而在1875年美国驻北京公使馆发回美国国务院的报告中明确地说："（慈禧）太后，两位摄政者中更有权势的一位，也病得很厉害……数月以来，（慈禧）病得如此厉害，以至于街头百姓中每天都有人预期她会死掉，甚至有好几次谣传她已经死了。"

据此，西格雷夫问道："到底是谁给慈禧所有的直系家庭成员下了毒呢？恭亲王毫无疑问有最强烈的动机，但他并不会弄脏自己的双手。如果真的有必要下狠手的话，自有李鸿章这把老练的解剖刀替他完成这项秘密的外科手术。"而他认为："同治已经给亲王带来了10年的麻烦和阻碍，恭亲王的恼怒可能转嫁到了慈禧头上，怪她没有对儿子采取强硬手段，因而牵涉到了亲王自己的利益……无论是谁做出了这样的安排，总归是有人决心要干掉同治，还有他的皇后、他的母亲和他的异母姐姐，就好像是为下一拨食客匆匆打扫宴会的餐桌。"

恭亲王的性格是绵里藏针，在阴柔的外表下却是一种果决，这在其打倒肃顺等"八人帮"及解散阿思本舰队时展露无遗。当他在慈禧身后，高举旗帜、高喊万岁时，慈禧如果真能对他彻底放心，慈禧就不会成为慈禧了……

中南海的脐带

年年端午，今又端午。

端午纪念屈原，本就是个伤怀的日子，而在这个端午的前一天（1876 年 5 月 27 日），恭亲王奕訢最亲密的助手文祥告别了人世，享年 58 岁。

老友新逝，43 岁的恭亲王赋诗一首，悲歌道："从今别有盈杯泪，不向湘江哭屈平。"

案桌上，雄黄酒正散发着苦涩，而哪一杯雄黄酒，能为大清国辟邪呢？

如果说，大清国"改革开放"的主心骨是恭亲王，那恭亲王的主心骨就是文祥。

这位主心骨中的主心骨，在恭亲王成为大清中央核心之前，就已经是咸丰皇帝麾下的重要官员。1858年他跻身军机大臣行走（相当于"政治局候补委员"），次年扶正（军机大臣），进入了国家最高决策层。英法联军来犯，咸丰皇帝逃离京城，文祥奉命留下，出任署步军统领（"首都卫戍部队代理司令官"），"从恭亲王奕訢议和，出入敌营"，配合恭亲王与英法的外交谈判。正是在这一过程中，他与恭亲王及恭亲王的岳父桂良等结下深厚情谊。在恭亲王与慈禧密谋发动政变，打倒以肃顺为首的顾命大臣"八人帮"时，文祥成为恭亲王的主要谋士。在热河及北京的政变方的密信来往中（"热河密札"），文祥是密札的主要读者之一。辛酉政变后，两宫太后及恭亲王组成了"叔嫂共和"体制，恭亲王成为中央日常工作的实际最高领导人，文祥作为他的主要助手，是恭亲王的改革开放在中央的主要执行者，与在地方的主要执行者李鸿章等遥相呼应。

　　文祥在海内外的威望都很高。梁启超曾认为，19世纪60年代是"文祥和沈桂芬（恭亲王的另一得力助手）的时代"。蒋廷黻则称其为"先天下之忧而忧，后天下之乐而乐"的大政治家，盛赞其"品格可说是中国文化的最优代表"，将其与恭亲王、曾国藩、李鸿章、左宗棠等视为并列的"五个大领袖"。

　　英国驻华公使布鲁斯（Frederick Bruce）说，从未遇见过比文祥更聪明的人。大清国的洋干部、美国传教士丁韪良则对文祥有着更高的评价："他影响之大，同时代的中国政治家无人可比。"

更为难得的是，在几乎无官不贪的大清国，文祥的清廉令中外侧目。美国前国务卿西华德（William Henry Seward）访问大清时，曾想到文祥家中拜访，要见一见这位运筹长城以内、决胜大洋彼岸的世界级政治家，却遭到了文祥的婉拒。他回信说"寒舍凋敝，不宜接待贵宾"，而亲自到美国公使馆拜访。"寒舍凋敝"还真非虚词，贵为国家领导人之一，文祥居然还住在租来的房子，"每月房租仅四块半，不会多么堂皇"。（丁韪良记载）

丁韪良坚信："只要他活着，总理衙门的全部动力都来自于他。他智勇双全，如能活得更长久，他肯定会竭力反对法国人侵吞东京（Tonquin，即越南北部的北圻）……总之，产生了文祥和宝鋆（恭亲王的另一助手）的种族绝不虚弱。" 文祥去世后，以光绪皇帝名义发布的文告中，盛赞文祥"外交内治，无不尽心筹划，实为股肱心膂之臣"，这可说是中央对其的盖棺论定。

吊诡的是，海内外尽管无不将文祥视为恭亲王的亲密助手，却并不认为他们是小团伙，丁韪良甚至质疑：如果文祥还活着，"他究竟会阻止恭亲王下台，还是加速其进程，造成更大的灾难？"可以说，文祥所效忠的，并非恭亲王本人，而是这个政权、这个国家。

不仅文祥如此，恭亲王团队中的几乎所有人都如此，这些当时中国最有能力、又最了解世界的顶尖干部们，并未如他人那样结成一个"恭党"。在大清国开始改革开放，直到辛亥覆灭的半个多世纪，所谓保守派、清流派等，都是门户清晰、壁垒森严、党同伐异，唯独以恭亲王为开端和代表的改革者，却并不成派。

君子群而不党，如果非得要说有个"恭党"，那其实就是个"干活党"。这样松散的"党"，其工作"战斗力"超强，而应对内部政争则基本采取太极手法。在以慈禧太后和恭亲王为不同核心的政争中，"群而不党"的恭亲王总是要落于下风。

婚姻是编织政治蛛网的关键，在这方面，恭亲王这只蜘蛛似乎远不如慈禧太后勤快。唯一能被称作恭亲王靠山的，或许就是他的岳父桂良。

16岁那年（1848年），在父皇道光皇帝亲自指婚下，奕䜣迎娶桂良之女，作为自己的嫡福晋（即正妻）。此时，63岁的老干部桂良已从云贵总督的任上调回京师快一年了，不仅担任镶红旗汉军都统、兵部尚书等要职，而且代理镶黄旗蒙古都统，是掌握枪杆子的中央实权派。之前，道光皇帝为其四子，即日后的咸丰皇帝所选的岳家，则是地位、名望及权势远不及桂良的太常寺少卿富泰。时人及后人一般都认为，这是当时道光皇帝属意奕䜣作为接班人的又一例证。

没有任何史料记载，成亲后的奕䜣，如何得到了岳父桂良的精心教导。多年后，奕䜣以27岁的年龄承担起救国重担，且一亮相就在国际国内政治舞台上纵横捭阖，游刃有余。再考虑到清代皇子不得结交大臣的严格规定，我们完全可以肯定，只有岳父桂良才可能是年轻恭亲王的政治教父。

1860年，在英法联军的炮声中，奕䜣临危受命，负责与英法

KWEILIANG, FIRST COMMISSIONER.

美国 1870 年《哈泼斯》杂志上的桂良像。

谈判。桂良与文祥等都是在他身边保驾护航的重臣，也是大清中央老中青不同年龄干部"传、帮、带"的经典组合。作为第一次鸦片战争的主战者，桂良却在这次谈判中，以自己的睿智和气质折服了敌人。英国人俄理范（Laurence Oliphant）在 1858 年曾陪同额尔金在天津与桂良会谈，他日后回忆说："桂良是一个值得尊重的人，平静而慈祥，充满智慧，虽然艰难的处境令他眼神黯淡。他的姿态优雅而高贵，是一个十足的绅士。"这些当然对恭亲王产生重大影响，形成他日后绵里藏针的外交风范。

辛酉政变中，恭亲王与两宫太后都是不到 30 岁的青年，而对手则是以肃顺为首的顾命大臣"八人帮"，政治经验十分丰富。桂良、文祥等政坛老手兼高手，正是指点和策划叔嫂同盟对抗"八人帮"的军师。政变后，桂良被提拔为军机大臣，正式迈入国家领导人的行列，却旋即逝世，令恭亲王痛失臂膀。

自此之后，恭亲王便不再有来自血缘或姻亲方面的无条件的支持者。他自己的兄弟，如五哥惇亲王奕誴、七弟醇亲王奕譞，各有自己的算盘，无法倚靠。而贵族之间最为常见的结亲，也没有为恭亲王带来多大的政治资源。他的儿女或者早夭，或者婚姻不幸。

恭亲王长女荣寿公主深得慈禧喜爱，几乎被当作亲女一般，亲王之女本只能封为郡主，而她却被破格晋封为品级最高的、相当于亲王的固伦公主。作为大清国"第一女儿"，荣寿公主年少时相当跋扈，有"粉侯"之称。荣寿公主尽管在恭亲王与慈禧权

这个相貌实在不出众的老太太，就是恭亲王长女荣寿公主。

争中曾经受过一些影响，但终其一生，都与慈禧保持了极为融洽的"母女"关系，并且与光绪皇帝相处得十分友好。

恭亲王最为看好的长子载澂，天资聪颖，文武双全，像极了父亲，却放浪不羁，带着同治皇帝流连于京城各种地下娱乐场所，而且，因担心被官员们碰见，还不敢去高级场所，兄弟俩沾染了一身的风流病症，双双早夭。同治皇帝死在载澂之前，据说还曾想过把皇位传给这位一道眠花宿柳的堂兄弟。在前往出席讨论接班人的中央会议时，恭亲王居然说了句："我要回避，不能上去。"很是出了一回丑。载澂一死，加上次子载滢早已过继给恭亲王的八弟，恭亲王几乎断后。多亏慈禧太后下令，将载滢的长子溥伟过继回来，作为载澂的儿子，才算接上了香火。

在那个时代，生育力就是核心竞争力，先有"脐带"关系，才能带来更多的"裙带"关系。恭亲王的核心竞争力如此不济，令其政治影响力缺乏可持续发展的空间，其似乎巍峨的权力大厦，无非是个豆腐渣工程。日后的袁世凯，虽然短寿，却在这方面颇下功夫，生育力超强，以"脐带"带动"裙带"，造就了一个巨大的"官"系网，受益匪浅。

与身后凋零的恭亲王相比，生育力同样不济的慈禧太后，却显露出了更为深厚的政治功底：她通过插手娘家亲戚的婚姻安排及一连串复杂的继嗣安排，结成了一个牢固的网络。

首先，她将自己的亲妹子嫁给了咸丰及恭亲王的七弟醇亲王

绝版恭亲王

奕譞，成功地将醇亲王纳入自己的势力范围。这是相当有远见的布局，同治死后，就起到了重要作用。慈禧太后力排众议，将自己的亲外甥、醇亲王之子载湉过继为咸丰之子，即光绪皇帝，保证了皇座上依然流淌着叶赫那拉氏的血缘。

慈禧太后的弟弟桂祥，则适时地提供了最佳的政治作品——三个女儿，这等于是给慈禧太后提供了三次整合政治资源的好机会。

在她亲自做主下，桂祥的长女叶赫那拉·静荣，嫁给了镇国公载泽。载泽是满族亲贵中的人才，眼光远大，思路清晰，日后率团出访欧美考察政治体制，成为大清第二轮改革开放的旗手之一及政治体制改革的主要推动者。

桂祥的二女儿叶赫那拉·静芬则成了光绪皇帝的皇后，表兄妹亲上加亲，只是此女实在太过丑陋，光绪皇帝对她敬而远之。这就是日后著名的隆裕太后。

桂祥的三女儿叶赫那拉·静芳，则由慈禧做主，许配给了惇亲王奕誴的次子载漪作为福晋。不久，慈禧就下令载漪过继给刚刚去世且无子嗣的瑞郡王奕志，袭了爵位，这就是日后名震中外的"端郡王"。静芳之子溥儁，还曾被选为"大阿哥"，作为光绪的接班人。

光绪死后，慈禧选择了溥仪作为接班人，溥仪的父亲载沣虽由醇亲王奕譞的侧福晋所生，却从小由嫡母、慈禧太后的妹妹亲自抚养，而且，载沣的婚事也是慈禧亲自指定的，娶的是荣禄之女，此女与恭亲王女儿荣寿公主一样，也因慈禧养女的身份而成为一代"粉侯"。

如此亲上结亲，枝蔓瓜葛，形成了"阀阅世家，连渊贵胄"。大清国晚期半个多世纪，女人当国，牝鸡司晨，虽然不符合体制，也不符合礼制，却并没有遭遇激烈的抵抗，原因是多方面的：一、这种政权实质上是"叔嫂共和、一国两制"，太后垂帘作为国家元首，而亲王辅政则真正执掌中枢；二、慈禧太后本身有能力、有魄力，总是能在适当的时候知道自己权力的适当边界在哪里；三、慈禧太后以"脐带——裙带"为纽带，结成了一个牢固的利益共同体，虽谈不上肝胆相照，但绝对是荣辱与共。

据说，恭亲王曾经感慨，大清国终究要亡于方家园（慈禧太后娘家故居）。记载此事的王照，是操切的戊戌变法的参与者，其抹黑宣传的能力丝毫不亚于梁启超，可信度极低。

在一个讲究门第、世系、关系的社会中，读书人尚且一边饱读圣贤书，一边使劲通过同学、师生的关系结为利益团体，恭亲王的土地上却是一片荒芜，没有禾苗苗壮生长。他莫非不知，政治的土壤也要靠"锄禾日当午，汗滴禾下土"吗？权力绝对需要生物学和生理学意义上的播种，放下清高与孤傲，寻找合适的土地，燃烧激情，生根、开花……

紫禁城的平衡木

1884 年 5 月 2 日，美国《芝加哥每日论坛报》发出了一篇震撼性的报道："中国前总理恭亲王自杀身亡。"这篇报道回顾了这位中国总理"两起三落"（他的第三"起"要等到 10 年后的甲午战争才会来到）的政治生涯，给予了他很高的评价，并且拿美国国务卿西华德来做陪衬。据说，每当西华德谈起中美关系，为了强调自己的权威性，最爱将恭亲王挂在嘴边："恭亲王与我共同认为……"

这篇长达近千单词的报道，代表了当时美国及国际社会对恭亲王的主流评价，但其核心内容却大摆乌龙。52 岁的恭亲王还好好地活着，在他那四周环绕着绿树红墙的王府中，荡起双桨，推开波涛，看着阳光洒在海面上。

但无风不起浪，恭亲王的确在 20 多天前（4 月 8 日）被判处了政治上的死刑。

引发恭亲王下岗的直接导火线，是日讲起居注官、左庶子盛昱在 4 月 3 日上的一道奏折，从题目《疆事败坏请将军机大臣交部严议》就能看出其鲜明的立场。此时，中法战争已经爆发，清军在越南北圻丧师失地，朝野震惊。盛昱奏折中的攻击目标是军机大臣兼吏部尚书（"政治局委员兼中组部部长"）李鸿藻，正是他推荐任命了前敌将领，但是，恭亲王作为首席军机大臣，不能不承担领导责任。盛昱的本意在于敲打敲打军机处，推动善意的批评和自我批评。

但是，5天后，慈禧太后的批复令众人大吃一惊：军机处全体下岗。

这一天，慈禧太后反常地没有召见军机大臣，而只是召见了军机处的"秘书长"（领班军机章京），按照她的思路拟定了圣旨，指责恭亲王等军机大臣"委蛇保荣"，地位越来越高，却越来越不思进取（"爵禄日崇，因循日甚"），"每于朝廷振作求治之意，谬执成见，不肯实力奉行，屡经言者论列，或目为壅蔽，或劾其萎靡，或谓簠簋不饬，或谓昧于知人"。处理结果是，恭亲王奕訢开去一切差使，家居养疾；宝鋆原品休致；李鸿藻、景廉降二级调用；翁同龢革职留任，退出军机处，仍在毓庆宫行走。

同一天，慈禧太后宣布组建由礼亲王世铎、户部尚书额勒和布、阎敬铭，刑部尚书张之万，工部侍郎孙毓汶组成的新的军机处，随后又宣布"军机处遇有紧要事件，著会同醇亲王奕譞商办"，至此，以醇亲王奕譞为首的新的行政核心组成。

这就是清史上著名的"甲申易枢"。在主流史家眼中，"甲申易枢"普遍被看作是慈禧太后抢班夺权的"疑似政变"，是以慈禧太后为首的保守、"反动"势力向以恭亲王为首的改革派们的反攻倒算。利用中法战争的失利，慈禧太后甚至不用一杯酒，就成功地解除了恭亲王的权力，至于李鸿藻等人，则成了陪衬而已。

甲申易枢当然有极为浓烈的权争色彩，但在慈禧太后"夺权"之外，恭亲王也的确在此前暴露出了极大的破绽。

根据当时的末班军机大臣、光绪皇帝的老师翁同龢的日记记载，3月30日，慈禧太后召集紧急会议，讨论越南军情。当天，军机处已接到电报，确定了北宁、谅江失守。会议上，恭亲王却大谈当年10月为慈禧祝寿进献之事，"极琐屑不得体"。慈禧太后终不耐烦，表示说早已决定不为生日搞什么"进献"了，何必请旨呢？"且边事如此，尚顾此耶？"但恭亲王"犹刺刺不休，竟跪至六刻（一个半小时），几不能起"。第二天的会议还是如此，还增加了一个惇亲王奕誴，两位王爷兄弟"所对皆俗语，总求赏收礼物"，慈禧太后的话就开始说得重了："心好则可对天，不在此末节以为忠心。"翁同龢看不下去，只好"越次"发言，劝两位亲王"宜遵圣谕，勿再琐屑"，总算给大家找了个台阶，"两王叩头，匆匆退出"。翁同龢则在当天日记里感慨地说："天潢贵胄，亲藩重臣，识量如此！"

翁同龢的日记，虽然经过他日后不断地修正调整，但基本事实的可信度还是相当高的。吊诡之处在于，此前在处理一系列内政外交中杀伐果断的恭亲王，何以此时变得如此琐屑？年龄上，他此时才50出头，作为国家领导人，正是年富力强之时，虽然从1883年开始他休了一年的病假，但已经病愈；经验上，从20多年前临危受命，与兵临城下的英法联军谈判开始，他长期主持中央日常工作，大清国上下没有任何一个官员比他更能驾驭复杂的局势。只有一种合理解释：恭亲王的变化，非自主也，实无奈也。

8年前（1876年），恭亲王的得力助手文祥病逝后，慈禧太后将同治皇帝的老师李鸿藻安插进了总理衙门。李鸿藻是倭仁一类的人物，能唱出调门很高的政治高音，但基本不干事，只管挑刺，做监工。毫无疑问，这种组织措施上的"掺沙子"，就是为了防止恭亲王在这个几乎等于"国务院"的衙门中尾大不掉。曾经团结一心的总理衙门，从此派系林立，只在表面上维持着一团和睦。在这之后，无论军事、经济、人才建设等任何改革，都无不遭遇重重阻力，打横炮的，使绊子的，弄得恭亲王也心灰意冷。1882年他因病离职，病是真的，但身病的根源仍是心病。病愈后返回工作岗位，又碰上了中法在越南对峙。以李鸿藻等为首的"清议派"高喊主战，实际上既不知彼，也不知己，他们的背后是光绪皇帝的生父醇亲王，这位王爷此时也政治春情萌发，希望能贡献力量了。而以李鸿章为代表的务实派，则认为此时最好还是避免战争，以外交手段为主，韬光养晦，夹紧尾巴，先把国内建设搞上去，厚殖国力。了解家底的恭亲王是倾向于韬光养晦的，但却架不住主战派的道德攻势，十分为难。同样的，作为最后拍板者的慈禧太后，也左右为难、上下摇摆。显然，无论战还是和都有风险，而无论出现任何风险，其责任当然不能由太后来承担，恭亲王就是那个注定要作"检讨"的冤大头，这是他的角色注定了的"台词"。而在"战无可胜"的情况下，本就不主张冒险一战的恭亲王，选择以婆婆妈妈的琐屑来主动获咎，是为所有人包括他自己找到一个最合适的台阶。

盛昱弹劾军机处的奏折，被慈禧太后足足压了5天。收到奏折的次日，正是清明节，慈禧太后将恭亲王打发出京，随后多次秘密召见了光绪的生父醇亲王，确定了中央新的领导班子。以恭亲王20多年执掌最高权力的苦心经营，他必然也能及时掌握这些异动情报。如果说甲申易枢是慈禧太后发动的不流血政变，那恭亲王绝对是心照不宣，并且默契配合地"被政变"了，一个愿打，一个也愿挨。

"政变"后，时人嘲讽新的领导班子比老班子无能，写了一幅后世传诵的对联：

> 易中枢以鸷马
> 代芦服以柴胡

但包括西方记者在内，有多少慷慨激昂的人能够理解高层政治中的无奈？

恭亲王在中法战争中表现出来的无奈、无力和无能，并不是第一次。与他相熟的美国传教士、同文馆校长丁韪良就说："总理衙门这台机器是根据测微螺旋的原理制造的，将震动最小化，但并不促进问题的解决。"这并非"机器"本身的质量问题，而是定位问题。中国数千年的历史早已证明，一个执政者，尤其改

大清官场如市场。

图为 1901 年北京的集市。

绝版恭亲王

革者，如果没有足够的权威资源作保障，他的改革是难以推进的。而恭亲王所能掌握的权威资源，并非完全自主，在很大程度上还必须取决于他和慈禧太后之间的权力平衡。大权旁落，除了作为减震器外，还能做什么呢？

在整个大清国的权力架构中，随着恭亲王地位的不断下降，他也日益成为一个大管家而已，平衡着上、下，平衡着左、右，平衡着"抓革命"与"促生产"。另一个近距离观察紫禁城政治的美国传教士学者明恩溥（Arthur Henderson Smith），就将恭亲王形容为"朝廷统治机器的重要的平衡轮"。这种"平衡轮"的重要作用，总是要在失去后才体现出来，当1898年恭亲王去世后，大清国果然失去了平衡，先是向右急转弯（戊戌变法），期间令那位被恭亲王称为"广东小人"的康有为暴得大名，然后是向左急转弯（戊戌政变及义和团），国家元气被折腾殆尽。

对于大清改革的艰难，总税务司、英国人赫德（Robert Hart）看得很清楚。恭亲王去世3年之后，在八国联军占领下的北京，他为英国《双周评论》（*Fortnightly Review*）撰写了《中国、改革和列强》（*China, Reform and the Powers*）的著名论文。在这篇文章中，他不厌其烦地讲述了一个毛驴的寓言：

老人和男孩牵着毛驴去赶集，路上碰到一个主张改革的经济学家，教导他们说让驴跟着走而不利用实在是一种浪费，于是老人骑上了驴。另一个鼓吹儿童权益的改革者，却斥责老人怎么忍心让孩子在一边跟着毛驴跑，于是，换了孩子骑驴。第三个改革者责怪健康的孩子，岂能让患有风湿病的爷爷踉跄步行，于是，一老一小同时骑驴。动物保护协会的人就不答应了，大声斥责他们，告诉他们最适当的方式就是牵着驴走。最后，老人、孩子和毛驴都掉到深沟里，而各位出主意的改革者们，只能站在沟边束手无策。

赫德的结论是，不要对中国的改革横加指责，"人们最熟悉的可能仅仅是自己所在的那个领域"而已。

而恭亲王的艰难之处，不仅在于很多人对是否骑毛驴、如何骑毛驴七嘴八舌，而且还在于日渐丧失权力的他，只能在狭窄的平衡木上骑毛驴。体操中的平衡木没有男子选手，原因据说很简单，如果摔落后正好跨坐其上，会有致命危险。政治体操中的平衡木也如此，"欲练神功，必先自宫"，才能杜绝"鸡飞蛋打"的危险，除非你不玩儿。因此，包括恭亲王在内，作为权力排行榜上的"老二"，中国历史上的"总理"们，总是不得不告别阳刚、走向阴柔，只关心问题、不关心主义（或假装不关心），只埋头拉车、不抬头看路（或假装不抬头），并且在任何必须向老大低头的场合，主动地、深刻地检讨自责，从而即使在暴政、庸政泛滥的年代，也能离奇地建立起自己在民众心目中的操劳的好管家形象。

中国宰相，其职责就是"调和鼎鼐"，做好政治大厨。所谓"治大国如烹小鲜"，当所有的烹饪用油都已经是被深度污染而后"漂白"的"地沟油"时，大厨所能做的，也就只能是尽量可口些，当毒性发作时，口舌至少还能享受到致命的快感……

亲王之死

1898 年 5 月 29 日，农历四月初十。

长期担任大清"总理"并受封为世袭罔替亲王爵位的爱新觉罗·奕訢，因病医治无效，于此日与世长辞，享年 65 岁（虚龄 67 ）。

在恭亲王病重期间，慈禧太后、光绪皇帝都亲自到恭王府探望病情，并以其他各种方式表达对恭亲王健康的关心。

国际社会也对恭亲王之死表示了高度的关注。美国传教士明恩溥则在其著作《中国在激变中》中（ *China in a Convulsion* ）认为，恭亲王的逝世，令中国这架"错综复杂的政府机器失去了一个重要的平衡轮"。大清国的洋干部、美国人马士（H.B.Morse）在他那本著名的《中华帝国外交史》中认为："一般人认为如果恭亲王不死，可能会挽救国家很多的不幸。"《泰晤士报》驻华记者濮兰德（J.O.P. Bland）认为"恭亲王的死是一件严重的事……如果他还活着，或许不会有义和团乱事"，这是 1900 年义和团—八国联军动乱后，西方人的普遍观感。

对于恭亲王的地位，美国外交官何天爵（Chester Holcombe）曾在恭亲王最后一次复出时（1894 年），有个精彩的论述。何天爵认为，只有恭亲王才能"为帝国政策带来改观和进步"。他认为，

恭亲王奕訢遗像。

恭亲王是精通东方外交艺术的老手。他总是将外交对手放在假定的情境中去认真研究，而不是放在具体的问题上。他既高傲又谦和，既粗鲁又文雅，坦率而有节制，有时办事迅速有时拖拉磨蹭，显得既有耐心又脾气暴躁——所有这些特点都根据他的需要，按照角色的变化随时转换使用。他成功的最大秘诀在于他能够事先判断出需要妥协的时机。他不断转换面具并不说明他是个优柔寡断之徒。隐藏在众多面具之后的恭亲王在认真琢磨着对手，判断对方的意图政策，再决定自己的对策。在最后时刻来临之前，他丝毫没有妥协投降的迹象，显得积极对付，毫不屈服。正当他的对手集中全力要发动最后一击的时候，对手会发现恭亲王突然消失了，取而代之的是一个满脸微笑的谦卑的伙伴。作为所谓的"防御外交政策"——中国迄今为止只有这一政策——的领导者，恭亲王显得出类拔萃。帝国中还没有人像恭亲王那样明白帝国可能的未来和帝国自身的弱点。帝国活着的人中还没有人像恭亲王那样富有经验，担当重任……实际上，在他的整个政治生涯中，恭亲王是政府政策制定的主心骨，也是执行这些政策的精明强干的政治家与外交家。

在恭亲王病重期间，慈禧太后、光绪皇帝以各种方式向他表示了慰问，并且就恭亲王身后的国家大事，进行了广泛而坦率的探讨。

一个广为传说但显然无法从正史上得到确证的故事，是说恭亲王在生命的最后时刻，告诫光绪皇帝："闻有广东举人主张变法，当慎重，不可轻任小人。"（《戊戌履霜录》）高层密谈，自然是不可能泄露给位卑言轻的史家的。而人们更愿意假定此一政治遗言为真，并将其广泛解读为恭亲王"反动"的证据。康有为、梁启超师徒也在各种场合，强化了恭亲王反改革的形象。从各种可靠及不可靠的史料来看，恭亲王"反改革"似乎是真的——但是，那只是反康梁的所谓"改革"而已。

有关戊戌变法的真相，近年来已经被越来越多地揭示出来，康、梁在变法过程中的地位、作用，都被他们自己后来的精心宣传拔高。在他们仓皇出逃的时候，给予他们掩护的日本和英国的外交官，无人认为他们是大清改革的所谓先行者，是能为理想而献身的勇士，相反，在发往各自政府的报告中，外交官们对康有为的评价十分糟糕，之所以伸出援手，一是出于所谓的"人道"，二是考虑到各自国家的在华利益，手上握住了康有为，就多了一个与中国政府讨价还价的筹码。

戊戌变法的实质，与其说是一场改革，莫如说是一群急于获得政治地位的野心家（如康有为等），与一部分不谙世事的理想主义者（如谭嗣同等），联合推出的一场政治大跃进。盲目而操切的"变法"，自发动之初，就贸然地将重点放在了打破中央国家机关公务员们的铁饭碗上，一夜之间就裁撤了詹事府、通政司、光禄寺、太仆寺、鸿胪寺、大理寺等6个中央部委；裁撤了湖北、广东、云南三省巡抚，因为他们与总督同在一地；裁撤了全国那

从戊戌变法开始，中国近代史几乎成了一部谎言编织的历史。
康有为显然是一位杰出的谎言策划大师。

些没有运输业务的粮道和没有盐场的盐道……这种组织人事上的休克疗法，令全国公务员，尤其省部级以上高级干部们，人人自危，将他们中的大多数人，无论是改革者还是保守者，都推到了这场所谓"改革"的对立面。

而这些，正是改革经验丰富、政治嗅觉灵敏的恭亲王至死反对如此"改革"的原因。其实，恭亲王之外，几乎所有的改革实践者们，包括李鸿章、张之洞、刘坤一等，与这场以滥发红头文件为主要方式的"改革"保持了相当的距离。而后世比较公认的看法是，如果恭亲王不死，这一以文字上的虚幻快感取代应有审慎的"改革"儿戏，将可能无法推行，而这究竟是因为恭亲王的"反动"，还是因为他的明智加睿智呢？

在提醒光绪皇帝要警惕"康梁小人"之外，恭亲王还有道同样难以证实或证伪的政治遗言：打倒翁同龢。

这一记载的来源是《申报》。恭亲王死后一个月，这家大清国最为主流的媒体，发表报道称，恭亲王重病期间，光绪皇帝前来探视，询以朝中人物谁可大用。这等于是要恭亲王推荐干部。

恭亲王首先提到了李鸿章，但他因甲午战败而积谤过多（"合肥相国积毁销骨"），一时难以重用，因此，恭亲王认为中央只有荣禄，地方上只有张之洞、裕禄三人"可任艰危"。光绪皇帝又专门问及如何评价自己的老师、担任财政部长（户部尚书）的翁同龢，恭亲王毫不犹豫地回答说，翁同龢是国家的罪人，"所谓聚九州之铁不能铸此错者"。报道进一步指出，甲午战争前朝鲜局势紧张，高层曾经拿出了3套方案：一是将朝鲜降格为行省，把朝鲜国王迁回内地供养，参照孔子后裔的榜样，"世袭罔替"；二是派遣重兵进驻朝鲜，代理其国防；三是将朝鲜列为各国利益均沾、共同保护的"公共之地"，以便相互牵制。但当时已经执掌中央财政大权的翁同龢，一味高调主战，却又不积极备战，导致主战的偏激舆论占了上风，错过了外交解决的最佳时机，导致并未准备就绪的陆海军一败涂地，"十数年之教育，数千万之海军，覆于一旦，不得已割地求和"，列强趁机掀起瓜分浪潮，"德据胶澳，俄租旅大，英索威海、九龙，法贳广州湾，此后相率效尤，不知何所底止？"

客观地说，将甲午战争的失败，只归罪于翁同龢一人，与只归罪于李鸿章一人一样，都是过度之责。但是，翁同龢这类将自己的"名声""羽毛"看得重于国家利益的"清流"，的确对李鸿章之类"干活的人"造成了巨大的掣肘。李鸿章曾经激烈指责"言官制度最足坏事"，"当此等艰难盘错之际，动辄得咎，当事者本不敢轻言建树，但责任所在，势不能安坐待毙。苦心孤诣，始寻得一条线路，稍有几分希望，千盘百折，甫将集事，言者乃认为得间，则群起而讧之。朝廷以言路所在，有不能不示加容纳。往往半途中梗，势必至于一事不办而后已。大臣皆安位取容，苟求无事，国家前途，宁复有进步之可冀？"

甲午战争前10多年，日本侵略琉球和台湾，李鸿章就向中

翁文恭公遗像

门下士张元济敬题

翁同龢是那种在儒家光辉下正襟危坐的伪君子，他在政治上的破产，恰恰是他的学生光绪皇帝的自我觉醒、不留情面。

央发出了警报，应将日本作为中国国防的主要假想敌。但翁同龢为了政争的需要，死死捂着钱袋子，导致北洋海军多年未进行军备更新，却又逼着李鸿章与日本决战。甲午战败后，日本方面指定只和李鸿章进行和谈，中央在商议时，翁同龢明知不割地不可，但为了爱惜自己的名声，坚决要求绝不可割地，实际上是想洗清自己。李鸿章也急了，干脆表示自己没这本事，还是请翁师傅亲自去趟日本，这才令翁同龢改口。从个人政治品格上来说，李鸿章远比翁同龢要坦荡磊落许多，更有担待，更有责任感，更勇于任事。从后世我们所能看到的史料来看，李鸿章未必是个"真小人"，而翁同龢却绝对可称得上是个"伪君子"。

无论恭亲王驱逐翁同龢与告诫康有为的两个口头遗嘱的真实性如何，他作为一个实干家，对翁、康之类玩嘴上虚功夫的人，是有足够警惕的。实际上，在此之前，翁同龢已经表露了对康有为的极大支持，多次表示赞同康有为等提出的"从内政根本"进行改革的"休克"疗法。

恭亲王去世后不到一个月，刚刚成为事实上的"总理"并启动了戊戌变法的翁同龢，就被突然"双开"，送回了常熟老家。这是戊戌年众多扑朔迷离的怪事之一。一直以来，史家对此的解释都是以慈禧为首的"后党"与以光绪为首的"帝党"进行权力斗争，慈禧将翁同龢清除出中央，以削弱光绪的力量。这种已被广泛接受的论点，近年却被发现是天方夜谭，更多的证据表明，正是光绪皇帝本人不满于这位"居心叵测，并及怙权"的老师，而亲自下旨令老师下岗的。在恭亲王临终发出了对康有为和翁同龢的警告后，光绪皇帝还曾亲自测试了翁老师对康有为人品的评价，却发现翁老师前后不一，十分可疑。这在翁同龢自己的日记中，也有闪烁其词的记载。

恭亲王身后得到的哀荣，是不同寻常的。

他去世后的次日，慈禧太后和光绪皇帝就亲自前往恭王府悼念，对恭亲王的一生功绩给予了高度的评价，赐谥号为"忠"，配享太庙，入京师贤良寺。慈禧太后还下令"辍朝加两日"，即朝中的丧假从 3 天改为 5 天，同时，"皇帝素服十五日"，这是人臣罕见的哀荣。

慈禧太后与恭亲王是掰了近 30 年手腕的老对手，恭亲王在政治上的三次大崩盘，除了第一次之外，都与慈禧有着直接的关系。"周公恐惧流言日，王莽谦恭未篡时。向使当初身便死，一生真伪复谁知。"作为大权在握的"老二"，恭亲王永远都是最高权力的最大威胁者，只要看看不绝于史的残酷的权力斗争和血腥的宫廷阴谋，就会明白，对于恭亲王既利用又防范，绝非出自慈禧太后神经质的多疑，而只是权力操盘的一种常识而已。"老二"的忠诚与否，只能到撒手人寰的最后时刻才能真正得出结论，恭亲王谥号为"忠"，绝非对过程的描述，而是对结局的概括。

下岗在家 10 年，恭亲王常去的地方是京西古刹戒台寺。寺内有棵"卧龙松"，驰名京师，很少题词留墨的恭亲王，却为之题

甲午战争期间清军士兵在北京街头练习弓箭。

绝版恭亲王

写"卧龙松"三字，刻碑立于松下。逐渐习惯于忧谗畏讥的恭亲王，如此不避嫌疑地自比为"卧龙"，究竟是如何心意？或许，一条不能腾飞的卧龙，在一个只以成败论英雄、信奉张牙舞爪的社会里，可能就是一条爬虫而已……

第四章

老大帝国

恭亲王在合适的时机打出了一张合适的牌，仅仅用两年多的时间，就将一个攻入自己首都的武装到牙齿的强敌，变成了"同志加兄弟"。但在大是大非的关键时刻，恭亲王旗帜鲜明地捍卫了自己的立场：大清国的枪杆子，必须永远听从大清召唤，必须坚定地服从大清指挥。什么都可以丢，就是枪杆子不能丢。在这一原则问题上，容不得丝毫的松懈与让步。

英国议会：大清稳定压倒一切

大清国的稳定压倒一切，大英帝国应当不遗余力地帮助大清国进行全面改革，乃至帮助大清政府平息任何动乱。维持中国稳定、推进中欧贸易符合英国的最大利益，英国的对华政策必须是"忠诚、坦率及友好的"；英国如果不能支持大清国的改革，那无异于自杀。

这样的论调，并非出自某位"大清人民的朋友"之口，却恰恰来自英国著名的鹰派、两次鸦片战争的主要决策者巴麦尊勋爵（Henry John Temple Palmerston）。这位曾经使劲鞭打中国龙的强硬主义者，却在 1863 年 7 月 6 日，以首相身份向英国议会发表了长篇演说，鲜明地提出要扶持中国。

究竟是什么，令一只咄咄逼人的雄鹰，变成了温顺友好的鸽子呢？

一切都源自恭亲王奕訢那务实的外交政策。

A LESSON TO JOHN CHINAMAN.

Mr. Punch. "GIVE IT HIM WELL, PAM, WHILE YOU ARE ABOUT IT!"

1857 年英国报章上的漫画《教训中国人》。无论是鹰还是鸽，在英国人眼中，中国总是需要引导和训诫的，无论是用棍棒还是用胡萝卜。

再颟顸、再腐败的政权，到了生死存亡而被迫着发出最后的吼声的时候，多少都会变得与时俱进起来。1862 年年初，随着太平军相继攻陷东南财赋重地宁波、杭州等地，兵锋直指上海，大清国的领导核心真切地感受到了没顶的压力。

战争处于胶着状态，主持中央日常工作的恭亲王，敏锐地意识到，必须动员一切可以动员的力量，包括不久前还在刀兵相向的英法等列强，结成最为广泛的统一战线，才能在关键时候挽救东南、挽救大清。拖延已久的舰队采购计划，被迅速地摆上了议事日程。

早在上一年（1861 年），大清国的洋干部、代理总税务司、英国人罗伯特·赫德就向恭亲王建议，可以从英国购买几十艘舰艇组建新式海军，这将大大加强前线官军对太平军的军事优势。这项建议得到了英国公使卜鲁斯（Frederick Wright-Bruce）的大力支持。赫德建议说，此费可以通过提高鸦片关税和对鸦片征收货物税来筹措。

卜鲁斯是英国第一位常任驻华公使，他的哥哥正是著名的额尔金勋爵（James Bruce，额尔金其实是爵号），恭亲王的第一位洋对手。

赫德和卜鲁斯的计划，立即受到恭亲王的赏识。在他的盘算中，这是个一箭双雕的好事：既可以打击"长毛"，又可以"笼络"列强。他向当时重病中的咸丰皇帝写了报告，咸丰皇帝也很是兴奋，立即批转曾国藩、官文、胡林翼等前线将帅，征求意见。虽然得到了朝野上下的基本支持，但赫德开出来的预算，高达150多万两白银，这令囊中羞涩、两袖"清"风的大清中央很是为难，只好不断折冲，压低预算。直到太平军饮马西子湖，此时赫德的预算也调整到了80万两，恭亲王便不再犹豫，指示赫德，授权正在英国老家休假的总税务司李泰国（Horatio Nelson Lay，赫德此时还是代理他的职务）采购这些军舰。

这是一张庞大的订单，中国人的购买能力令英国朝野大为兴奋：6艘炮艇和3艘快艇，外带全套的人马，每艘炮艇配备舰长1人、军官2人、轮机手2人、炮手2人、水兵10人；每艘快艇则配备舰长1人、军官1人、轮机手3人、炮手4人、水兵30人。这不仅能大大拉动英国军火行业的GDP，而且英军官兵到大英帝国之外再就业，将大大加强英国对中国的影响力。

英国人笔下的太平天国将士们，剪去了辫子，恢复蓄发的习俗。变更衣冠服制，在中国历来具有社会政治含义，往往是改朝换代的标志。

这是大清国第一次国际大采购，也是恭亲王奕訢主持中央日常工作以来，拍板决定的最大一笔财政支出。吊诡的是，这样一桩动作极猛的改革举措，却出乎意料地没有遭到来自保守派的反对。没有喝彩，也没有反对，万马齐喑，在来势凶猛的太平军面前，卫道士们终于学会了什么是顾全大局。

这是大清国在引进技术和人才方面的重大尝试，这样一支完全采购自"洋鬼子"的舰队，加入"国有资产"的行列后，无疑将令大清中央更有决心、有能力应对国内外敌对势力，主要是国内敌对势力的挑战。此时，清政府另一个"引进—消化—吸收"的项目"洋枪队"（后更名为"常胜军"，Ever Victorious Army），正在与太平天国的对抗中发挥巨大作用，一支"水上洋枪队"无疑将令"对外开放"的伟大成果首先在对内战争中绽放。

大清国的集权体制，在这种关键时刻体现了高效的制度优越性。中央迅速拍板，赫德立即（1862年2月24日）急电英国，通知李泰国，北京已经命令两广总督劳崇光为舰队支付第一期款项。

此时，李泰国已经与英国海军上校、著名的北极探险家阿思本（Sherard Osborn）进行了接触，邀请阿思本出任拟议中的舰队司令。采购开始紧张地进行，但此时，英国议会却开始杯葛这一受到政府支持的军火外援项目。

太平天国运动之前及运动初期，英国对华政策的主流还是炮舰政策，对清政府以打压为主。但中国内战所造成的巨大破坏力，令英国在华最为重要的商业利益受到了严重的影响，他们这才看清了清政府在稳定中国局势方面的关键作用，遂开始调整政策，转而扶持清政府，同时在中国的"改革"和"开放"过程中加紧渗透，力图将中国政权"英国化"，这成为英国政界有远见者们的共识。

这些人与目光短浅的传统炮舰政策的支持者，以及出于宗教或政治理想等各种原因而亲太平天国的人，发生了激烈的争论。

阿思本为中国"打工"的申请，令英国内部就中国政策的分歧公开化和表面化。1862年7月25日，英国下院会议辩论中，议员海亚（Sir J. HAY）提出，阿思本作为英国军官，究竟是否可以服务于"中国的叛乱方"或者"那个腐朽的王朝"？一旦处理不慎，这就完全可能将英国拖入一场预料之外的中国内战冲突之中。

议员塞克斯上校（Colonel SYKE）指出，英法军队协助中国官军"解放"宁波后，"解放者"们对这座城市造成的破坏远甚过太平军。当时在华的一些英文报纸对此也有报道："（官军）于数小时内所破坏的较之叛军占领宁波的五个月内破坏的要多得多。"（《中国邮报》）"再没有比联军从太平军手里夺取宁波的行动更荒谬、更无理、更不义的了。我们应该公正地把英国皇家兵舰丢乐德舰长的永垂不朽的可耻行为载于史册。"（《香港日报》）一年多后的《泰晤士报》（1863年7月17日）也承认，毫无军纪的联军和中国官方雇佣的洋枪队在宁波进行了大规模破坏，遭到西方商人和中国官方的一致抱怨，不得不安排他们撤离。

英国人画的从水路上看到的太平天国首都天京的情景。

143

第四章 老大帝国

塞克斯上校说，在上海，没有任何西方人受到太平军的威胁，相反，太平军总在不断寻求与西方人的友谊，然而西方人却主动协助官军参战，"我们对待太平天国的态度，就是狼对待羊的态度，不管羊是在河的上游还是下游喝水，结局都是一样的"。他认为欧洲雇佣军要从太平军手中"解放"嘉定，实际上就是抢劫"抢劫者"，"黑吃黑"而已。上海其实并不存在危险，"黄浦江平静得就如像泰晤士河一样"。他质疑道："这些在中国的军事行动，驻扎当地的英国官员是否了解情况？是否已向议会报告？"

塞克斯上校是英国少数对太平天国持同情态度的议员。他曾经质疑英国外交系统，为什么没有将在华出版的英文报刊上有利于太平天国的报道送交伦敦？他认为这极大地误导了欧洲舆论。他还认为卜鲁斯等人称太平军为土匪"显然是在有意颠倒黑白"，他在报端撰文道："如果说他们是土匪，那么，当荷兰人民起来挣脱西班牙的枷锁时他们都是土匪；我们自己的英联邦也是由土匪建立的；当美洲殖民地人民从宗主国手中争得独立时他们也是土匪；美国的南方联盟在抵抗北方联盟时也是土匪！如果夏福礼领事（英国驻宁波领事）更好地温习一下历史，他就不敢贸然断言。"

议员维特布莱德则要求议院明确，如果英国军官们为中国政府服务，其服务年限不可视为在英国海军的服务年限；在中国所获得的薪水、晋升等，也与英国政府无关，不被皇家海军承认；而如果在中国受伤或阵亡，也不可能享受英国的任何抚恤。这等同于要求他们"留职停薪"。

这样的争论，虽然最终是"亲华"的一方获胜，但在阿思本舰队的整个筹建过程中，反对的声音还是时有所闻。为了得到议会的支持，英国首相巴麦尊勋爵亲自出马，向议会发表长篇演说，为阿思本舰队辩护，提出了亲华政策。

作为一名鹰派，巴麦尊不仅因主导两次鸦片战争而闻名，也在镇压印度民族起义、发动对俄的克里米亚战争、支持美国内战时的南军等大事件中，十分活跃。在演说中，他对一些议员质疑阿思本舰队清剿"海盗"的使命大为恼火，他嘲讽他们真是站着说话不腰疼，丝毫没有认识到，只有阿思本舰队才能将中国海流域的"土匪"彻底扫清，确保中欧之间贸易的畅通。

他提出，俄国和法国对中国觊觎已久，英国应该大力帮助中国整顿财经体系、建立强大的陆海军，以抵御可能的侵略。只有英国力量的存在，才能令俄法不敢轻举妄动。这几乎与恭亲王所分析的基本一致：列强之间即使"同床"，也必然无法"共梦"，中国大可从中获得宝贵的支持，无论对内对外都是大有裨益的。

巴麦尊的演讲，高屋建瓴，厘清了大英帝国在对华政策上的模糊认识，据《泰晤士报》报道说，在巴麦尊演说结束时，激动的议员们起立并长时间欢呼。1个多月后，维多利亚女王批准阿思本舰队计划，英国枢密院随即正式发布敕令，批准这一行动。

恭亲王在合适的时机打出了一张合适的牌，仅仅用两年多的时间，就将一个攻入自己首都的武装到牙齿的强敌，变成了"同志加兄弟"，从此，大清帝国与大英帝国保持了长时间的友好关系，大清国获得了30年的宝贵的国际和平时间，得以"聚精会神搞建设、一心一意谋发展"，史称"洋务运动"及"同光中兴"……

"枪杆子里出政权"

主持中央日常工作、一向温文尔雅的大清"总理"、恭亲王奕訢，终于发怒了。

在给英国公使回复了多封态度和蔼但措辞强硬的信后，恭亲王下令：解散大清国的首支新式舰队，还未正式上任的舰队司令、英国籍的洋干部阿思本连同舰队全体英国籍官兵一律下岗。

在大是大非的关键时刻，恭亲王旗帜鲜明地捍卫了自己的立场：大清国的枪杆子，必须永远听从大清召唤，必须坚定地服从大清指挥，这是大清国武装力量的基本政治要求，这是不可让步的基本原则。

这是1863年10月。那支悬挂着黄龙旗、装备着最新式舰艇及武器、由清一色的英国官兵组成的"中英联合舰队"（英国报章的习惯称法，中国史书普遍称之为"阿思本舰队"），正停泊在大清帝国的东部沿海。如果没有这一波折，这支舰队将成为大清帝国及东亚地区的首支现代化海军（北洋舰队在此后11年才出现），地区平衡、世界均势乃至中国和世界的近代史都将因此而重写。

英国人对这支舰队是全力支持的，自英国议会在立法方面放行之后，舰队的组建工作飞速进展，英国军方不惜将最先进的舰艇卖给中国政府。负责采购和组建的大清国总税务司、英国人李泰国，看中了英国海军上校阿思本，此人在军界以北极探险而著名，并曾经亲自参与过两次鸦片战争，是大清人民的老对手了，对中国相当熟悉。李泰国代表中国政府，正式聘请阿思本担任这支舰队的司令，任期4年，并且签订了一份共有13款内容的协议。

"李–阿协议"明确约定，阿思本作为舰队司令，只服从由李泰国转达的中国皇帝的谕旨，而且李泰国对于不合理的谕旨还可以拒绝转达。这一明显侵犯中国主权的条款，实际上将舰队变成了李泰国的私人武装，这成为日后争议的焦点。熟悉中国国情的赫德立即给李泰国写长信劝告，但毫无效果。

有意思的是，李泰国和阿思本两人，在这份日后颇多争议并导致舰队计划流产的协议后加了不少注解，详细解释他们设立这些条文的考虑，但这些注解似乎没有得到中国历史学界的足够重视。

其中第一条注解明确说明："我们不得不和善于欺骗和背信的亚洲人打交道，他们会随时以眼前利益和自己的观点进行修正。我们毕竟给他们提供的是实质的军事援助，必须防止这种援助被滥用，给我们自己及大英帝国中我们的支持者们带来丑闻。我们要保证女王枢密院所给予我们的巨大权力和责任，不至于被我们自己、我们的继任者乃至中国政府滥用。"

从这一注解可看到，李泰国在作为中国政府的代表与作为大英帝国的臣民两种身份之间，毫不犹豫地选择了后者。这样的身份冲突，也是他一直找不准自己定位的原因。而依照这一注解，整个舰队计划似乎不是中国的政府采购行为，而更像是英国的一个政府援助项目。

李、阿两人在注解中详细说明，中国的地方官员们是靠不住的，在没有帝国政府授权的情况下，中国地方官员居然可以自行购买欧洲舰艇，自行招募各国水手，"扬子江上的舰艇一半属于（招安改编的）海盗，一半属于此类武装民船"。李泰国和阿思本因此认为，他们经手的舰队必须确保直属于中央政府，以与这些"海盗们"相区别。

致命的是，这两位似乎处处为中国利益着想的英国绅士，没有解释也无法解释李泰国凭什么可以选择性地遵从或拒绝中国皇帝的谕旨。

当李、阿两人在伦敦沉浸于千秋伟业的大梦时，中国的形势发生了巨大的变化。

因清军围攻太平天国的"天京"（南京）日急，太平天国最骁勇的忠王李秀成率大军回救首都，上海之围遂解，李鸿章所部淮军在英法军、"常胜军"配合下，收复嘉定。军事态势对太平天国越来越不利，恭亲王已经完全不需要依赖阿思本舰队来实现军事救急。

李泰国会同阿思本制订了将舰队分阶段开往中国的计划后，就携眷赶回了上海，与代理其职位的赫德见面，然后一同赶往北京，觐见恭亲王。

恭亲王给了兴冲冲的李泰国兜头一瓢凉水：中国政府拒绝接受李－阿协议，舰队必须接受身处前线的地方督抚的节制，才能保证其在战场上发挥作用。李泰国坚持舰队只能接受中央政府的直接指挥，他的观点得到了英国公使卜鲁斯的坚定赞同。双方形成了僵局，多次联席会议均不欢而散。

卜鲁斯于6月16日致函恭亲王，要求中央政府必须将关税和指挥权抓在手中，以保证舰队的运转费用和军饷，以及不受地方当局节制。

恭亲王则毫不客气地回信指出，是否准许英国军官为中国效劳，当然是英国公使的职权范围，不同意就拉倒；但如果同意，则英国军官由谁指挥，饷银从何开支，这就是亲王的权力范围，不用英国人瞎操心。

其时，卜鲁斯处境相当尴尬，因为戈登率领的"常胜军"就是由地方政府节制的，如果也要"坚持原则"，则戈登等军官就必须离开"常胜军"，赫德认为这将成为英国远东政策的噩梦。

在这些谈判中，赫德敏锐地发现：中国皇帝虽在形式上是最高权威，但这种权威并非无限的。皇帝对官员的监督管理是在事后，地方事务包括当地的对外事务在内都是由地方官员们自行掌管。任何"直属于北京"的舰队，如果不在曾国藩和李鸿章的指挥下，其实都难以在南方的战事中发挥作用。

经过几轮辩论，最终双方同意在阿思本之上设立一位中国"总统"（总司令），由曾、李推荐人选；而阿思本则担任"帮同总统"（副总司令）。双方达成了5条协议，对舰队的维持费用等做了详细安排。7月2日，赫德在日记中写道："解决舰队的事情成功了。"

现在就等着舰队及阿思本的到来。

而阿思本的到来却令情况再度恶化。

阿思本舰队的第一批舰艇于8月1日到达长江口，阿思本本人则率领第二批于9月上旬到达，最后一批舰艇在10月6日进入中国港口。

阿思本到华后，在上海逗留了几天。据他后来所写的备忘录，当时李鸿章在上海大挖他的墙角，其代理人积极游说阿思本舰队官兵，承诺更高的薪水，甚至可以将第一笔报酬先打入这些官兵的英国银行账户。阿思本在备忘录中对这样的"中国特色"大吃一惊，随即开除了牵涉其中的14名官兵。这加剧了他对李鸿章的不信任感。

阿思本于9月25日到达北京，获悉了李泰国此前与总理衙门妥协达成的5条协议，勃然大怒。他认为这不仅与此前的协议大相径庭，而且海军舰队要听命地方政府，这是大忌，"如果这就是中国特色，难怪他们无论陆战和海战都要打败仗了"。他认为，此前所签的官兵雇佣协议，前提就是他必须作为舰队司令，如果另设中国统帅，那这些合同就全部无效了。

随后，阿思本将自己对李鸿章的怨愤都发泄出来，"李鸿章是个能干的中国人，但也是个不守规矩的人，他的行为就是想削弱我的权力，然后可以更好地驾驭我或抛开我，就像他对其他欧洲军官一样"。他认为，自己的使命是传播西方文明，推进全人类的商业利益，如果听命于李鸿章，则这些从英国海军中精挑细选出来的将士们，就和被李鸿章招安而来的海盗们没有区别了，"联合舰队就会从蒙上帝赐福的舰队，堕落到被中国人民和在华欧洲人诅咒的地步"。他毫不隐讳地写道："我如果在这问题上软弱，就会如戈登那样被李鸿章玩弄。"

强悍的阿思本和李泰国两人联手，与恭亲王及总理衙门之间的冲突日益激烈，而唯一能在其间斡旋的赫德，则又已经南下上海，出任他的"上海税务司兼管长江口及宁波关务"。

在没有赫德斡旋的情况下，只经过3天的激烈辩论，阿思本就直接给恭亲王写信，指责恭亲王的决定："直接违反我和李泰国先生的正式协定……我到中国来是为皇帝效劳……而不是仅仅充当地方当局的仆人……中国总理衙门认为'恭亲王所议之办法系中国的常理'，对此，我的答复是，我以及我的追随者到这里来，不是为了使我们习惯于中国水兵或士兵所受的通常待遇，也不是为了帮助他们在对待欧洲雇员或一般欧洲人方面执行一项倒退的政策。"

阿思本舰队配置了当时最先进的舰艇，
比图中这些同时期停靠在香港的英国舰队更为先进。

其后 3 周，李泰国和阿思本在总理衙门"诱骗、争论和咆哮"，恭亲王均未露面。

10 月 15 日，作为"客卿"的阿思本居然向恭亲王发出了"最后通牒"，限 48 小时内批准他和李泰国的协议，否则他就立即解散舰队。在这封"最后通牒"中，他辩护说自己和李泰国的一切言行均严格执行了恭亲王最早的指令，抱怨中国政府没有遵守诺言。

他的信终于激怒了恭亲王及总理衙门，即使一向十分温和的总理衙门大臣（"大清外交部副部长"）文祥，也甩出了重话：大清国即使退回到关外，也决不会屈服于阿思本的无理要求。

10 月 19 日，没有得到回音的阿思本请示英国公使卜鲁斯，说明他想解散舰队，但由于所有舰艇是清帝国的财产，他无法处置，但又担心如此强大的舰队如落入地方政府手中，会出现大的风险。

卜鲁斯回信说，他已经告知恭亲王和总理衙门，这支舰队的指挥权只能由女皇政府信得过的人指挥；他要求阿思本想方设法先将舰队留在手上，在得到英国政府指令之前，不得移交给任何人。

随后，在美国公使蒲安臣的斡旋下，总理衙门和英国公使进行了紧急磋商，最后双方同意由阿思本遣返所有人员、舰艇，中国政府承担所有的经济损失。

这一争论，令大清国损失了 80 万两白银。但经此折腾，恭亲王再度以实际行动表明了：即使是"腐败无能"如满清者，也同样甚至更加理解"枪杆子里出政权"的中国式真理，什么都可以丢，就是枪杆子不能丢，什么都可以牺牲，就是枪杆子不能牺牲。

阿思本官方画像。

在这一原则问题上，来不得丝毫的松懈与让步。

阿思本舰队解散后 11 年（1875 年），在赫德牵线下，恭亲王再度拍板，向英国采购军舰，但从舰队司令到普通水兵，都是清一色的大清子民，这就是日后大名鼎鼎的北洋舰队。后人无从得知，恭亲王在枪杆子问题上如此坚持原则，究竟为大清国带来了什么，但可以肯定的是，一个因内忧外患而危在旦夕的政权，此后又支撑了 40 多年之久，并且还时不时地迸发出貌似中兴的星星之火……

洋干部下岗

1863 年 11 月 16 日，大清国又一名高级领导干部被"双开"。这回轮到了英国籍干部李泰国。

洋干部也能上能下，说换就换，这当然是新鲜事，表明大清中央在人事任免乃至外交方面的日渐雄起。

担任了 9 年的大清国海关关长（"总税务司"），李泰国在大清中央政府中很有些分量：他不仅执掌着海关这一大清国的主要财源，而且在大清国与西方各国，尤其老大哥英国的双边及多边关系中，扮演着重要的角色。大清国将自己的第一支新式海军的采购大订单交给他去执行，这本身就说明了中央对他的倚重和信赖。

撤换这样的洋干部，牵一发而动全身，能有魄力下这个决心

清朝的早期海关。

的，只有绵里藏针、外柔内刚的恭亲王奕訢。

导致李泰国与其"老板"奕訢翻脸的导火线，是其在经办"英中联合舰队"时对中国主权的蔑视和践踏。从那时开始，这一事件一直都被作为"帝国主义侵略"的经典案例，也是历经满清、民国直至今日而评价依然的极少数"铁案"之一。

在购置舰队和招募外籍官兵中，恭亲王及中国政府给李泰国的授权仅仅局限在经济方面，他可以在审定的预算额度内自主开支，但李泰国却擅自突破了这一授权。在他与这支"混血"舰队的未来司令阿斯本签订的劳动合同中，两人居然约定了阿思本只接受由李转达的中国皇帝的命令，而李还可以对其认为不合适的圣旨不予转达。同时，双方还约定将舰队官兵4年的薪水一次性提前支取。

这当然深深伤害了以恭亲王为核心的大清政府和人民的感情，他们无法接受这样一个将海军大权拱手相让的合同。在李泰国和恭亲王等人的激烈争论中，他坚称中国地方官员过于腐败，因此舰队不能听从前线统帅的调度，而必须直属于皇帝，这又激起曾国藩、李鸿章等前线大员们的激烈反对，并被迅速上升到军队听谁指挥的国家原则高度。

毫无疑问，在这样的局面下，恭亲王只能选择玉碎而非瓦全，舰队最后被解散。大清国第一次大张旗鼓的人才、技术双引进项目宣告破产。

对于涉嫌渎职的李泰国,恭亲王十分恼怒,他在给皇帝的报告中,用罕见的尖刻语言说:"李泰国办事刁诈,以致虚糜巨款,实难姑容,"处分结果是"将其革退,不准经理税务"。恭亲王随即娴熟地、辩证地将这件坏事说成了一件好事:"该夷狡狯异常,中外皆知,屡欲去之而不能,今因办船贻误,正可藉此驱逐。"如果李泰国敢于不遵,则将通过英国公使对此进行惩办。

强悍的李泰国在这样的打击面前终于低下头,之后与恭亲王的几次见面,"词色之间,业已神丧意沮,迥非来时桀骜情状"。但恭亲王依然担心他"野性难驯",为了防止他回到英国后"颠倒是非,处心积虑,遇事思掣中国之肘,不可不预为设防",于是将详细的经过发文告知英国驻华公使卜鲁斯及李泰国的好友、中国通威妥玛,以杜绝李泰国"造谣簧惑"的可能。

在这封以外交部副部长(总理衙门大臣)文祥名义发出的信中,中国政府详细罗列了李泰国所犯的严重错误,在舰队指挥权这样的原则问题上,除了阿思本舰队的越位签约外,居然还要求将中国各港口的轮船归其一人调度,将上海的"常胜军"(即华尔、戈登等人率领的外籍雇佣军,此前名为"洋枪队")归其一人指挥。信中还指控李泰国缺乏职业操守,其既然在中国担任领导职务,"食中国之俸,即与中国属员无异,其职分亦与各省关道相等",但此次购置舰队回京后,却以其与英国公使级别相等为理由,不再给恭亲王呈送"请示报告",而使用平行书信。大清本来给了他优厚的待遇,为他在句栏胡同购买了居所,有100多间房，现在他居然嫌小，指名要换到肃王府去，或至少要将肃王府分给他一半。肃亲王可是世袭罔替的"铁帽子王"，其坐落在东交民巷使馆区的王府关系到国家的脸面，此前法国就曾要求将此定为使馆，但被大清政府严拒，肃王府后来在义和团及八国联军动乱中成为战场被毁坏。李泰国要求，如果不给他肃王府，那就要把肃王府边上的詹事府衙门的房子腾给他。其实，李泰国指定的两处新住宅，都紧靠着英国使馆，幕后显然是英国想在北京扩大使馆区。

美国历史学家费正清等认为："李泰国给中国自尊心造成的巨大伤害，不可宽恕。他所要求的权力，任何主权国家都不可能交给一个外籍雇员。他甚至要求取消妨碍他染指海关税收的北洋和南洋大臣，要求一套皇亲国戚才能用的府第；他表现得与总理衙门大臣平起平坐，只有恭亲王才是上司；而在实际工作中，他总是不能及时拿出舰队的开支账目。"

在恭亲王看来，李泰国不仅在政治上，而且在人品上都有大问题，但接替李泰国的英国老乡赫德并不这样认为，他否认李泰国有任何侵夺中国军权的主观愿望，其问题仅仅在于其过于"英国化"的个性，忽视了中国国情，提出了过于激进的改革要求。赫德本人也认为"这种要求很可能推迟而不是加快有益的变革"，而以开明著称的总理衙门大臣文祥很明确地告诉赫德，中国需要改革，但改革需要时间，不能急躁。

比起祖国英国来，李泰国其实更熟悉中国。他的父亲李太郭（George Tradescant Lay）是英国圣公会的传教士，长期在华传教。第一次鸦片战争后，老李被英国全权代表璞鼎查（Henry Pottinger）聘为翻译和顾问，此后投身外交界，出任英国驻广州的首任领事，后又转任驻厦门领事。老李在 40 岁那年（1845 年）早逝，留下 6 个孩子，李夫人难以承受经济压力，只好将 15 岁的长子和 13 岁的次子李泰国送到中国，请德国传教士、同为璞鼎查顾问的郭士立（Charles Gutzlaff）代为抚养。

　　逆境中的李泰国十分勤奋，16 岁那年便因地道的中文而被英国驻华使团聘请为翻译，成为"外交童工"。22 岁时，李泰国出任英国驻上海副领事。此时，太平军已占领南京，位于上海的江海关失控，英、法、美三国遂各派一名税务司"协助"清廷征收关税。李泰国成了英方代表。不久，法美两国相继退出，李泰国独揽大权，遂根据西方模式对海关大举整顿。他建章立制，废除"税额包干"的陋习，所有税款"尽收尽解"、点滴归公，并对腐败的海关官员和从事走私的外商船只进行严厉打击，成为双方的共同"敌人"。在李泰国主持下，已近停顿的江海关在战乱期间居然稳步发展，为清廷战时财政雪中送炭。铁腕的李泰国也因此得到恭亲王的赞赏，在全国海关实行统一管理的重大体制改革中，他被任命为全国总税务司，成为官阶最高、权力最大的外籍雇员。

　　然而，作为大清公务员，李泰国在最为关键的国家忠诚问题上面临尴尬。第二次鸦片战争期间，他不顾利益冲突，担任了英方代表额尔金的翻译和顾问，参加天津条约谈判，并为英方起草了大部分条款。父子两代在两次鸦片战争中担任同样角色，在大英帝国看来，自然是忠君报国的典范，而在恭亲王看来，李泰国多少有点"吃里爬外"。

1861 年，李泰国回英休假，一方面为购置舰队奔波，这导致了他与恭亲王的最后决裂；另一方面，他为了抵制领事裁判权侵入中国海关，而向国际法专家广泛咨询，厘清了相关法律界定，客观上维护了中国利权。

因此，赫德认为，李泰国在中国官场的失败，其实是个性使然，他"甚至在自己家里也有对手"，其粗暴言行，令他本可以成为"中国的朋友"的一切努力都付诸东流。此后，大清洋干部们似乎在耐性方面都大有长进，赫德本人就游刃有余地周旋于大清官场达 47 年之久，反倒令英国方面怀疑他对祖国的忠诚。

李泰国在中国历史上还留下了另一个深刻的烙印：与恭亲王"合作"设计了第一面军旗。

购置阿思本舰队的工作启动之时，英国政府就要求这支舰队必须悬挂清晰的军旗，以免造成不必要的误解。李泰国设计了一面军旗，绿色为底，配以黄色的"X"。他在与阿思本签订的协议中，对此做了说明，之所以选择绿色，只因为从来没人将此作为海军旗底色，容易辨认（戈登率领的"常胜军"也使用罕见的

大清国的黄龙旗。（上图）

李泰国设计的军旗。（下图）

绿色军旗）。而"X"则是大英帝国国旗的基本图形，将"X"换成黄色，融合了中英两国的元素，设计者不可谓不煞费苦心。

但这一设计遭到恭亲王反对，他认为，中国的国旗必须是黄色，必须要有龙，龙必须在旗帜的上方，而且此前的中国官旗都是三角形的。李泰国最后综合了意见。新的军旗为绿底黄色"X"的长方形，中间是绘有蓝色龙的黄三角。

1863 年 2 月 13 日，这面军旗在官方的《伦敦政报》（*London Gazette*）上公布。这是中国第一面获得世界认可的军旗。

1864 年 1 月 9 日，李泰国由上海起程，黯然返回他并不熟悉的祖国英国。恭亲王虽然在政治原则上毫不妥协，但在经济上还是给了他很高的补偿：多发了 4 个月薪水，另送了 6000 两银子，总计折合约 14000 多英镑，这在当时也是一笔不菲的收入，英国驻印度海军司令的年薪才 2300 英镑。

经此事件，恭亲王为大清国今后任用洋干部设立了规矩，一方面大胆起用，另一方面严格管理。从此，在遍地腐败的大清官场，洋干部以其专业、敬业、廉洁，在军事、财政、教育等领域建树颇丰，大大延缓了帝国的衰亡。当然，他们也被后世普遍看作了"帝国主义侵略的急先锋"，看作了满清政府"卖国求荣"的人证……

谁家的走狗

1866年4月5日，一份特殊的中央文件用快马送往沿江沿海各省督抚。中央要求各省领导们，务必要对3份文件认真研究，尽快回复，"共体时艰，勿泥成见"。

这3份文件，都来自英国人：大清国的洋干部、担任总税务司的赫德撰写的《局外旁观论》；英国驻华公使馆参赞、著名汉学家威妥玛撰写的《新议略论》；英国公使阿礼国（Rutherford Alcock）为提交《新议略论》而发出的一份外交照会。

这3份文件主题鲜明：为大清国的改革开放画圈圈。英国人尖锐地分析了大清政府所面临的内忧外患后，督促大清政府加大改革力度，胆子再大些，步子再快些。

一场解放思想的大讨论，掺杂着捍卫主权和面子的目的，席卷大清国的高级干部。

赫德的《局外旁观论》，其实在半年前就提交了（1865年11月6日）。1865年8月，海关总税务司刚刚从上海搬到北京，正式厕身于在京中央国家机关的行列。

这篇约4000字的建议书，是赫德以客卿的身份第一次向大清政府提交完整的建议，因此自称为"局外旁观"，以图达到"旁观者清"的效果。因为旁观，所以不必在乎大清官场的潜规则，话可以说透，甚至说绝。这篇建议简直就是一篇檄文，几乎彻底否定了自从粉碎以肃顺为首的顾命大臣"八人帮"以来，大清国在以慈禧太后和恭亲王为核心的中央领导集体带领下所取得的"伟大"成就，并且将矛头直指大清国的干部队伍、直指大清国自认为举世最为先进的社会制度。

赫德的指控包括：

有法不依、执法不严——"律例本极允当，而用法多属因循。制度本极精详，而日久尽为虚器"。

官员腐败——"外省臣工，不能久于其任，以致尽职者少，营私者多。寄耳目于非人，而举劾未当，供贪婪于戚友，而民怨弗闻"。

官场形成了"劣币驱逐良币"的"逆淘汰"——"在京大小臣工，名望公正者，苦于管辖甚多，分内职分，反无讲求之暇；部员任吏胥操权，以费之有无定准驳，使外官清廉者必被驳饬，如是而欲民生安业，岂可得耶"。

干部人事制度务虚不务实——"俸满即应升调，于地方公事，未及深究，胥吏反得久踞衙署以售其奸。年满更换之说，尽属虚语"。

干部队伍彻底糜烂——"文武各事之行，尽属于虚，执法者惟利是视，理财者自便身家，在上即有所见，亦如无见，远情不能上达，上令不能远行"。

军队也被腐败侵蚀，毫无战斗力——"兵勇之数，动称

大清海关总税务司赫德。

千百万，按名排点，实属老弱愚蠢，充数一成而已。平日挑抬营生，未经训练，一旦令其战阵，实驱市人而使鬬；以刀矛为末粗。驻防人等，平时拉弓举石，祇讲架式，股肱怠惰，止得养鸟消遣。贼至未决一死战，而全家自尽请恤矣"。

军队甚至扰民——"对敌之时，贼退始肯前进；贼如不退，兵必先退，带兵官且以胜仗俱报矣。及杀一二平民，或由贼去而未遇未剃发之村农，且以斩馘发逆无算，入告邀功矣"。

知识分子毫不关心民瘼——"通经原为致用，而今之士人，书籍非不熟读，诗文非不清通，使之出仕，而于人所应晓之事，问之辄不能答，一旦身居民上，安能剔弊厘奸"……

赫德甚至认为："法本善而反恶，种种非是，以致万国之内，最驯顺之百姓，竟致处处不服变乱！"晚清西方人的观察，几乎都认为中国百姓是世界上最容易管制的百姓，但就是这些要求极低，仅得温饱即会热泪盈眶地歌颂伟大政权的"绵羊"，却不断地爆发群体性事件，乃至公然扯旗放炮。赫德这一指责，几乎一笔抹黑了欣欣向荣的大好形势。

对于外交关系，赫德指责中国官员"初视洋人以夷，待之如狗"，试图对抗通商、传教自由以及条约体制，而两度陷于战败（指两次鸦片战争），"皆由智浅而欲轻人，力弱而欲服人"。"外国所请，以力可得"，如果建立条约体制，"某事当行，某事不当行，已有条约可凭，一经背约，即有问故之患……兹仍贸贸而行，必启外多进一步之衅"，"无不知中外交兵，外有必胜之势"。这话当然刺耳，却是实情，正因为西方"有必胜之势"，条约才是对作为弱者的中国的保护。他认为，中国必须与世界融合，才能逐渐提升自己的国际地位，而改革是唯一的出路，如不实行革新，则"数年之内，必为万国之役"。他提出中国应该信守条约，严格按照条约办事，并且应与列强互派外交官，打开大门，引进外资，建设合资企业。

赫德毕竟是客卿，高薪聘请的打工者而已，如此尖锐的建议书，恭亲王只得暂时压着，不能报给中央，"未敢上渎宸聪"。但恭亲王对他的认真态度给予了表扬："于中外情形，尚能留心体察。"恭亲王此举被后世不少人解释为大清中央对改革缺乏诚信，或解释为大清中央对"帝国主义急先锋"的猖狂进攻十分不满。而其时，恭亲王刚刚因规劝同治皇帝减少娱乐活动，多关注本职工作，而被这位轻狂的少年天子下诏"双开"，经两宫太后亲自干预才罢休。这对于自信"周公吐哺、天下归心"的恭亲王来说，打击是十分巨大的。他绝对不想在这个时候再转奏一个老外的狂言，他需要一个更合适的时机，利用老外们的"危言"，令中央"耸听"，从而得到振聋发聩的效果。

这个机会迅速到来。1866年3月5日，刚"进京三月有余"的英国公使阿礼国，要求威妥玛向总理衙门提交改革建议。这份改革建议以威妥玛个人身份所写，字里行间威妥玛虽都谦称自己为"弟"，但却通过官方的正式管道递交，阿礼国为此还发出了外交照会。这是一个十分怪异的安排，内中大有乾坤。

尽管称兄道弟，尽管本身学养深厚，威妥玛却与受到大清官场热烈欢迎的赫德完全不同，几乎很少有人喜欢他，崇厚曾经说："威妥玛的话是不能当真的，一会这个，一会那个，今天说是，明天又说否……暴怒、愤恨、咆哮，任性而发，使我们只好不理他。"

在这份名为《新议略论》的建议中，威妥玛提出了与赫德的《局外旁观论》相似的观点，批评中国的改革步子太慢，"缓不济急"，如果中国无法"借法自强，改革振兴"，那必然将招致列强更大的干预。

赫德在他的建议中，只提出违约启衅将引发中外冲突，威妥玛则干脆指出，中国内部的各种腐败现象本身，就足以对英国利益造成损害："因中外诸务较之从前颇为胶漆之至，内或受危，外亦不免其害……中华所有诸病，亦为我国嗣后受害之渐。""盖中华果至终衰之时，诸国各有要务，见必受险，难免干预保全，一国干预，诸国从之，试问将来中华天下仍一统自主，抑或不免各属诸邦，此不待言而可知。"

比赫德更为直接而且透彻的是，威妥玛认为"中华日后能否保其自主"的关键，在于大清政府对内政的控制能力，西方本来并不想干预中国，但如果中国内政改革再不展开，则情况就难以乐观。

收到了英国的正式照会，恭亲王只能向中央汇报，并将威妥

威妥玛是一位学者，却奇怪地能将学者的温文尔雅与外交官的咄咄逼人结合起来，成为一个最让大清官方头疼而无可奈何的洋"刺儿头"。

玛与赫德的两份建议同时提交。报告中，恭亲王指责这两份建议"措词激切"，"恫词挟持"，"窥其立意，似目前无可寻衅，特先发此议论，以为日后藉端生事地步"。这等于是否定了这两份建议的任何正面意义，而日后的史家也大多因循恭亲王的口气，将这两份文件看作"帝国主义急先锋"的杰作。

耐人寻味的是，恭亲王同时认为，既然人家发出了言辞威胁，"若不通盘筹划，事先图维，恐将来设有决裂，仓卒更难筹措"。他建议中央，将这两份充满敏感词的文件，下发沿江沿海各省的督抚们"供批判用"，令这两份文件的"流毒"大大扩大。

恭亲王确定的讨论主题为"如何设法自强，使中国有备无患"。吊诡的是，各省的表态一亮相，分成了壁垒清晰的两个阵营。几乎所有的满族干部，都认为这两份报告是列强"求媚于中国"的表现，对此不必抱持敌对心态。三口通商大臣崇厚主张"借法自强"，认为英国人"所言类多要求，其所论不无可采"；湖广总督官文则认为，两份建议"若其论中国政事之得失，虽辞多谬妄，而深切事机之处，亦复不少，中外臣工自当随事随时，力图整饬"，对西方"不必处处疑其挟诈怀私"，而可以"推诚相与"……

而几乎所有的汉族干部，包括那些在改革第一线的实践者，都对这两份"危词恫吓""傲慢之谈"的建议，表示了极大的愤慨：

左宗棠痛骂赫德与威妥玛，甚至认为英国根本不值得效仿，他举例说连英国产的来复枪都比不上广东土产的无壳抬枪。

刘坤一认为绝对不能派遣外交官，以免被敌对势力"挟以为质"，铁路、电报也不可行，至于铸钱、造船、军火、练兵等，可以"斟酌仿行"。

翁同龢则在日记中将这两份建议书记载为"英夷又屡有要挟"，而北京知识界"相与谈夷务，悲怀慷慨，莫能伸也"；

曾国藩在致丁日昌函中说："闻洋人在京陈说多端，词意激切，有所谓《局外旁观论》者，《新议论略》者，逞辨寻衅，咄咄逼人。"继而，在提交给中央的心得体会中，认为大清应该谢绝这种"劝告"，"如果洋人争辩不休，尽可告以即使京师勉强应允……而中国亿万小民，穷极思变，与彼为仇，亦断非中国官员所能禁止"。这等于是要中央向威妥玛、赫德等发出"反威胁"。

曾国藩最亲信的幕僚赵烈文在日记中记载道："见示洋人在总理衙门所递议论二篇，均言中国政治之不纲，不日将为万国之役，尽情丑诋，而托为友朋劝谏之语，欲中国改从其国之法，庶可自立，否则至危险之际，彼国各有难弃之事在中国（通商、传教等），只得自己护持，不能由中国做主。又力言欲行轮车电器诸事，中国若不听从，彼当自行……阅之令人发指。窥其意旨，盖以中国捻肆猖獗，兵力不敷，故敢为此恫喝，从之则堕其计中，不从则将来起衅之端，随时皆有。"

赵烈文对恭亲王的评价一向很低，这次更是认为恭亲王让地方督抚讨论两个洋人的建议是惊慌失措，他感慨道："嗟乎！自强之道，端在政本，疆吏能设法乎？枋国若此，夷言殆必售矣。

大江以南必沦异域，其事不远，如何可言！"

在这次小范围、高规格的大讨论中，呈现了一个奇特的现象：真正在第一线身体力行进行改革的汉臣们，却在言辞上激烈批评这两份改革的建议书，高调地强调自己对传统和中央的认可；而那些对两份建议主张宽容接纳的满臣们，则多数并非改革的先行者。从日后的历史走势来看，汉臣们对两份建议的"批判"，更多的是出于政治表态的需要，这与之后改革过程中，中央的所谓"保守派"往往以汉人居多，言辞也较满人更"左"、更保守，是一致的。改革是一场利益调整，本就错综复杂，而汉臣们因为血统的关系，还担心被扣上一个"以改革的名义反对现政权"的帽子，不得不言行分裂，旗帜被高高举向左边，脚步却实实在在地踩在了右边。这种体制内改革者的无奈，却往往难以被时人及后人谅解。

洋人们并没看错的一点是：大清国的最大隐忧，的确是中央权威的沦丧和政权的失控。利用威妥玛和赫德的两份建议，组织地方督抚大讨论，也是恭亲王"以夷制藩"的手法：强化危机感，强调改革的紧迫性，在救亡图存的名义下，加强政权的凝聚力建设，确切地说，就是要争取将全国的注意力都集中到理解、贯彻和执行中央的路线、方针、政策上来。

刚刚平定了太平天国动乱的大清国，胜利的喜悦并没有维持多久，一面是列强要求在刚刚收复的南方加快落实各项条约，另一面是长达 10 年的内战所造成的地方诸侯的实际割据。在大清国的政治棋盘上，力量过于强大的地方诸侯已经取代了太平天国，形成了列强、中央与地方的新的三角关系，"强枝弱干"成为中央必须首先解决的主要问题。那些手握重兵的诸侯们，并非没有乘时而起、黄袍加身的机会与诱惑。

与此同时，中外关系进一步改善：大清中央正式任命英国人赫德出任海关总税务司；在总理衙门的全力支持下，美国人丁韪良翻译的《万国公法》一书刊印出版；因鼓吹自由化而被贬官 10 年的徐继畲，被任命为总理衙门大臣，他那曾经被冷冻的旧作《瀛寰志略》，也获得公费印刷出版，成为省部级官员的学习资料，美国总统还专门给徐继畲送来了国礼。

地方诸侯们却挟胜利之威和传统的天下观，对于中央业已确定的对外条约体系，实行抗拒和抵制，这实际上威胁到了以恭亲王为核心的大清中央好不容易争取到的和平发展的外部环境。在赫德与威妥玛建议书中提到的一些具体事件，如广东潮州拒绝洋人进城、贵州教案等，都不仅是"对抗列强"的"爱国"表现，也是"对抗中央"的"离心"表现。

"削藩"实际上已经成为大清中央与列强的共同利益所在。因此，当英国公使提交照会后，恭亲王立即心照不宣地、大张旗鼓地强化了这两份建议背后的英国官方色彩，拉响了警报，从而得以在"批判"的外衣下，借英国人"制造"的危机感，发起了一场特殊的改革大讨论和动员。

尽管被挂上了"批判"的标签，赫德和威妥玛建议中的绝大多数内容，都还是被融会进了恭亲王日后的改革措施中。而那些高声谴责洋鬼子的汉臣们，则成为改革的中坚。喧天的锣鼓声中，赫德和威妥玛高唱的，究竟是谁家的主旋律呢？

绝版恭亲王

资料链接——
刺破大清的泡沫

赫德《局外旁观论》原文

矮人立于长人肩上，所见必远于长人。庐山真面，惟在山外者得见其全。旁观敢抒所见，或效一得之愚。

立事必察真实，始能扼要，以虚为实，所议浮夸；以实为虚，所见无确，况事之情与日变迁，劝行之道，贵因乎时。惟望当局者采听焉。

立论贵乎实，自有记载以来，历数千年莫古于中国。而自四海各国观之，竟莫弱于中国。自古不通之外国，近数十年渐渐与中国往来，拒绝不得，不此之计，立言施行，果何主哉。

中华情事，一曰内情、一曰外情。今日之外情，系由前日之内情所致；而日后内情，亦必由外情所变。

内情局外难言，止可转传。如律例本极允当，而用法多属因循。制度本极精详，而日久尽为虚器。外省臣工，不能久于其任，以致尽职者少，营私者多。寄耳目于非人，而举劾未当，供贪婪于戚友，而民怨弗闻。在京大小臣工，名望公正者，苦于管辖甚多，分内职分，反无讲求之暇；部员任吏胥操权，以费之有无定准驳，使外官清廉者必被驳饬，如是而欲民生安业，岂可得耶。各省筹划款项，动逾万万，而兵丁欠饷，竟致累月经年。

兵勇之数，动称千百万，按名排点，实属老弱愚蠢，充数一成而已。平日挑抬营生，未经训练，一旦令其战阵，实驱市人而使鬬；以刀矛为耒耝。驻防人等，平时拉弓举石，祇讲架式，股肱怠惰，止得养鸟消遣。贼至未决一死战，而全家自尽请恤矣。对敌之时，贼退始肯前进；贼如不退，兵必先退，带兵官且以胜仗俱报矣。及杀一二平民，或由贼去而未遇未剃发之村农，且以斩馘发逆无算，入告邀功矣。通经原为致用，而今之士人，书籍非不熟读，诗文非不清通，使之出仕，而于人所应晓之事，问之辄不能答，一旦身居民上，安能剔弊厘奸。定制为上下遵守，如居官者回避本省一条，系为防弊，然人品岂无正直？原籍情形既熟，言语皆通，名望素孚，乃格于成例，而使官别省。俸满即应升调，于地方公事，未及深究，胥吏反得久踞衙署以售其奸。年满更换之说，尽属虚语。此例所欲禁，弊即出例而生，禁止邪教，原为崇正，乃各省以神灵显佑，奏请匾额者屡屡。各省拨款叠催，而民言剥皮，及至大内所需，饬令捐备，例不准销，是令人舞弊也。法本善而反恶，种种非是，以致万国之内，最驯顺之百姓，竟致处处不服变乱，吁！事不以实，而徒饰虚文可乎。

绝版恭亲王

文武各事之行，尽属于虚，执法者惟利是视，理财者自便身家，在上即有所见，亦如无见，远情不能上达，上令不能远行。以上各情，局外常论中国似此懦弱，若不致外有探伺之患，即内与外来往者，连闻此说，难保无藐上不服作乱之灾。

今日之外情，由昔日之内情所致何耶？中华土产，本为外国所缺，外国各货，内地可销，由此有通商之举，其势日密。居官者初视洋人以夷，待之如狗，人来日多，身物无可倚恃，必须定章，方有可凭。是以道光年间，始动干戈，嗣有条约，均以日后必妥为喜，惟条约所允，地方常有违背，今洋人疑系上司未知所致，而上宪不悟，无奈复动干戈。得有随时赴京明文方息。迫后因可赴京，以为更妥，乃大臣初次北上，仍以夷相待，违约阻止，复致兴兵，在京换约，派常住之大臣，致有庚申年之事。似此各情，皆由浅智而欲轻人，力弱而欲伏人，现在某事当行，某事不当行，已有条约可凭，一经背约，即有问故之患。所言外患由内召此也，若仍贸贸而行，必启外国进一步之衅。

外情系内情所致，而外情何也？前数十年中国与外国并无来往，亦无所谓章程，且中国或不知外洋有如许国，现在议定条约，有十国之多。住京有外国所派大臣，新设有衙门专办各国事务，且数年间几次有事，可见外国所请，以力得通商条约，并非中国本意，系由外国而定。外国定约，系因保全来往之故，各国来往之故不同，为通商有三大国，而定约之要又有三，曰边界、曰传教、曰贸易，而其国为俄法英也。至边界一节，俄国与中国有万

LET THE CHINESE EMBRACE CIVILIZATION, AND THEY MAY STAY.

1900 年美国 *Harper* 周刊漫画：
"让中国人拥抱文明，让他们留下……"

里之相连，画界办交涉事件，非有定章不可，是以俄国较别国为早，现在边界已与昔年不同。至传教一节，奉天主及耶稣教者，以此为正，以别教为邪，传教者皆谓尽此之本分，而使益于彼，传耶稣教者，非止一国之人，且小有不同，皆系民间捐资，令往各处传教，以为善举，与国家无涉。传天主教者不同，各国之人皆有，然教内有教皇，统辖各处传教之人，不特与各国国君为平等，而各国以天主教为教之国，皆当为之护法，奉此为国教，而法国为首。通商各条约内，皆有准传教，并保护奉教之章程，奉教者交接周密，无处不听传教言，传者无不奉教皇之命，傥教内有故，奉教各国，必来调理。即如法国因广西有害死传教之事，致派兵直抵京门。至贸易一节，各国虽有分，而英国为首，论贸易之事，不过以货纳何税、何处作口岸、何处准居住等项为要，有章程可凭，各商皆有着落。若一违章，均与各国有关，不得轻视。以上三节，既定有条约，必应于边界循照定章，必应准传教而保护奉教，必应于贸易之事遵守各章，此数言系保外情。

外情如此照办与否，于内情有何关系？

民间立有合同，即国中立有条约，民间如违背合同，可以告官准理。国中违背条约，在万国公法，准至用兵，败者必认旧约赔补兵费，约外加保方止。中国初次与外国定约，并未以条约为重，不过聊作退敌之策。至今万众之内，或有一二人知有条约，然未承认条约之重，未知违约之害。

照约办理，内情如何？曰民化而国兴，外国所有之方使，民均可学而得，中国原有之好处，可留而遵。外国之方便者不一而足，如水陆舟车、工织器具、寄信电机、银钱式样、军火兵法等，均极精妙。国民两沾其益，愿学者皆能学，故曰民化。中外来往日多而敦好，外无多事之扰，而有学得之益，故曰国兴。

不照办如何？照办则年比年相识，日比日相好，民化而国兴。若违章有动兵之举，国乱之灾，违约者或因不肯照约，或因不能照约，若不肯，必有出而勉强者，若因不能，必有起而代行者。考前次动兵，可见泰西最小之国，尚有必得之力。或者边界有事，俄国何难占地？若教内有故，致由外进兵，奉教者何难相助？若贸易有阻止，而英国进兵，各国必从，一经动兵，外国有得而无失，是以当留心而免之。常闻外论，中国官民，大半可以利动，势处极弱而不守信，若再有动兵之事，成败得失，不待智者而决矣。是以或有应办，或有请办，不如早办，不致日后为人所勉强也。

内情坏至此，外情险至此，内事旁观者自不敢多劝行，外事已有章程，旁观者祇可指出日后外必欲行之事。

内所应行，其难办首在无财。然无财非因民间真无财，亦非因理财所得之少。惟官之下取于民者多，而上输于国者少。民力亦可多输，难在无财，是以各项钱粮，均应整顿，即如地丁、盐课、税饷三项，各项应派明干大员，将各处情节细查，从新定日后之办法。地丁一项，本系甚轻，无人耕地，自无地粮。既耕地，粮本轻，或可照土产贵贱，分别征多征少，浮耗当去而正供增。盐课一项，无私盐之处甚少，而办盐课之员，未尝无财。税饷一项，沿海各口、内地各关，均有饱私囊而漏公项之弊。以上三项，若认真整顿，日后所得之银，可敷国家之用。钱粮之外，应派大员查各旧例之应变通删改者，不致于日后应办之事有窒碍，财既得而例无碍。文武各事，不难更□（史料文字缺漏），□□要惟各官俸禄、各等官员，应予以足敷用度定数，不致在外设法得钱。升官加俸，查明署内应用人若干，并准开销经费，官署各人，虽数不少，向系均得度日之银，左右之民，均言被勒，其民不服，并非因被勒之多，因无定时、无定数，而系私取，若因国家用度，新定民间应纳各项银两，必无不服，所交之银，并无格外为难，反或较少，仍足各官重禄、各署定费。若将此意向外任询问如何，均不愿，必答不行，惟若法善政，岂有外不遵内，而必以内听外之理？武之要在兵精不在多，兵法兵数兵饷，均有应改，各省若有兵五千人，常留营内操练，不准出外谋生，十八省不过九万之多。比此时百万，得力而省，京都另养一万之数，此费可于洋税扣满四成之后支销。再文武应准本省居官，为官系明理之人，在本省熟悉风俗语言，若署内有舞弊，较外省来人，更易查出，其余一切事宜，日后可随时设法整顿，必致国安民富。

凡有外国可教之善法，应学应办，即如铸银钱以便民用，做轮车以利人行，造船以便涉雄，电机以速通信。外国之好法，不止四条，然旁观劝行之意不在此，系在外国日后必请之事。

大皇帝召见各国住京大臣，若不允见，虽不便遽至失好，想必籍他端而生事，不如先告以可见，一派委大臣驻扎外国，于中国有大益处。在京所住之大臣，若请办有理之事，中国自应照办，若请办无理之事，中国若无大臣驻其本国，难以不照办。一准洋商合华商会制轮车、电机各等事。

以上所劝行，内系将旧例、地丁、盐课、税饷、官俸、兵制整顿。外系召见、派使、会制。召见无损，派使自护，会制民富。

内外所劝行者，若云非一日能办，然愈早办则愈好，惟另有数事，立应料理，若不将此数事办完，想办余事，恐晚船夜沈，白日不及修矣。一系潮州进城之事，经五年之久，文书来往，至今领未求曾进城，而事愈久愈难，多年不照条约办理，均言或以未肯，或以未能之故，若再不办，必致生事。一系田提督未挈，上次所录谕旨，与先数日给住京大臣阅看之稿，有不同之处，以致几生衅端，现虽奉有上谕，若得知其人仍安居无事，后办此案，不足了事，至其余未完各事，不如早了。

未了各案，劝早料理者，不早了必动干戈，无不知中外交兵，外有必胜之势，中若败而始了各事，外必不能以此罢兵也。外所欲得之事，现已深知，若再战胜后，其事更不可问矣。

旁观所论，并非恐吓之轻语，而外国日后必行各事，并非欲害中国，各国所欲，并无他意，惟愿中国能守和睦，如上年照约退兵，并各处会同剿贼，可见实心相待之意。中外通商，若以后不再动兵，外亦甚悦，即如求益免损，各顾体面，各国来往，常有因此等事而用兵也。

潮州进城一节，事关大局，宜派大员往办，或请旨命广督前往，或命李宫保前去。至田提督一节，不如由京派大员跟兵役数名，由内江轮船，直赴川查提到索，二事尤须速辨，数月后新到有英国大臣，若知有五年未办之事，难以再行将就。法国因贵州事未完，必不甘服，一处有事，各处必群起相向，中国有失而无得。

所说日后内情，必由外情而变，此意可明，奉劝各事，若不试办，毋庸提及，泰西各国左近日本暹罗各小国，若要作乱，无可抵挡，若照行，泰西各国，必致欣悦，无事不助，无时不合，盖万国来往，向来各国让各国之事，中国若仍不让，各国必不服，若让而中国作万国之友，其地广大，其民众多，文义均通，安分务工，止有国政转移，无难为万国之首，若不转移，数年之内，必为万国之役，日后之内情，均由此日之外情而生。此日之外情，在王爷大人之手，能臣之决断，万民之造化也。

第五章

美国兄弟

不久之后，卸任公使之职的蒲安臣，披挂上了正一品的顶戴花翎，在黄龙旗的护卫下，率领大清代表团走向了世界。他们的第一站，就是华盛顿。中美关系的蜜月开始了，横亘在两国之间的太平洋，也秋波荡漾起来……

华盛顿的定情信物

一份定情礼物越过了大洋，从美国首都华盛顿来到了大清首都北京。这是美国国父华盛顿的油画肖像，当时的美国总统约翰逊（Andrew Johnson）指令国务卿西华德，由专人临摹复制著名画家斯图尔特（Gilbert Charles Stuart）的作品，赠送给大清国作为礼物。

礼物的收件人，是大清国外交部排名最后的一位总理衙门大臣（副部长）徐继畬，一位在恭亲王的力保下，重新走上领导岗位不久的老官员。而这背后，则是美国政府对以恭亲王为核心的大清领导集体的一种友好姿态。

时年72岁的徐继畬，是大清国官场中相当著名的有自由化倾向的大右派。他受到美国人的推崇，主要在于他将美国国父华盛

绝版恭亲王

美国政府赠送徐继畬的华盛顿画像。

顿描绘成了美利坚的尧舜。

徐继畬于 1848 年写就的《瀛寰志略》一书在述及美国时，对美国开国总统华盛顿给予了高度的评价，将其视为西方最伟大的人物，并将其放到中国历史的参照系中进行对比。他认为，华盛顿率众起义，堪比陈胜、吴广；割据一方，堪比曹操、刘备，等到功成名就时，却"不僭位号，不传子孙"，这种"天下为公"的高风亮节，堪比尧、舜、禹（"骎骎乎三代之遗意"），"合众国以为国，幅员万里，不设王侯之号，不循世及之规，公器付之公论，创古今未有之局，一何奇也! 泰西古今人物，能不以华盛顿为首哉!"

徐继畬的这段话，后来以中文直接镌刻在了美国首都的"华盛顿纪念碑"（Washington Monument）上，至今为人凭吊，1997年美国总统克林顿在北京大学发表演讲时，还引用此文。

徐继畬对华盛顿的评价之高，大大超过了美国人的想象，美国公使蒲安臣专门向美国国务院做了专题汇报。当徐继畬复出担任总理衙门大臣，尤其主持大清国第一所干部学校"同文馆"后，美国政府决定向他赠送华盛顿的画像。

这幅华盛顿画像的原作者斯图尔特，是美国著名的肖像画家，他一生创作了无数华盛顿的肖像，其中最为著名的一幅题为《图书室》，该画中的华盛顿头像被印在了 1 美元钞票上，广为流传，其复制品在当年成为美国政府及议会向国际友人赠送的国礼。徐继畬所收到的，应该就是这幅画的摹本。

徐继畬写作《瀛寰志略》，是因为深受鸦片战争的刺激。1840 年鸦片战争爆发时，他在福建任官，直接见证了战争。此后，他一直在福建，累迁至巡抚，并且代理闽浙总督。就是在这段时间里，他写作了《瀛寰志略》，全面介绍了世界地理、风物人情、军工器物乃至政治制度。

作为体制内的开明官员，徐继畬的自由化言论令自己迅速成为靶子。与之前"睁眼看世界"的《海国图志》等著作不同，徐继畬的《瀛寰志略》在"睁眼看世界"的同时，还"睁眼看中国"，第一次不再端着天朝上国的架子，书中也很少出现"夷"之类的蔑称。最为关键的是，徐继畬大大超越魏源等，鲜明地提出了全面学习西方，包括政治体制的观点。

一位省部级高干，居然明目张胆地宣扬西方政治体制，贬低有大清特色的先进的社会制度，自然遭到了守旧者及政敌们的广泛打击，他被抨击为"轻信夷书，动涉铺张扬厉。泰西诸夷酋，皆加以雄武贤明之目。佛英两国，后先令辟，辉耀简编，几如圣贤之君六七作……似一意为泰西声势者，轻重失伦，尤伤国体。况以封疆重臣，著书宣示，为域外观，何不检至是耶！"按照美国学者龙夫威（Fred Drak）的说法："因为他（徐继畬）对中国之外世界的开明观点，摇撼着中国文化至高无上的传统观念，他变成了守旧的反动派的靶子。"

最为痛苦的是，在最猛烈的攻击他的敌人中，就有大名鼎鼎的林则徐。1850 年，因为一名英国医生及一名英国牧师租住了福州城内的神光寺，引起谣传说英国人将来进攻。正在福建老家养病的林则徐，鲁莽地要求徐继畬驱逐英国人，并且备战，遭到徐继畬的反对，告上了北京。咸丰皇帝很重视，派员调查，结果发现整个福州城内仅有5名洋人而已，完全是风声鹤唳。但徐继畬依然被迅速内调，从一个封疆大吏改任"弼马温"（太仆寺少卿，太仆寺主管皇家的马政，类似中央机关事务管理局汽车管理处），不久便下岗回到山西老家。吊诡的是，徐继畬走后，福州的"爱国者"们便不再限制洋人入住，"神光寺事件"其实成了驱逐徐继畬的一场权争游戏。

徐继畬下岗后，他的《瀛寰志略》也是"罕行世，见者亦不之重"，倒是在日本先后有两次翻刻，风行一时，这倒与《海国图志》命运相仿——1862年，日本维新人士高杉晋作随同"千岁丸"前往上海，就吃惊地发现在日本畅销的《海国图志》居然在大清国绝版。

东方风来满眼春，1865年随着英法联军的撤退和太平天国的灭亡，执政的恭亲王决心在推进改革方面，胆子更大一些，步子更快一些，外交事务需要像徐继畬这样的老右派来推动一下。于是，大清组织部门一纸调令，赋闲了13年、年逾七旬的徐继畬"临老上花轿"，并且从原来的"从四品"一跃到了"正三品"，焕发了政治上第二春。美国传教士、与恭亲王有着密切关系的丁韪良，对此评价道："前福建巡抚徐继畬由于地理知识丰富，得以进入总理衙门任职……他的复出是好的迹象，尽管他的考古学不无错误。举国皆盲人，独眼称大王。"

随后，恭亲王又大力推荐徐继畬出任"总管同文馆事务大臣"，认为他"老成望重，品学兼优，足为士林矜式"。徐继畬到任后，同文馆进行了大刀阔斧的改革，在与倭仁等守旧派的激烈冲突中，徐继畬成了恭亲王最为得力的助手。

就在恭亲王、徐继畬等为同文馆的改革而与倭仁等相互斗法时，美国人及时地给这位大"右派"送来了国礼。没有史料显示，美国人是否想以此给中国的改革派增加点砝码，但是，美国人却毫不掩饰地承认，赠画的目的正是希望恭亲王、徐继畬等能在同文馆这个大清国的干部摇篮中，大力宣扬美国精神。

1867年10月21日，简朴而郑重的赠画仪式，在总理衙门内举行。主持赠送仪式的，是即将离任的美国驻华公使蒲安臣，随行的有作为翻译的美国传教士丁韪良、卫三畏（Wells Williams），此二人都是大名鼎鼎的汉学家，在中国官场有相当人脉。蒲安臣15岁的儿子沃尔特（Walter Anson Burlingame）也随行观礼。

美国官方十分重视这次赠送仪式，美国国务院专门向蒲安臣发布了详细的指示，对仪式上的措辞等做了细致的安排。相对于官方的干巴巴的记录，小沃尔特在两天后写给爷爷的家信中，生动地记录了这一在他的"一生中最重要的事件"的全过程，并且毫不掩饰那种能见到"控制世界1/4人口的统治者"的欣喜。

根据小沃尔特的家信记录，举行典礼的地方，是总理衙门内

美国人画的中国式婚礼。在恭亲王和美国最高领导层的大力推动下，
中美共结秦晋之好，开始了持续半个多世纪的蜜月。

绝版恭亲王

一间很小的会议室，只有 30 平方米左右。显然，总理衙门内家具和装潢之简朴，办事员们穿着之朴素，都大大出乎小沃尔特的预料。他所不知道的是，大清国虽然成立了总理衙门，并且以恭亲王领衔，却总是心不甘情不愿的，给总理衙门安排的办公室相当破败，以此表达内心对"夷务"的蔑视。

中国官员们陪同美国人在圆桌旁坐下，蒲安臣身边是徐继畬，花白头发花白胡子，看上去"没几天好活了"；徐继畬边上则是主持总理衙门日常工作的文祥，在小沃尔特看来，文祥相貌堂堂，身材很好，充满智慧，"不像普通中国人"。蒲安臣事后向美国国务院发送的电报中，只是简单地提及总理衙门的成员们都出席了仪式，但从小沃尔特的家信中可以确认，总理衙门的一把手恭亲王没有出席。似乎并没有人对此大惊小怪，显然，恭亲王在一般情况下并不出席类似的礼仪性活动，但人们依然能随时感觉到他的存在。

蒲安臣首先发表了致辞。他说，华盛顿不仅是属于美国的，也是属于世界的，他的光辉也必将闪耀在中国。他说，华盛顿所实践的，正是中国孔夫子的思想，"己所不欲，勿施于人"（"We should not do to others what we would not that others should do to u"），中美两国应当互相学习，加快改革和进步。他提到，徐继畬因写书介绍华盛顿及西方国家而被贬 10 多年，如今被重新重用，并且主持重要的教育机构，这是件值得庆贺的大好事，希望徐继畬能将华盛顿的思想传递给中国的年轻人们。

徐继畬做了答谢辞后，众人就起立，围观那幅华盛顿的画像，并就广泛关心的中美关系和国际问题交换了意见。而在大人们讲话的时候，仆人们络绎不绝地端上了各种点心，把小沃尔特高兴坏了。细心的主人还为客人们准备了刀叉，小沃尔特埋头苦吃他盘子里的各种糕点，而主人们也不断地给他添加，最后实在是撑饱了。在他的家信中，孩子还写道："所有这些都让我对中国更加充满好感。必须承认，中国人就是东方的新英格兰人（即美国人）。"

美国各大报纸对此赠画仪式都纷纷做了报道，一时之间，这幅画成为以恭亲王为首的中国改革者们牢牢掌握权力，并且得到美国大力支持的象征。

赠画仪式前几天，蒲安臣曾征询总理衙门的意见，赠送仪式究竟在总理衙门还是美国使馆进行。其实，美国政府很希望中方能同意在使馆内进行，但得到了毫不含糊的答复：在总理衙门内举行。外交无小事，要在自己的外交部内接受国礼，这毫无疑问必须经过恭亲王的首肯。

那时的大清上下对美国都充满了好感。列强之中，似乎只有淳朴的美国牛仔是真心帮助中国的，从"洋枪队"首领华尔（Frederick Townsend Ward）到总理衙门的丁韪良等，都表现出了与他国人士不同的品性，甚至连美国派驻大清国的"钦差大臣"蒲安臣，也在国际纠纷中努力帮助中国——在解散阿思本舰队的复杂事件中，如果没有蒲安臣的协助，中英双方刚刚好转的关系将迅速降温，甚至可能爆发冲突。

蒲安臣的友善与能力，受到了恭亲王的大力赞赏。赠画仪式后，蒲安臣再度到总理衙门与恭亲王道别。此时，大清国正准备派遣一个代表团，到西方列国巡回，恭亲王居然创造性地想到了由蒲安臣出任中国的"钦差"。在随后总理衙门为蒲安臣安排的告别宴会上，恭亲王亲自出席，并由丁韪良为他做翻译。在席间，总理衙门的二把手文祥郑重地提出了邀请。不久之后，卸任公使之职的蒲安臣，披挂上了正一品的顶戴花翎，在黄龙旗的护卫下，率领大清代表团走向了世界。而他们的第一站，就是华盛顿。

中美关系的蜜月开始了，横亘在两国之间的太平洋，也秋波荡漾起来……

黄龙旗下的美国葬礼

1870 年 4 月 23 日，星期六，美国波士顿。

一场隆重的葬礼在这个城市举行，成千上万的人涌向街头，为一位美国外交家送行。由军人和警察护卫的灵车，覆盖着中美两国国旗——星条旗和黄龙旗，在当地消防队乐团演奏的哀乐声中，缓缓驶过街道。在举行仪式的教堂墙壁上，也交叉悬挂着巨大的星条旗和黄龙旗，the USA 和 China 是今天所有人议论的焦点。

遥远的北京，大清国的中央领导核心、恭亲王奕訢，虽然并不知道丧礼的确切议程，却也用自己的方式在哀悼：一个月前，以同治皇帝的名义下诏，赐予死者一品官衔，给予家属 1 万两白银的优厚抚恤金。因为，这位美国外交官也是大清国的洋官员，并且在为大清国出使俄罗斯时，"捐躯于异国"（使团成员志刚语）。

他的名字叫蒲安臣。

在披挂上大清国的一品顶戴花翎之前，蒲安臣是美利坚合众国派驻大清国的公使。1867 年，蒲安臣完成了他在中国的 6 年任期，即将回国。此时，恭亲王等正在苦苦物色一个合适的人选，率领大清国代表团遍访各签约国。

这一年，正处在改革开放初级阶段的大清国，内乱与外患都暂时消弭了，除了将精力放在以军事变革为核心的"洋务运动"之外，恭亲王率领的本届政府也着重调整中国的外交格局，与列强之间，不仅要"请进来"（当然列强都是不请自来的），更要走出去，除了"睁眼看世界"外，还要"伸手摸世界"。恭亲王在写给慈禧太后的报告中提到："惟近来中国之虚实，外国无不洞悉，外国之情伪，中国一概茫然，其中隔阂之由，总因彼有使来，我无使往。"

而另一个更为重要的原因是，与列强们签订的各项条约，又到了要续签修订的时候了。根据以往的血的教训，可以断定列强们必然会提出种种要求，而中国如果不走出去实地调查，将无法制定应对之策，无法维护、保障和争取中国的利益，甚至都无法定位自己的利益在哪里。

"摸世界"的长期战略动机，与"准备修约"的短期战术动机，促使恭亲王决心派团出访。而现实困难是：以中国之大，居然"使才难觅"，即使要找出些精通外文的翻译人才都十分困难，何况是讲政治、懂政策、会韬略、通外文的外交人才。恭亲王担心，"若不得其人，贸然前往"，则反而"误我事机"。另一个担忧是，中国一直要求外国使节觐见皇帝和太后必须行三跪九叩大礼，遭到列强的强烈抵制，双方只好暂时搁置争议，列强外交官也因此无法按照国际惯例觐见中国元首，递交国书，而都由总理衙门和恭亲王代劳了。如果派出正式使臣，按国际惯例觐见了外国元首，那对方的使臣就可以要求对等待遇，这"叩头"问题又将成为麻烦。

困难既然如此之多，出使又势在必行，恭亲王便创造性地想了个新办法：聘请洋干部出访。洋干部们出访西洋，本身没有语言障碍，他们中的大多数人又已经在中国生活工作多年，熟悉甚至精通中国的语言和习俗，双向沟通都可以很顺畅。而且，请洋人出面，似乎有望避免列强们以此提出对等要求，他们总不至于也任命华人作为洋使来觐见中国皇帝，三跪九叩。这后一点当然很牵强，即使委任洋干部出访，那也依然代表大清，人家一样能要求对等觐见，这在日后果然应验了。这与其说是恭亲王的想法，莫如说是恭亲王以此来忽悠反对者们，摸着石头先下水再说。

与所有不得不稳健从事的改革者一样，恭亲王在这件事上先做了个试点。1866 年，恭亲王和大清中央最为信任的洋干部、大清海关总税务司赫德，请假回英国老家长达半年。他建议恭亲王派些人与他一道回去，实地考察西方的风土人情。恭亲王立即采纳了这一建议，派了赫德海关衙门里的斌椿。斌椿当时在海关担任秘书工作（"文案"），都 64 岁了，是个典型的"老秘"。因为出任了大清国这破天荒的"鬼使"，他得到了组织上的破格提拔：一跃成为正三品的省部级官员，这在政治上（其实是官位上）积极追求进步的大清干部们眼中，还是值得的。斌老爷（赫德在日记和书信中对他的戏称）耐着性子开始公费周游世界，伦敦、哥本哈根、斯德哥尔摩、圣彼得堡、柏林、布鲁塞尔、巴黎，但到后来他实在受不了了。按照美国人丁韪良的说法，斌椿对于别人每句赞扬西方的话，都要十倍地予以反驳，总归是看啥都不顺眼。几经请示国内，恭亲王终于同意斌椿在巴黎结束行程，放弃了计划中的美国之行。当斌椿从西方那些"蒸汽和电气带来的惊心动魄"及"失礼与恶劣带来的烦恼"（当时的美国史家马士评价）中解放出来时，恭亲王却并没有放弃进一步走出去的想法，但他似乎更坚定地准备选择一位思想上没有任何包袱的洋人。

赫德当然是首选，但赫德忙于海关这大清国最为重要的税收渠道，无法分身。几经斟酌，恭亲王选中了"其人处事和平，能知中外大体"，并且即将卸任美国公职的蒲安臣。

蒲安臣 1820 年出生在美国波士顿，毕业于哈佛大学法学院，

西方报刊刊载的蒲安臣使团铜版画。

绝版恭亲王

当了没几年律师后进入政坛，积极宣扬反奴隶制度，与后来担任总统的林肯关系密切。35岁那年（1855年），他当选为美国众议院议员，声誉鹊起。林肯就任总统后，于1861年任命蒲安臣为驻奥匈帝国公使，但当蒲安臣行至巴黎准备上任时，却传来消息，这一任命遭到奥匈帝国政府的坚决拒绝，原因是蒲安臣十分同情匈牙利的独立运动。此时，第二次鸦片战争结束，恭亲王代表大清国与列强签订条约，同意列强派遣使节常驻北京，林肯便将这一破天荒的职位给了蒲安臣。

这个在面对国内的黑奴制度和国外的民族压迫都十分好斗的牛仔议员，却在中国成了最受欢迎的弥勒佛。无论其动机如何，在大清国最为痛苦和孤独的时候，他令看惯了列强脸色的恭亲王和大清政府感觉到了温暖。

恭亲王选中蒲安臣，这不仅是对蒲安臣个人的认可，更是对美国的肯定。总理衙门一贯认为："英法美三国以财力雄视西洋，势各相等，其中美国最为安静，性亦平和。"曾国藩也认为："米夷质性淳厚，于中国时思效顺。"而蒲安臣在华的工作方针，就是要"用公平的外交，来代替武力，用公平的方法，获得公平的结果"，积极推行"合作政策"，协助中国解决了一些棘手的外交问题，深得信赖。

在大清国外交部（总理衙门）为其安排的告别宴会上，恭亲王等试探了他的意向，双方一拍即合，一个外交史上的创举便定了下来。

这一创举，根据当时的海关洋干部、后来成为著名汉学家的马士（H B Morse）记载，"震撼了北京外交界"。在上海出版的英文报纸《北华捷报》（*North China Daily News*）说："这一决定，乍听之下，不能相信……我们可以肯定地说，无论公布得如何突然，蒲安臣的任命一定是经过长期的和缜密的考虑。"

应该说，这是蒲安臣个人事业的顶峰。此时，他年仅47岁。

扛着黄龙旗出访的蒲安臣，第一站就是他的祖国美国，最大的成就就是签订了中美《天津条约续增条约》，史称"蒲安臣条约"。

这一条约包括了8项条款，主要是：保持中国的完整；中国控制自己的内地贸易；中国在美国各商埠设立领事馆；相互不得进行宗教迫害；鼓励中国劳工向美国移民；相互居住和旅行的权利；相互准许对方学生入学；不干预中国的内部发展。

这一在中国被后世的"主旋律"指责为卖国的条约，在很长的一段时间内，都成为各界讴歌和欢呼的对象，认为这是中国与西方在平等基础上签订的第一个条约，其中最有代表性的就是梁启超，他称赞："彼条约实为最自由最平等之条约也。"

这些不同的观点，直接关系到后世对蒲安臣的评价，他或者是中国人民的友善朋友，或者就是帝国主义的阴险帮凶。而指责他为帝国主义走狗的主要依据，就是这一条约掀起了华工进入美国的高潮，随即激起了美国国内的反华浪潮，这些华工普遍受到了迫害。

指责蒲安臣的慷慨激昂者却很少考虑：正是"蒲安臣条约"的存在，令美国各地的排华行动，面临着法律上的巨大障碍，而排华的主力军，正是以爱尔兰裔为主的美国"工人阶级"，在勤劳、安分、灵巧的中国工人的竞争下，他们采取了暴力行动。而美国政府在很多场合下，根据条约及美国国内法律，不惜动用警察甚至军队，武装保护华工，与示威者爆发流血冲突。在反华者的巨大压力下，国会数次通过排华法案，却最终都搁浅在"蒲安臣条约"上，可以肯定那些排华者必定跳着脚大骂蒲安臣为"汉奸卖国贼"，直到"蒲安臣条约"期限过后，美国的排华才上升到立法层面。

蒲安臣使团承担的遍访列国的任务，从1868年2月成行，直到1870年1月蒲安臣被俄罗斯的严寒击倒，他们一直在各国游说，先后访问了美国、英国、法国、瑞典、丹麦、德国、俄国，会见了各国元首。

根据同行的使臣志刚记载，病中的蒲安臣十分担心与俄国的交涉，俄中毗连陆地数万里，这远远超出了蒲安臣所熟悉的"海洋外交"，他既担心"办法稍差，失颜于中国"，又担心"措语未当，贻笑于俄人"，于是"日夜焦急，致病势有加无已"，终于在2月23日不治而亡。

这是第一个殉职在大清岗位上的洋干部，消息传来，恭亲王立即请示慈禧太后，对蒲安臣给予了高度评价和优厚抚恤。俄罗斯在圣彼得堡为蒲安臣举行了第一个葬礼，然后将他的遗体用专轮运回美国。各国元首和政府首脑纷纷发来唁电，各国报纸也予以报道并配发了大量的评论。

当蒲安臣还在英国时，赫德曾给他写信说："有一个伟大的角色可以扮演：给中国十足的评价，对整个世界都是有利的，并且如果运用得当的话，对个人的信誉也是有贡献的。"蒲安臣自己也说："当这个拥有世界三分之一人口的最古老国家，第一次寻求与西方世界发生关系，并要请这个最年轻国家（指美国）的代表，来作为一种变革的媒介，这个使命并不是能够通过恳求得到或是拒绝得了的。"

可以说，他的哀荣，绝对不是来自他曾经的美国外交官身份，而是来自东方那条挣扎着想腾飞的巨龙，以及巨龙阴影下那个低调的运筹帷幄者——37 岁的恭亲王。

美利坚雪中送炭

星条旗飘扬在并不高耸的美国使馆门檐上，使馆所在的东交民巷附近都戒严了，步军统领衙门（首都卫戍区）派出的警卫部队早已封道净街，顺天府的衙役们则在周边的小巷内巡逻。使馆门前，站岗的美国陆军及海军陆战队士兵都换上了崭新的军装和雪白的手套，持枪肃立，军乐队也已经整装完毕。哨兵的枪刺和军乐队的鼓号，在北京的初冬阳光下，闪闪发亮。

这是 1870 年 11 月 20 日。午后 1 点，随着鸣锣开道声，几乘绿呢大轿在骑兵和步兵警卫部队的簇拥下，呼啸而来。美军军乐队开始奏响欢快的中国乐曲，这是半个月前美国人前往大清外交部（总理衙门）参加宴会时，记了谱回来排练的。都说外交无小事，美国人为了今日的接待煞费苦心。

来访的正是大清国总理、39 岁的恭亲王奕訢，他此行不是为了会见美国驻华公使镂斐迪（Frederick Ferdinand Low，前加州州长），而是为了拜访另一位更为重要的客人——刚刚卸任不久的美国国务卿、在国际政治舞台上有着巨大影响力的西华德。

恭亲王一下轿，就走向前去，托住西华德的胳膊肘，拥抱了这位 69 岁的美国政治家。在旁担任翻译的大清国洋干部、美国人丁韪良向西华德解释说，这是满洲人接待朋友的礼节。然后，双方热烈握手，恭亲王表达了对客人"久仰大名、如雷贯耳"的仰慕之情，客套一番后入座。美国公使镂斐迪的夫人，则陪同女眷们进入内室。

这次会见，对大清国来说，意义非比寻常。此时的大清国，正面临着严重的外交危机和被国际社会孤立的危险。上一年（1869 年），法国传教士在位于天津 CBD 的三岔河口地区建造教堂，进行了大规模强制性拆迁，大量民房包括地标性建筑崇禧

美国前国务卿西华德，成为第一个访华的西方国家领导人，
令中国重拾大国感觉。

MR. SEWARD IN CHINA

Marked Attentions From the Chinese Officials at Pekin.

Formal Reception at the Foreign Office.

A Friendly Call From Prince Kung at the United States Legation.

Interchange of Views on Various Questions of Interest.

Autographs and Pleasant Sentiments Recorded by the Prince and Ministers.

From Our Own Correspondent.

PEKIN, Wednesday, Nov. 30, 1870.

The event of the month in this capital has been the visit of Mr. SEWARD. He left on the 20th inst., having spent a fortnight mousing among the dust and decay of this old city, turning up, among things more curious, an occasional Mandarin, and now and then a Prince—not mummies, such as are exhumed from the dust of Egypt, but quite as good representatives of those who ruled China at the time when

1871 年 1 月 26 日《纽约时报》用 6 行大标题，报道西华德受到恭亲王接见的消息。

绝版恭亲王

观、望海楼均被夷平，在天津引起了极大的民怨。到了这年的夏天，法国天主教堂内所收容的中国儿童，因瘟疫大批死亡，教堂没有妥善安葬，导致尸骸露野。此时，天津又接连发生拐卖儿童事件，被捕案犯随口供认说是受教堂指使。为此，天津知县刘杰于6月21日押解案犯到望海楼教堂对质，教堂则找来了法国领事丰大业（Henri Fontanier）保驾护航。丰大业居然当场向刘杰开枪，打伤了刘的随从，激起众怒。丰大业及其助手被当场打死，暴动民众随后杀死10名修女、2名神父、2名法国侨民、3名俄国侨民和30多名中国信徒，焚毁了望海楼天主堂、仁慈堂、位于教堂旁边的法国领事馆，以及当地英美传教士开办的其他4座基督教堂。这就是轰动世界的"天津教案"，西方称之为"天津屠杀"（Tientsin Massacre）。

教案发生后，法国联合了英、美、俄、普、比、西共7国公使，联名发出了《致恭亲王及各大臣函》，向大清政府提出"抗议"，法国还派出了5艘军舰，在大沽口外进行军事威胁。恭亲王当时尚在病中，抱病参与善后，他主张一手软一手硬，一方面要坚决镇压骚乱，对为首者实行严打，另一方面对法国先礼后兵，法国真要打，中国就奉陪到底。在恭亲王的主持下，中央先后派了曾国藩、李鸿章两人前往天津处理此案，最终双方相互妥协，中国处决了20多名"暴徒"，向遇难人员赔偿损失，派遣特使到法国道歉。

天津事件解决当天（10月18日），正是西华德到达上海的第一天。他在上海注意到，租界内的西方人极为恐慌，已经组织了民兵，发了武器弹药，进行军事训练，随时准备应对中国人的攻击。几乎所有的人都反对他此时北上京城，认为太过危险。美国驻上海总领事正是西华德的侄子熙华德（George Frederick Seward），在他的坚持下，驻扎在上海的美军派出了大队人马，护送西华德北上。《纽约时报》在事后的报道中说，西华德所率的卫队人数，远远超出了条约中公使最多只能携带 20 名随从的规定，"但他并非公使，而是著名的政治家"。显然，在当时特别孤立的情况下，大清政府也不在乎西华德卫队的人数了，只要这位美国政治家能在北京露面，就是对中国最大的支持。

西华德的出访日记详细记载了他在中国的每一次会见的细节，仅和总理衙门的会谈，就至少有 3 次。第一次是 11 月 8 日，总理衙门为他举行欢迎宴会，除恭亲王因病、文祥因事之外，总理衙门其他大臣都出席了，这个宴会历时 4 个多小时，令西华德大为感叹中国的办事效率。第二次是 11 月 11 日总理衙门的二号人物文祥到美国使馆拜访。文祥是当时国际公认的大清改革派代表，西华德认为中美能成功签订《蒲安臣条约》，与文祥的开放精神及大力推动是分不开的，因此主动求见。当时文祥正在"丁忧守制"（父母去世，官员必须停职守制 27 个月），便以私人名义拜访了西华德。第三次就是 11 月 20 日恭亲王的亲自回访。从这 3 次会谈的记录来看，丝毫没有涉及天津事件，可以说，宾主双方似乎刻意回避了这个敏感而痛苦的话题。对已经焦头烂额的恭亲

美国内战后的漫画,林肯内阁正在努力转动国家机器。

王来说，美国人十分见机，不会"哪壶不开提哪壶"，这种"体贴"无疑是暖在心头的。

恭亲王在与西华德的会谈中，感谢他在上一年对到访美国的首个中国代表团（即蒲安臣使团）给予的热情接待和在业务上的"精心指导"。其实，中美双方签订的《天津条约续增条约》（"蒲安臣条约"），正是西华德的杰作。这份条约是自1840年以来，中国与列强所签订的第一份平等条约，并且条约中明确规定了，美国支持中国的主权和领土完整，不干预中国的内部事务等。这份条约及美国政府对使团的高规格接待，为使团此后在欧洲长达一年多的访问奠定了很好的基础。这是中国在"睁眼看世界"后的第一次"伸手摸世界"，美国的态度令中国发现世界并非都是冰冷与可怕的。

席间，恭亲王好奇地问起西华德的遇刺情况。作为林肯政府的第一要员，西华德在1865年4月14日林肯遇刺当晚，也在家中遇刺，当时他因病戴着颌骨夹板逃得一命。之所以被刺客们看作是与林肯同样重要的目标，这完全是因为西华德在林肯政府中扮演重要角色。西华德曾经是党内总统提名的第一人选，但最后败给了林肯。林肯当选后，西华德应邀出任国务卿。

即使在内战的艰难环境中，西华德还是继续在外交方面大展宏图，将自己早在担任联邦参议员时提出的将美国建立成为"太平洋商业帝国"的计划付诸实践。

西华德早在 19 世纪 50 年代就提出，美国的竞争对手不在别处，而"在东方那些大陆和海洋上"。"太平洋和它的海岸岛屿以及海外的广大土地"，正是"这个世界更伟大未来的主要舞台"。当时的大清国已经成为美国的最大贸易伙伴之一，与现代美国从中国输入纺织品相反，1853 年时中国就消费了美国纺织品出口总额的 40%，美国当年输入中国的纺织品，占其对华出口总额的 87%。

西华德坚信，"政治霸权随着商业优势而来"，"太平洋上的贸易和商业就是世界的贸易和商业"，因此，美国只有占领亚洲市场，才能"比迄今为止的任何国家都更加伟大"，而"战舰绝不是能被派往国外的最成功的使节"，美国应当通过商业扩张来进军太平洋和远东地区。

正是在这样的战略思想之下，西华德实行了一连串基于实用主义的举措，而丝毫不受其意识形态的影响。

在对美国周边地区表现出咄咄逼人、志在必得的同时，西华德对于中国这个被他看作有待拯救和改革的帝国，表现出十足的耐心和友好。他提出了对华"合作政策"，并最终在"蒲安臣条约"中得到体现。维护中国的主权和领土完整，第一次被写入国际公约，这成为西华德与恭亲王在各自国内实现的巨大政绩。西华德的政策成为今后一个世纪美国对华政策的主旋律。

在对华友好，甚至对清政府的腐朽、腐败予以容忍的同时，西华德对日本则采取了完全不同的炮舰政策。作为中美之间航线

1867 年美国用 720 万美元收购阿拉斯加的支票。

绝版恭亲王

上的重要枢纽，一个闭关保守的日本，是美国绝对无法容忍的。早在 1853 年佩里（Matthew Calbraith Perry）率领美国舰队打开日本大门的时候，西华德就是最坚定的支持者和推动者，他在回答参议院的质询时，慷慨激昂地提出："应该质询的，不是为什么要派遣远征军，而是为什么迟至现在才开始派遣远征军。"

西华德为他心目中的"美利坚帝国"贡献最大的一件事，就是在 1867 年，成功地以 720 万美元（相当于 2005 年的 9500 万美元）从俄罗斯手中收购了 152 万平方公里的阿拉斯加，相当于每英亩 2 美分。这一举措被反对者们嘲讽为"西华德的蠢事"（Seward's Folly），阿拉斯加则被称为"西华德的冰窟"（Seward's Icebox）或"北极熊花园"（Polar bear garden），阿拉斯加并入美国版图，使美国在太平洋获得和英国在大西洋一样完整的商业和海上霸权。西华德自己认为这是"向亚洲伸出了一只友谊之手"，美国与中日两国成了相距咫尺的邻居。

在同一时期，西华德还主导美国获得了中途岛，从丹麦手里买下了西印度群岛，并积极进军夏威夷，矛头直指西班牙控制的菲律宾（最终通过美西战争获得对菲律宾的控制），而在家门口则从哥伦比亚手中获得建造巴拿马运河的权利，将大西洋与太平洋的捷径控制在自己手里。

在这一连串开创了美利坚帝国万世基业的行动后，中美关系在西华德的战略中就摆上了议事日程。1869 年，当他协助朋友格兰特将军赢得总统大选后，引退下来，开始了为期 14 个月的环球旅行（1869 年 7 月至 1871 年 9 月）。尽管这次旅行号称是私人访问，但实际上，美国政府将此当作了奉行扩张主义之后的一次国际巡回演出，尤其西华德的中国之行，几乎成为一次准官方访问，美国军队不仅为其提供了政府首脑规格的保护，美国驻华外交机构实际上也成为他的助手。

也正是因此，恭亲王即使抱病在身，也坚持面访西华德。

在恭亲王与西华德的会谈中，一个十分重要的话题就是中国应当派遣外交官常驻西方各国。恭亲王明确地表示，他将全力推动派出常任使节，并坚信这将有利于增进中外了解和沟通。而在此前西华德与总理衙门的会谈中，总理衙门的其他大臣对此不敢明确表态。在西华德与文祥的私下会谈中，作为激进改革派的文祥，也无奈地表示：中国的事情不能着急，改革必须稳步推进，否则会适得其反。

对于大清帝国的腐朽，西华德在这次访问中有了切身的体会。10 月 18 日他在上海登陆时，就有幸看到了中国官员的招摇过市，鸣锣开道、随从如云，还奇怪地“举着各种颜色的伞”。西华德当场就对助手们评论道：“这就是帝国腐败的证据……一个国家，就如同一个人，（不可）总是惦记着过去的荣耀，尤其是在已经无能去发扬光大时。”

总理衙门欢迎宴会上，尽管《纽约时报》不厌其烦地报道了鱼翅、燕窝等菜谱，来证明西华德在中国受到的崇高礼遇，但那

150 道精美菜肴、长达 4 个多小时的吃喝，以及中国官员们使劲干杯拼酒却回避公事的热情，令他头疼不已。

西华德在与恭亲王见面前，曾经花了数天时间游览长城。在长城脚下，他和美军将领们大发感慨：为什么这么伟大的建筑，最终无法阻止这个天朝帝国的衰落与堕落？

谁可托福

纽约河滨路（Riverside Drive）周围都戒严了，8 万多人拥挤在道路的两侧。

清晨 6 点左右，12 辆装饰华丽的马车在警察和军队的护卫下，进入了尚未完工的格兰特陵园（Grant's Tomb）。大清国特使李鸿章坐在第二辆马车上，向欢迎的人群频频招手致意，在曙光的映照下，李鸿章身上的黄马褂格外地灿烂。

这是 1896 年 8 月 30 日，星期天。

随着凄婉的军号声，8 位来自美国陆军第十三师的仪仗队员，向李鸿章和中国贵宾们行持枪礼。李鸿章缓缓地走向巨大的格兰特铁制灵柩，随从们放上了月桂树枝扎成的花圈，李鸿章肃立默哀，然后，出乎所有人的预料，他沉痛地对着棺木说道："别了，我的兄弟！"

《纽约时报》在次日的报道中说，李鸿章的这句特殊悼词，"非常令人感动"。"他的思绪回到 17 年前与将军亲切会晤的场

1896 年，李鸿章访问美国。

面，当时他们相谈融洽，因为他与将军一样都曾为了拯救祖国而久历沙场"。

《纽约时报》没有注意到的是，17年前，李鸿章与到访的美国前总统格兰特多次密谈，请求格兰特充当特使，调解中日因琉球群岛主权发生的争执。自那次事件后，格兰特就被大清国政府和人民当作了仗义的朋友。

而这一切，都是恭亲王的运筹帷幄。

格兰特访问中国，是在1879年的初夏。当时，他刚结束了第二任总统任期，开始了为期两年的世界大环游，从暹罗（泰国）进入了中国境内，先后访问了广东、上海、天津，而后在6月3日到达北京。

这是第一位访问中国的西方国家元首，也是继9年前美国前国务卿西华德访问中国后，到访中国的第二位美国国家领导人。主持中央日常工作的大清"总理"、48岁的恭亲王奕訢十分重视，在格兰特抵达北京后不到两小时，恭亲王就派人前往其下榻的美国公使馆问候。

次日（6月4日）下午2点半，格兰特一行离开了东交民巷的美国公使馆，在中国军队的护卫下，前往总理衙门。这天非常炎热，气温足有101华氏度（38.3摄氏度），中国首都的道路上尘土漫天、垃圾遍地，十分肮脏。

恭亲王早已率领官员们，迎候在衙门口。在欢迎的礼炮声中，

格兰特是美国内战时期的英雄，图为其参加总统竞选时的宣
传画，描绘其光辉的战斗历程。（左图）
随同父亲格兰特将军访华的格兰特上校。（右图）

绝版恭亲王

恭亲王走向前来，与格兰特寒暄见礼，美国驻华代理公使何天爵担任翻译。宾主相携着走进一间宽敞但十分简朴的会议室，桌上已经摆满了精美了冷盘佳肴。

恭亲王请格兰特坐在他左侧的贵宾位置上，两国随从们一一按级别入座。恭亲王便开始向美国客人一一分发他的红色大名片，何天爵陪同在旁，向他逐个介绍美国代表团成员，恭亲王与每人都亲切握手。当介绍到身穿军服的格兰特总统之子格兰特上校时，恭亲王停了下来，亲切地询问他的军衔及军装上各种饰品的含义，还问了他的年龄、婚否、有无孩子，当他得知格兰特上校只有一个女儿时，很同情地说："你好可怜啊。"这令美国人诧异不止，事后补课才知道中国人对男孩的偏爱。

这次会见的主要"议程"，还是中国大餐。仆人们开始端上各种美味佳肴，燕窝、鱼翅、熊掌、烤鸭等，美国人因刚在使馆内用过午餐，谁也不饿，但依然饶有兴趣地欣赏着这一"奢华的娱乐"。他们注意到，与广东、上海和天津的官方接待不同，这次"国宴"还是相对简单的，尤其没有过多的仆人川流不息。而恭亲王很少动筷子，只略喝几口燕窝，对鱼翅之类的则是碰都没碰。双方都没怎么吃，宴会很快成了"烟会"，美国人吸起了雪茄，而恭亲王则掏出了旱烟枪。

借助翻译，宾主之间开始交谈，话题很快就转到了中国的教育改革及自然资源的开发。当时，作为中国新式最高学府，同文馆的教学已经在美国籍校长丁韪良的带领下，步入正轨。而在煤矿和铁矿开发上，格兰特表示出明显的兴趣，强烈建议中国应效仿英国，多多开发自然资源，向大国迈进。但对这个话题，恭亲王似乎并不想多谈，或者他似乎有难言之隐，倒是中国财政部部长（户部尚书）很感兴趣，与美国客人热烈讨论起来。恭亲王在旁听着，一袋袋地抽着他的烟枪，并不时他给格兰特的盘子里添菜，那菜"堆得都足以装饰一颗圣诞树了"。

美国人事后总结说，作为中国的权力核心，恭亲王对于西方和世界大势十分了解，远远超过他的同胞们。但是，与李鸿章不同，他首先必须服从和服务于作为政权基础的满清贵族，而这个团体十分保守排外，这就注定了恭亲王"不可能如李鸿章那样走得那么远"。在此次会谈中，但凡涉及中国的改革和进步的话题，他都很少说话，都是格兰特在侃侃而谈，因此，美国人认为，真正能推动恭亲王、触动中国政府的改革建议，"必须来自中国内部，来自中国的人民"。

宴会之后，格兰特总统一行前往同文馆参观。学生们用娴熟的英文致了欢迎辞，格兰特则发表了简短的讲话，称赞说，在如此古老的国家里，看到了现代文明的进步以英语方式表达出来，这是他的世界环游中最有意义的一件事。

国宴次日（6月5日），恭亲王轻车简从，前往美国公使馆回访。这一次，恭亲王令美国人看到了他"绵里藏针"的另一面，机敏、睿智、不达目的不罢休。美国人感慨道，恭亲王代表着中国政坛的"勇气"和"能力"。

话题围绕着日本与琉球。

就在 3 个月前（1879 年 3 月），日本利用中俄在新疆军事对峙、中国无暇东顾的机会，下令将其已经实际占领的中国藩属国琉球"撤藩置县"，正式吞并。此举激起大清国朝野的愤怒，中国驻日本公使何如璋提出了上中下三策：上策是派遣军舰，盛陈兵威，表面上是前往琉球质问，实质上是要"示日本以必争"；中策是据理言明，约琉球令其夹攻，"示日本以必救"；下策是与日本反复辩论，或援外国公法（国际法）以相究责，或约各国使臣与之评理。恭亲王等经过反复权衡，决定采用何如璋提出的下策。就朝廷而言，此时百废待举，在琉球问题上采用敷衍拖延之策，实在也是有难言之隐。邀请在国际上享有崇高威望的美国前总统格兰特为中国进行斡旋，就是此次恭亲王回访的目的。

恭亲王向格兰特介绍了琉球情况。美国人记载道："他的声音是低沉和柔软的，他的手势（丰富得）更像一个意大利人，而不是中国人。在何天爵翻译的时候，恭亲王就靠在椅背上，拿起烟枪抽几口。偶尔，他又想到了什么，就会打断翻译，又急又快地解释。特别在谈到中国将为保卫主权而奋战时，他会显得十分激动，然后他会为插话而抱歉，让翻译继续。有时，他会突然停住长句，说不能太长了，否则何天爵翻译时记不住，大家就哄堂大笑。"

格兰特表示，他目前并没有官方身份，但他很愿意以私人身份向日本天皇和日本政府转达中国的关切，他同时表示，美国的对外政策就是公平正义，不会容忍日本对华的侵略。

恭亲王说，美国对中国的深情厚谊，中国不会遗忘。他告诉格兰特，在返程途中经过天津时，直隶总督李鸿章将就琉球事件的细节与他进一步交换意见。

格兰特接受重托后，恭亲王如释重负，端起香槟，再次向格兰特及美国贵宾们表示感谢，并为格兰特的健康干杯。格兰特则回礼，为恭亲王和中国皇帝陛下的健康干杯。随后，恭亲王告辞，格兰特总统亲自将其送上使馆门口的大轿。

在琉球问题上，中国人令人惊讶地显露出了极高的效率。6月12日清晨，格兰特刚刚到达天津，还在美国总领事馆吃早餐时，就接到通知，李鸿章已前来拜访。格兰特总统立即要求美军士兵列队，并鸣放礼炮迎接这位著名的中国总督。

李鸿章详细地向格兰特介绍了琉球事件的前因后果。比恭亲王更为咄咄逼人的是，李鸿章搬出了此前的中美条约，条约中明确约定：如果第三国对中美任何一国"有不公或轻藐的事，一经知照，必须相助"。格兰特的助手杨格（J. R. Young）将军告诉格兰特，根据琉球事件的情况，日本的确"轻藐"了中国，因此，协助中国进行调解，不仅是道义责任，也是条约责任。这样一来，格兰特的调停，不仅是私人外交行为，更上升为美国的国家外交义务了。

在第一次见面后，李鸿章就和格兰特成了惺惺相惜的朋友。

次日，格兰特回访了总督府，李鸿章的欢迎仪式排场远超过恭亲王的，甚至动用了"黄缎衬里的轿子——在中国只有皇帝才能使用这样的轿子"，可以相信，这样的超规格接待，一定得到了恭亲王的同意。几天之后，根据李鸿章的命令，由天津税务司、德国人德璀琳（Gustav Detring）出面，邀请各国驻天津领事和夫人，为美国代表团举行了盛大的欢迎宴会。李鸿章破天荒地出席了这个有女士们在场的宴会，令外交官们大为惊喜。

离开中国后，格兰特总统乘坐美国军舰"里士满"（Richmond）号前往日本。日本之行，格兰特已不单单是游览，而是肩负着恭亲王、李鸿章和大清国的重托，以及美国对中国的条约义务。

日本人对格兰特的到访给予了最高规格的接待，对于琉球事件，在美国人的压力下，日本再度显露了外交方面的灵活手段，提出"分岛改约案"，将琉球由中日两国分割占领，琉球南部靠近台湾的宫古、八重山两岛划给中国。

在格兰特建议下，恭亲王和李鸿章一度曾考虑接受，让琉球国王在此二岛上复国，但琉球国派驻北京的使节再三哭诉，此二岛土地贫瘠，无法生存。于是中国提出了反建议，要求三分琉球，北部归日本，南部归中国，中部各岛则归琉球王国，由中日两国确保其独立自主。日本对中国的建议坚决反对，并且搬出了中日两国1874年签订的《北京条约》。当时，因台湾土著杀害了漂流到台湾的琉球船民，日本兴兵问罪，中国在签订条约时为了推卸责任，写下了"台湾生蕃曾将日本属民等妄加残害"，间接认可了琉球人是日本属民，这是恭亲王和李鸿章外交生涯中的最大败笔之一。

美国人一看这条约，也感无奈。而此时，沙俄在新疆加强了军事威胁，种种迹象表明日俄两国可能联手对付中国。为了避免两线作战，中国不得不调整策略，同意以日本的提议为基础，进行琉球问题的谈判。

美国的调停失败后，格兰特给李鸿章先后写了两封信，通报调停的细节，主题就是与其拜托美利坚，不如拜托自己。格兰特写道："日本数年来采用西法，始能自立，无论何国再想强迫胁制立约，彼绝不甘受。日本既能如此，中国亦有此权力。我甚盼中国自强。"

而他的助手杨格更为直接，在写给李鸿章的信中说道："中国若不自强，外人必易生心欺侮。在日本人心中，每视中国懦弱，为所求无不遂者，彼看不起中国，则无事不可做。日本以为不但琉球可并，即台湾暨各属地动兵侵占，中国亦不过以笔墨口舌支吾而已……中国如愿真心与日本和好，不在条约而在自强，盖条约可不照办，自强则不敢生心矣！"

他更指出："中国之大害，在弱之一字，我心甚敬爱中国，实盼望中国用好法，除弊兴利，勉力自强，成为天下第一大国，谁能侮之？"

史料没有记载，恭亲王和李鸿章看到这几封信后的反应，但是，琉球事件后，新式舰队的建设就被提到了议事日程上。7年后，排名世界第八的北洋舰队，就在日本长崎港亮剑，震撼日本朝野……

鸟巢外交

大凡有地位的老外，到了大清国，都会惊叹这真是个"鸟"国家。在主人们盛情的宴会上，总是有一道令老外们惊诧而不敢动刀动叉的东西："鸟巢"（Bird Nest），即燕窝也。

老外们无法理解，大清国的领导干部，外带先富起来的一批精英人士，为什么会这么喜欢拾"燕"唾余，乃至不惜千金、劳师动众地强行拆迁燕子的蜗居，以将其吞噬。俗话说"宰相肚里能撑船"，尽管大多数的"宰相"并无"撑船"的肚量，但吞噬小燕子的蜗居，还是绰绰有余的。

老外也无法免俗，虽不喜欢"鸟巢"，却喜欢"鸟巢"带来的"鸟"感觉。连堂堂的《纽约时报》，在美国前国务卿西华德、前总统格兰特先后访问大清国时，也很八卦、很阿Q地在版面上记录大清国宴请美国贵宾的菜单，当然包括"鸟巢"之类，以显示美国领导人在中国受到了特别待遇。

西华德访华是1870年的冬天，作为有史以来第一个到访北京的西方首脑级大腕，他受到了大清政府的盛情接待，国宴便摆在总理衙门。

说是国宴，其实并没有国家元首出席。太后和皇帝照例是不见外宾的，迎来送往的琐事一般都由主持中央日常工作的大清国"总理"恭亲王接待。但不巧，"总理"恭亲王病了，"常务副总理"文祥也病了。国宴遂由总理衙门的其他领导人集体主持。

主人们用"鸟巢"等富有大清特色的美味，填充桌面和时间。足足4个多小时的漫长会餐和150道之多的菜肴，几乎令美国人迅速对中华烹饪产生了审美疲劳。主人炫耀性地介绍各种怪异菜品的原料和烹饪方式，以此向客人展现天朝上国的伟大形象，同时频繁地与客人"干杯"，感情深一口闷，令美国人几乎闷昏过去。

美国人郁闷的是，当他们想把话题转到双方共同关心的国际和国内话题时，主人们总是王顾左右而言他，会场似乎贴着"莫谈国是，只谈鸟巢"的无形禁令。这顿饭令西华德等对中国政府的运作效率有了极深的感受。

9年后（1879年），刚刚卸任的格兰特在春夏之交到访北京，成为第一位访华的西方国家元首。这次，恭亲王亲自主持了在总理衙门举行的欢迎宴会。

格兰特是从暹罗（泰国）进入了中国的，到京之前，已经访问了广东、上海、天津等地，各地官员们对这位美国"民主"（"民之主"也）给予了热情接待，令格兰特对大清官场的"鸟巢"社交文化略微有底。

当服务人员开始端上各种美味佳肴后，美国人发现，这一

美国画师现场记录的恭亲王宴请格兰特将军的情景，似乎恭亲王正在劝酒。这是除了那几张正襟危坐的照片或画像外，恭亲王少数极为生动的形象展现。

"奢华的娱乐"要比广东、上海和天津的接待简单了许多。当然，"鸟巢"依然是不可少的。美国人注意到，恭亲王几乎只是略喝几口"鸟巢"，而几乎不碰鱼翅等其他菜肴。

这次，因为有恭亲王在场，与会中国官员们便畅所欲言，与美国人交流改革开放。但是，恭亲王只是劝酒、夹菜，几乎没做任何表态。美国人事后分析，恭亲王因身份限制，很多事情可做不可说。

不仅西华德与格兰特，从迄今所能发现的西方记录看，多数西方来访者都是从中国政府那奢华的宴会中认识了"鸟巢"，景仰既久，却依然敬而远之。一位有幸参与过此种公款宴请的法国人，认为"鸟巢"之受宠，并非因其多可口，而只是因其昂贵，主人以此炫耀的，只是自己的好客与财富。

与餐桌上的"鸟巢"相比，老外似乎更关注大清国本身这只巨大的鸟巢。如同电影《阿凡达》（Avata）所揭示的，在一个弱肉强食的丛林中，真理只有一个：谁的鸟大谁的巢就大，谁就是老大……

北京欢迎你

美国前国务卿西华德显然并不喜欢北京，尽管他受到了热情的欢迎。

他发现，这座帝国首都那无比宽广的大街，也与中国其他城

西方使臣觐见中国皇帝的一幅铜版画。

市一样"肮脏、混乱、令人作呕"。各种车辆、骡马和行人都闹哄哄地挤在一起，泥土夯成的路上，晴天灰尘满天，雨天泥泞遍地，两旁的住家和店铺都往路中间倾倒垃圾、污水，而几乎所有的河流都成了排污道，臭气熏天。

1870年11月8日，西华德坐在绿呢大轿上，在中国士兵们的鸣锣开道及吆喝申斥声中，从满街的摊铺、卖艺者、设赌者中，挤出了一条路来，前往总理衙门，他极其准确地意识到，这可"绝非行走在华盛顿的宾夕法尼亚大街上"。

从东交民巷的使馆区，通往位于东堂子胡同（今建国门附近）的大清国总理衙门，这条大清帝国的"迎宾国道"，在几乎所有来访者的记录中，是世界上最肮脏和最著名的一条道路。

大清政府和人民绝非故意怠慢远方来客。

老外们很快就明白，全北京城乃至全大清国，除了中央最高领导们生活、战斗和娱乐的楼堂馆所之外，这个伟大的国家根本就很难找出比这条"迎宾国道"更为清洁的道路。

美国社会学家 E. A. 罗斯（Edward Alsworth Ross）在辛亥革命前考察了中国，他注意到，"城市的街道狭窄、弯曲、凹凸不平、肮脏不堪、臭气熏天……几乎没有维护城市公共交通的任何工具，街道为个体商贩占据，几乎不能通行。店主们在货架前设有柜台，用篮子和篓子组成的货摊排列在街道两边，带着劳动工具的手工艺人充塞其中，致使一条六英尺宽的街道拥挤不堪。如不是官方规定必须为来往的轿子留出通道，道路会更加狭窄"。

他也考察了日本，在那里"人们绝对看不到在中国随处可见的成堆的垃圾、粪便、污池、泥坑"。他甚至坚信，在"至少2/3"的中国国土上，旅行者很难找到一块干净的地方扎下帐篷，更不要说各地旅馆的肮脏、虱子和恶臭。

而在大清国第一个国际大都市上海，租界内"街道整齐，廊檐洁净，一切秽物亵衣无许暴露"，华界内则"则臭秽之气，泥泞之途，正不知相去几何耳？"人人"掩鼻而过"。

街道如此，居室也好不到哪里去。美国传教士、清华大学的主要推动者明恩溥，感慨中国人居然都不讲究居室的采光，弄得室内总是十分阴暗。甚至在大清首富盛宣怀的豪宅里，西方客人也吃惊地发现那摆满昂贵的古董家具的客厅，居然没有足够的窗户，显得阴森森的。八国联军入侵北京时，高级军官们有幸参与紫禁城一日游，在惊叹其间的富丽堂皇时，他们也感慨这种华而不实的豪宅，实在不是舒适的居所。有趣的是，一位曾经访问美国的大清道台表示，美国的监狱要比中国的衙门舒服多了——不知这位口没遮拦的官员，回国后是否为这句话而被清理出官员队伍。

曾经长期在欧美生活的大清外交官张德彝认为，中国的脏乱差都是因为"在上者鄙此为琐屑之务，不复为之经理，小民更安于卑污，相率因陋就简"，一扫帚将庙堂和草民都扫了进去。

上海的人民群众却似乎不同意这种看法。他们告诉日本访客，这要怪洋人带来了工商业，导致本地人都涌到外企（主要是缫丝

1796 年西方画师记录的北海景象，一片"让我们荡起双桨"的美丽湖泊。

绝版恭亲王

237

2377

237

第五章　美国兄弟

厂）打工，不再关心农作，可惜了满街的"肥料"。尽管"肥料"满街的上海臭气熏天，但上海大多数人民群众还是一边掩鼻而过，一边骂着洋鬼子，一边艳羡租界内的整洁。

租界（或使馆区）外飘过来的恶臭，成为许多西方人回忆录中萦绕不去的中国气息。这种热烈欢迎，尽管带着大清口臭，也没有能阻止老外们一边捂着鼻子，一边扎根大清……

PEKING CAB

AMUSEMENTS ON THE ICE

SKETCHES IN CHINA BY OUR SPECIAL ARTIST.—SEE PAGE 171.

1861 年《伦敦新闻画报》所刊版画——北京出租车与冰上童趣。

鹰龙之恋：大清国与美国战略对话

自1784年"中国皇后"号帆船成功开通纽约到广州的航线后，中美两国就开始了日益密切的接触，两国高层不断地以各种方式进行互动和沟通。虽然，因大清特色的体制局限，中国的国家元首或政府首脑无法访问美国，但通过使节，两国的高层对话几乎从未停止过，两国都在对方的国家战略中发挥了举足轻重的作用……

星条旗和黄龙旗在南中国的海风中猎猎飘扬。

演武亭前方的海岸边，已经搭起了一座巨大的临时建筑，中西合璧，类似欧洲的凯旋门，又类似中国的牌坊。两侧一字散开的立柱上，对称斜插着中美两国国旗。牌坊的两个主塔上，是两国国旗，而中间的横额上，则是灯泡组成的两国国旗图案，即使在夜晚，也能让国旗熠熠生辉。

这是1908年10月30日，厦门。

BANQUET

GIVEN BY THE

Imperial Chinese Government

TO THE

American Fleet

AT AMOY

November 3rd, 1908.

1908 年 11 月 3 日大清政府宴请美军"大白舰队"
官兵的请柬。

The Welcome Arches built for the Grand Reception to the U.S.
Fleet, October 1908.

为欢迎美军"大白舰队"搭建的牌坊，顶上及前排立柱上均为两国国旗。

在大清海军"飞鹰号"驱逐舰的引领下，8 艘涂抹着耀眼白色的美国战舰，披挂满旗，徐徐进港。在港内迎接的大清主力巡洋舰"海圻""海容""海筹""海琛"，同样披挂满旗，此时开始整齐地鸣放 19 响礼炮，美国军舰则鸣炮还礼，炮声震耳欲聋。

到访的正是美国历史上第一支环游世界的远洋舰队——"大白舰队"（The Great White Fleet），以舰身涂抹白漆而得名。这是美利坚面向世界的第一次武力炫耀，而在亚洲，它的威胁目标就是日本。访问中国的，是"大白舰队"的第一、二分舰队，集中了"大白舰队"一半的主力舰。

1908 年：中美德同盟流产

中国政府对"大白舰队"的到访十分重视，政治局委员（军机大臣）兼总参谋长（军咨大臣）毓朗亲自主持欢迎仪式。

早在舰队到来前的 6 月份，政治局委员（军机大臣）兼外交部长（外务部尚书）袁世凯在接受《纽约时报》记者采访时，就指出："我本人对于美国政府宣布其正在善意地考虑我们的邀请而感到高兴，并且我确信，中国民众也与我有同样的感觉。众所周知，中国已经被外国武力很多次地'访问'过了，包括友好的和非友好的，却从未有过任何一支外国海军舰队在此前认真考虑过我们的愿望，或者友好地等待我们邀请。中国人民能够通过美国海军的友好访问而理解到美国对中国的友谊和重视。我可以向

Ambassador Tang, Who Held the Moukden Lid Do[wn]

By THOMAS F. MILLARD.

The Selection of This Special Envoy, Whose Nominal Mission
try Is to Express China's Gratitude in Regard to the "Bo
demnity, Is Believed to Have a Deep Political Significa

《纽约时报》整版报道唐绍仪访问美国。

244

绝版恭亲王

你保证，你们的舰队会得到我国的友谊和重视，将受到全体中国人民的欢迎。我希望不会有任何事阻碍这次访问。中国人民把这件事当成我国对外关系的一个转折点。"

停泊在厦门港口的美国军舰，允许大清民众们上舰参观，美国水兵们每天忙着接待脑后拖着大辫子的游客们。

与此同时，美国的报章上也在连篇累牍地报道即将到访的中国特使唐绍仪。公开的报道指出，唐绍仪此行是为了感谢美国归还庚子赔款，并且就开发满洲（中国东北）与美方会谈，而实际上，唐绍仪还担负着一个重要的战略对话使命：响应德国皇帝威廉二世的号召，推动和建立中、美、德三国同盟，为此，美国总统西奥多·罗斯福（Theodore Roosevelt）将与唐绍仪举行秘密会谈。

三国已经为此开展了一段时间的秘密外交。主持外交工作的袁世凯认为，同盟不仅可以抵英抗法、防俄制日，更能保全龙兴之地东北；德国的目的是为了对抗英日同盟；而美国则是对英日俄法四国破坏其"门户开放"政策不满，同时遏制日本的崛起。"大白舰队"受到中国政府的热烈欢迎，就是因为其目的之一就向日本示威。此外，美国还做了一连串的动作：美国陆军部长塔夫脱（William Howard Taft，不久担任总统）访华，重申美国支持中国的主权和独立，坚定地奉行"门户开放"的对华政策；罗斯福总统要求国会授权，向中国退还多收的庚子赔款；驻扎在菲律宾的美军则已经做好针对日本的军事准备。

中、美、德三国同盟似乎即将瓜熟蒂落。无处不在的日本间谍网，在唐绍仪尚未启程时就得悉了情报，并且在唐绍仪途经日本时，成功地将他拖延了1个多月。在这期间，日本加大外交攻势，对美国多方让步，认可美国提出的"门户开放"，放弃对美国"排日"政策的杯葛，换来了美国对日本在东北亚特殊地位的认可。

11月5日，唐绍仪从旧金山登陆美国本土，并没有察觉日美的秘密外交。3天后，光绪皇帝和慈禧太后相继去世。11月30日，唐绍仪抵达华盛顿。然而，就在这天中午，日美两国签订了《罗脱－高平协议》，因帝后逝世守国丧而不得剃发剃须的唐绍仪，被迎头打了一闷棍，越发地形容枯槁。

三国同盟已经化为泡影，唐绍仪的使命从"战略对话"降低为了"战术对话"。到达华盛顿的第三天（12月2日），他与即将卸任的罗斯福总统举行了会谈，主题只能围绕着技术层面展开，双方探讨了美国向中国提供财政援助、协助中国进行金融改革的事宜，并就退还庚子赔款的具体办法进行了探讨。

1909年1月2日，唐绍仪的靠山袁世凯因"健康原因"突然离奇地退居二线。罗斯福总统收到电报后，当天就致信德国皇帝，认为袁的下台，表明"中国人不管在内政还是外交上，都难以执行任何既定政策，我们除了和他们更为慎重地打交道外，没有别的选择"。总统在这封信中解释道，他十分担心三国同盟会被中国误读为美、德的担保，从而刺激中国更为敌视日本，而美国和德国并不能在一场中日冲突中为中国提供任何支持。

罗斯福总统。

1月8日，北京命令召回唐绍仪。同一天的《基督教科学箴言报》（*Christian Science Monitor*）则用将近整版的篇幅，刊登文章《当代中国为年轻美国提供巨大机遇》（*Modern China Offers Great Opportunities to the Young American*），将唐绍仪的照片与摄政王载沣的照片并列，并在导读中用显著的字体写道："袁世凯的命运关系到中国的外交政策以及中美关系的发展。"

　　不久，塔夫脱接任美国总统，在接见唐绍仪时，告诫他今后办理外交务必注意保密。而《基督教科学箴言报》转引日本高层的评论，认为唐绍仪使命的失败，正在于低估了日本对美外交的能力和手段。日本抢在唐绍仪之前，与美国签订《罗脱—高平协议》，不仅成功地瓦解了中、美、德之间的战略同盟构想，而且还成功地让袁世凯在国内颜面丧尽，逼退了这位最令日本人忌惮的"反日派"。

　　唐绍仪黯然回国，这位哥伦比亚大学高才生的美国之行，唯一的收获，就是出席了其次女伊莎贝尔（Isabel）与新任驻美公使张荫桓之子亨利（Henry）的婚礼。这个被全美各大报争先报道的婚礼，丝毫也不能掩盖唐绍仪的悲哀：他本来以为是能促成中国与美国，甚至包括德国在内的一场更为光彩夺目的联姻的。

1868 年：中美同志加兄弟

　　中美之间，本没什么"战略对话"：天朝大国，连日不落的大英帝国都没看上眼，何况美洲殖民地这小小的"化外之地"。

美国独立之后，竭力在经济上摆脱英国的强力束缚。1784年，"中国皇后"号（Empress of China）帆船成功开通纽约到广州的航线，掀起了到中国淘金的狂潮。从1791—1841年，美国对华贸易额增长达6倍之多，很快就越过其他国家，在西方国家的对华贸易中位居第二，仅次于英国。

第二次鸦片战争后，西方列强获准在北京派驻公使。曾经担任美国众议院议员的蒲安臣，受林肯总统的委派，出任此职。

美国当时的对华战略，还是延续紧跟英法的一贯政策。美国国务卿西华德给蒲安臣的指令是，尽量与英、法等国"协商与合作"："美国的在华利益，按我的理解，是和我所提到的两个国家（英、法）一致的。无疑，英、法公使已按促进所有西方国家利益的态度行事。国务院指示你，要与他们协商与合作，除非有充足理由，个别情况可不与他们联系。"

此时，美国内战打得如火如荼，根本无暇东顾，蒲安臣本人因此成为美国对华政策的主要缔造者和实施者。他将"与英法协商与合作"扩大到了"与中国协商与合作"，要"用公平的外交，来代替武力，用公平的方法，获得公平的结果"。他在写给华盛顿的报告中说："在我与中国当局的谈话中，没有一次不对他们提出这个不割让主义。"这个在面对国内的黑奴制度和国外的民族压迫都十分好斗的牛仔议员，在中国成了最受欢迎的弥勒佛。无论其动机如何，在大清国最为痛苦和孤独的时候，他令看

蒲安臣。

惯了列强脸色的恭亲王和大清政府感觉到了温暖。美国史学家泰勒·丹涅特（Tyler Dennett）评论说："这位美国公使在其任内对中华帝国对外关系的最大贡献，就是在1863—1865年这一困难时期对合作政策的身体力行。"

在蒲安臣的主导下，美、英、法、俄四强国，在中国都奉行了"协商合作政策"。当时英国公使卜鲁斯、法国公使柏德尔密（Jules Berthemy）、俄国公使巴留捷克（General L. de Balluseck）和蒲安臣，姓氏开头字母均为B，所以，"协商与合作"政策又称"四B政策"。

蒲安臣任内以自己的行动给大清国展示了一个完全不同的"米夷"（当时还沿用日本翻译，称美国为"米国"）形象。1866年8月18日，一艘美国武装商船"舍门将军"号（General Sherman）到朝鲜进行贸易，遭朝鲜拒绝，发生冲突，对峙10多天后，朝鲜军队发起火攻，"舍门将军"号被焚毁，包括美国船长、大副在内的水手们全体被杀。中国官员一看事态严重，表示朝鲜虽是属国，但中国无法对此负责。蒲安臣一方面要求美国亚洲舰队司令派军舰进行调查；另一方面急电华盛顿要求阻止军方可能的武装报复，给中国留足面子和后路。这就是中美和朝美关系史上重要的"舍门将军"号事件（General Sherman Accident），据说金日成的祖上就参与了这场"伟大的抗美斗争"，但未得到史学界的认可。

更具有深远意义的是，蒲安臣将美国传教士丁韪良翻译的法学名著《万国公法》（*Elements of International Law*，即《国际法原理》），作为礼物送给恭亲王。恭亲王大喜，以官方名义正式出版，并迅速运用于国际交往实践，成功地处置了多起国际争端。据说一位法国外交官愤怒地说："是谁居然让中国人洞悉我们欧洲的国际法？杀死他，除掉他，他会给我们造成无尽的麻烦的！"

早在1848年，福建巡抚徐继畬在其《瀛寰志略》一书中，就对美国推崇备至："合众国以为国，幅员万里，不设王侯之号，不循世及之规，公器付之公论，创古今未有之局，一何奇也！"而蒲安臣在中国所推行的"协商合作政策"，令中国看到了一个充满理想主义色彩的美国。美国迅速成为中国最为信赖的洋兄弟，并对中国的国际战略调整起到了关键的影响。

在此后中国所经历的历次外交风波，乃至甲午战争中，美国都成为中国首选的调停人。总理衙门认为："英法美三国以财力雄视西洋，势各相等，其中美国最为安静，性亦平和。"曾国藩也评价说："米夷质性淳厚，于中国时思效顺。"薛福成则认为："方今有约之国，以英法俄美德五国为强……美国自为一洲，风气浑朴，与中国最无嫌隙。"

蒲安臣任内曾经向总理衙门提交了一些备忘录，希望中国改革自强，我们完全可以将此看作一种特殊的"战略对话"。恭亲王评价"其人处事和平，能知中外大体"，而后世曾在北洋政府担任代理总理和代理总统的周自齐，认为："蒲安臣为人刚直坦易，而娴辞令，明法律。恒以中国为守礼之邦，地大物博，必为全球第一大国，愿为中国效力。所上条陈皆富强之要，切实可行。"可以说，在两次鸦片战争和太平天国动乱之后，大清国政府几乎将迷失在内忧外患的浓雾之中，蒲安臣的"合作"令恭亲王等找到了在当时的国情之下最能维护中国利益的定位，一场史称"洋务运动"的改革开放因此开始大踏步推进。

1867 年，蒲安臣完成了他在中国的 6 年任期，即将回国。恭亲王代表中国政府，正式邀请他"充办各国中外交涉事务大臣"，代表大清国与包括美国在内的列强进行"战略对话"。这一外交史上的创举令世界惊叹。

大清特使蒲安臣出访的第一站，就是他的祖国美国。他以一种特殊身份，与美国总统约翰逊、国务卿西华德举行了多次"战略对话"，最终代表中国与美国签订了《天津条约续增条约》，史称"蒲安臣条约"。

这份被梁启超称为"最自由最平等之条约"，受到了大清朝野的高度评价。维持中国的主权和领土完整，第一次被写入了条约。条约的主要内容是：保持中国的完整；中国控制自己的内地贸易；中国在美国各商埠设立领事馆；相互不得进行宗教迫害；鼓励中国劳工向美国移民；相互居住和旅行的权利；相互准许对方学生入学；不干预中国的内部发展。

这一条约奠定了今后近一个世纪的中美关系基调，成为中美各自国际战略的重要基石。丁韪良评论道，中美关系的"行情"上下波动，而在蒲安臣这里达到了顶点。

当蒲安臣代表中国在出访俄国的途中病逝后，慈禧太后和恭亲王给予了极高的评价和优厚的抚恤。美国政府则在其家乡波士顿为他举行了隆重葬礼，他的灵柩上和道路两侧都同时覆盖和悬挂着星条旗和黄龙旗。

1870年：太平洋帝国崛起

蒲安臣的隆重葬礼结束不到半年，他的直接领导、刚刚卸任的美国前国务卿西华德，就不远万里到访中国。虽然这一次并非国事访问，但中美两国都十分重视。美国政府按照政府首脑的级别，为西华德提供了专轮及卫兵，而主持中央工作的恭亲王则和西华德举行了重要的会谈。

西华德访华，实际上是通过高层会谈，将蒲安臣已经奠定基础的中美战略合作关系，再进一步落实和深化。在京期间，他与总理衙门举行了3次会谈，其中包括与恭亲王的正式会谈，以及与总理衙门二号人物文祥的私下会谈。

作为蒲安臣的"老板"，西华德是中美战略关系的最终拍板者。他的政治资历远比林肯总统丰厚，但阴差阳错的，本应是他囊中之物的共和党总统提名，被林肯夺走。林肯当选后，西华德出任国务卿，积极协助林肯对付内战，并大力推行将美国建设成为"太平洋商业帝国"的计划。他甚至还与林肯在同一天被刺，侥幸生还。

西华德的对华战略，就是要与中国"协商合作"，通过商业贸易，将美利坚打造成"太平洋帝国"，从而称雄世界。西华德推动甚至主导了一连串的"远交近攻"举措，其中最为著名的，一是用武力打开日本的大门，只因为它横亘在中美航线上，必须将其纳入服务于中美关系的轨道；二是用 720 万美元从俄罗斯手中收购了 152 万平方公里的阿拉斯加，相当于每英亩 2 美分，从而"向亚洲伸出了一只友谊之手"。

西华德在与恭亲王及文祥的会谈中，频繁地提出，中国应当尽快派遣外交官常驻西方各国，因为，中国必将迎来学习西方的高潮，更多的人才将到美国、欧洲学习科学、外语、法律和经济，加上大量的中国移民，需要常驻外交官的保护和服务。

在官方记录中，恭亲王并没有与西华德"就双方共同关心的国际重大问题广泛而深入地交换意见"，而在私人记载中，这种跨越大洋的两国高层会谈，更像是拉家常和叙旧。大清国寥寥可数的几次首脑外交，几乎莫不如此。其实，所谓的"战略对话"，是一个动态的过程，到了两国首脑会面时，无非是定调子、把方向，在把酒言欢中确认共识。尤其大清国历来奉行暗箱操作的政治传统，与美国那些竞选出来的公众领袖完全不同，大清领导人并不善于亦不乐于在大庭广众下自我表达。文祥在私人会谈中，向西华德表示：中国的事情不能着急，改革必须稳步推进，否则会适得其反。丁韪良的回忆录中也记载了文祥此前常说的话："你们西方为什么急于推我们走？中国一旦启动，会走得比你们希望的更快。"

西华德访华期间，正值"天津教案"。他所不知道的是，负责处理天津教案的直隶总督曾国藩，身边有个翻译名叫容闳，提出了"留学教育计划"。不久，曾国藩和李鸿章两人联名上折，建议"由政府选派颖秀青年，送之出洋留学"，得到了恭亲王的赞赏，随即在上海成立了"总理幼童出洋肄业局"。2年后（1872年），西华德就在报刊上读到了首批中国小留学生抵达美国的消息。

1896 年：美利坚狮子王

1896 年 8 月 28 日，中国特使李鸿章抵达纽约，对美国进行正式友好访问。纽约万人空巷，争相目睹中国"副王"的英姿，从政界到餐厅，中国热席卷全美。

当李鸿章踏上美国领土的那一刻，他就急切地问前来迎接的美方官员：克利夫兰总统（Stephen Grover Cleveland）是否在纽约？何时能见面？

3 天后，专程从华盛顿赶到纽约迎接李鸿章的克利夫兰总统，接受了李鸿章递交的国书，双方举行了半个多小时的秘密会谈。随后，克利夫兰总统为中国代表团举行了盛大的欢迎宴会。《纽约时报》的报道指出，这场宴会的"请柬是美国国务院专为接待国宾而特制的。午宴具有最正式的官方性质，而不能等同于普通的公务应酬。它与在华盛顿接待各国外交使节的规格完全一样"。这是有史以来中国使节在西方享受的第一顿"国宴"，这次访问

ULYSSES S. GRANT

格兰特总统。

也是中国级别最高、最正式的一次国事访问。

在觥筹交错之中，其实是两国战略关系，尤其是美国东亚战略的大调整。一年前结束的甲午战争，彻底地改变了东亚的力量平衡，中美双方都在调整步伐。

之前，在大清国眼中，美国还是"最为公平顺善""好排难解纷"的唯一强国。奉行孤立主义的美国，在列强觊觎中国主权甚至领土的时候，将自己的胃口严格地控制在了商业领域，并时常能为中国"仗义执言"，深得大清国朝野的好评。自西华德以来，美国的干预主义势力不断膨胀，但在夏威夷政变中，美国却第一次尝到了湿手抓了干粉团的苦味，在国务卿葛礼山（W. Q. Gresham）的主导下，重回孤立主义的道路。

甲午战争爆发后，美国成为中日两国唯一能接受的"调停人"（Good Office），美国的领事馆成为中日两国侨民在对方国家上的庇护者。而随后上海间谍门事件的爆发，则引发了美国国内有关东亚政策的大辩论。当时，两名被中国追捕的日本间谍，得到了美国驻上海总领事馆的庇护，中国政府提出了强烈的引渡要求。为此，主张干预的美国驻华外交官与主张不干预的美国国务院发生激烈争论，在国务院的死命令下，驻沪领事馆不得不将日本间谍移交给中国。随后，中国处决了这两名间谍。此事在美国国内引发激烈的政争，国会内的扩张主义议员们甚至计划提出对总统的弹劾，政潮澎湃汹涌。谁也没有想到，上海间谍门事件将成为美国孤立主义的绝响，在巨大的民意压力下，美国将彻底摈弃那跟在"狮子"后面拣骨头吃的"豺狼外交"（Jackal Diplomacy），凭借炮舰政策跻身"狮子"的行列。

李鸿章访美后两年（1898年），美国和西班牙在古巴、波多黎各和菲律宾爆发了激烈的战争，史称美西战争。这场"人类历史上第一次帝国主义战争"，成为美国走向扩张主义的第一仗。从此，美国在环太平洋地区尤其东亚，开始推行积极的扩张战略，要让太平洋成为美国的"内海"，让"美国的法律、美国的秩序、美国的文明和美国的国旗，在迄今为止还是血腥而黑暗的土地上树立起来。假如这是意味着将星条旗飘扬在巴拿马运河上空，在夏威夷上空，在古巴和南海上空，那就让我们欢欣鼓舞地面对而且实现它吧……"（共和党议员阿尔伯特·贝弗里奇语）。在攻占菲律宾后，中国就成了美国的"邻居"，美国就可以像对待墨西哥那样对待中国了。提出海权论的马汉（Alfred Thayer Mahan）认为，谁控制了中国，谁就掌握了未来。西奥多·罗斯福则指出："我们未来的历史将更多地取决于我们在面临中国的太平洋上的地位，而不是取决于我们在面临欧洲的大西洋上的地位。"

1899年，美国向列强提交照会，要求在中国实行"门户开放"政策，美国承认列强在华"势力范围"和已经获得的特权，要求"利益均沾"，并且要求维护中国的领土和主权完整，中国同时必须向世界开放……

1900年，义和团—八国联军动乱之后，美国发出了第二次门户开放照会，宣称美国将"保持中国领土和行政完整，保护由条约及国际法所保证于各友好国家的一切权利，保障全世界与中华帝国各部分进行同等的公平贸易的原则"……

1905 年，中国宪政考察团访问美国及欧洲各国，为政治体制改革作准备。同年，为抗议美国排华，中国发生第一次抵制美货运动……

1909 年，中美德三国同盟流产。中美军事交流加深，美国向中国全面供应军火。中、美、日三国在东北地区展开三角角逐。日美矛盾日益加剧……

1911 年，中国爆发辛亥革命……

大清国的洋干部、美国人丁韪良在他初版于 1896 年的回忆录中，如此描述中国对于美国的重要性："是中国，而非日本，激发了哥伦布的想象力，使他掉转船头向西航行，发现了美洲……谁敢肯定，美国在华利益，现在的和潜在的，无非是一种情感？难道情感就不能推动物质吗？"

9 年后（1905 年），他在为新版回忆录撰写的序言中，以这样的句子结尾：

20 世纪的前几十年，我们将看到新中国的崛起，它注定要在世界大舞台上发挥举足轻重的作用，这难道还会有什么疑问吗？

绝版恭亲王

第六章

西域狂沙东海浪

1880 年，大清帝国到了最危险的时候。北极熊和东瀛狼同时在西北和东南两个方向发难。该雄起！应亮剑！以恭亲王为领导核心的大清上下都充满了激情的呐喊。但是，激情并非定力，口水绝非拳头，大清国根本没有两面作战实力，只能在陆地与海洋、"塞防"与"海防"、"同疆"与"保藩"、抗俄与抗日之间，做出艰难的抉择。

披着羊皮的熊

在耶稣基督诞生 1870 年后，他的中国"弟弟"洪秀全在经历了对酒、色、财、权长达 10 年的过度消费后，终于在南京城死去。一周后，"天国"的首都成为地狱，破城之后的湘军在最高统帅部的默许下，用残酷的大屠杀向北京发出了平叛胜利的"伟大"捷报。

以慈禧太后为核心的大清中央，并没有多少值得庆幸与欣慰的。除了依然保持相当实力的太平天国余部之外，遥远的新疆也在此时发生了叛乱，叛军势力星火燎原，整个大西北被彻底震撼。叛乱最为严重的南疆地区，一时兴起了多个割据政权，为了对抗终将到来的清剿，他们向邻近的浩罕国求援。浩罕虽然不是浩瀚的大国，却有着相当浩瀚的野心，其可汗立即出兵，由阿古柏率领，进入喀什噶尔。随后，阿古柏鸠占鹊巢，建立了自己的政权，国号"哲德沙尔"（即"七城之国"）。阿古柏开始迅猛地扩张，立即引起了俄国的警觉。

此时的俄国，正在享受着改革开放带来的飞速发展。不久前的废除农奴制，成为这个国家步子最大的政治体制改革，不仅大大解放了思想，也大大发展了生产力。俄国的支柱产业是纺织业，原料的主要来源是美国。而美国的南北战争导致棉花难以出口，俄国的纺织业因此陷入停顿，故而经济界强烈要求向中亚进军，将中亚变成俄罗斯的棉仓。而在政治和军事方面，俄国的宿敌英国以印度和波斯湾为基地，成功堵截了俄国南下的通道；在克里米亚战争（1853—1856年）中的失败，也令俄国难以在巴尔干半岛扩张。

1863年，俄国控制下的波兰爆发了声势浩大的反俄起义。为了镇压起义，俄国不得不调动陆军总兵力的一半，心力交瘁，在欧洲已经难以采取攻势，于是转头向中亚发展。富饶的南疆迅速成为俄国觊觎的中心，并且试图以此作为桥头堡，从大清帝国攫取更多暴利。

俄国的老对手英国也在新疆展开激烈的角逐。为了保卫作为英国最大殖民地的印度，英国必须在印俄之间建立缓冲区，因此，与俄国的颐指气使不同，英国对阿古柏猛抛媚眼，既支持他对抗俄国，又试图限制他过度地刺激中国。

对于俄国的傲慢，阿古柏几乎采取了针锋相对的对策，双方在边界线上剑拔弩张。强龙不压地头蛇，何况，阿古柏还得到了英国的强大军援，并在英国协助下与土耳其建立了特殊关系——承认土耳其对其拥有"宗主权"。面对这样的硬骨头，俄国不敢轻易下口，转而支持中国平叛，试图用中国的力量来削弱阿古柏。这样的国际政治夹缝，为阿古柏提供了足够的施展空间，他借英抗俄以确保自己西线的安全，腾出手来全力向北、向东扩张。

1866 年 3 月，阿古柏支持的叛军攻陷了伊犁地区战略重镇惠远城，随后，相继攻占了库尔勒、吐鲁番盆地和乌鲁木齐等。西陲警报频传，但大清国依然无暇西顾，在"先捻后回"的既定方针下，剿灭卧榻之侧的捻军成为首要任务。俄国却沉不住气了，

漫画：法国搀扶着俄国熊行进。

绝版恭亲王

频繁向中国表示愿意出兵助剿，但中国没有表态。

1871 年，心急如焚的俄国人举行了一次专门的御前会议，讨论新疆局势，最后决定先下手为强，出兵抢占伊犁，一则遏制阿古柏势力坐大，二则占据对华的军事先机。负责新疆事务的俄军将领克鲁泡特金坦率承认："肥沃的伊犁地区是向东延伸的一个坚固堡垒，并入俄国是相当有利的，不但非常有助于保卫我们的领地，而且还会使中国受到威胁。"

会后，俄军向伊犁地区发动了攻击，却意外地受到了当地人近乎焦土战术的激烈反抗，费尽九牛二虎之力方攻占面积总共 7 万多平方公里的土地。为了解除中国的戒心，俄国表示，对伊犁地区的占领是临时的，只待中国政府有能力收复乌鲁木齐，就立即归还，摆出了"同志加兄弟"的友好姿态。

此时，左宗棠已经率领大军移驻兰州，积极准备入疆平叛。随着俄国在伊犁建立军管殖民政权，南疆的局势更为复杂。左宗棠因此确定了"缓进速决"的战略，计划用一年半左右的时间，完成筹粮筹款、整顿军队等艰巨的准备工作。

东海饿狼

就在俄罗斯铁骑踏入伊犁的同时，在遥远的台湾，一场飓风带来了一艘琉球国渔船，船上的渔民与当地的高山族居民发生冲突，50 余名琉球渔民被杀，这就是所谓的"琉球漂民事件"。

琉球是一个岛国，位于中日之间，从明代就开始向中国朝贡，成为藩属。日本随后也以武力强迫琉球入贡，形成了所谓的中日"两属"局面。中国对待藩属，历来只重面子不重里子，只要称臣纳贡，一般并不干涉藩属国的内政与外交。而日本就不同了，为了"布国威于万里波涛"，积极向外拓展，其第一目标就是攫取近在咫尺的琉球和台湾。

俄军攻占伊犁当年（1871年），明治天皇亲政，一改幕府时代将琉球作为外国对待的基调，重新定位其为日本帝国神圣不可分割的一部分。次年（1872年），日本政府正式设立了琉球藩，以便为最后吞并做准备；第三年（1873年），日本就宣布琉球与日本府县同列，受内务省管辖，租税缴纳大藏省。如同俄国为了解除中国的顾虑而宣称"代为"收复伊犁一样，日本人为了减少国际压力，高调宣布日本政府将完全承认和严格执行此前琉球与列强所签订的所有条约。

在日本吞并琉球的过程中，最大的难点就是获得中国的认可，而"琉球漂民事件"正好提供了一个讹诈的机会。得悉事件发生后，日本政府如获至宝，迅速拟定了"琉球处分"计划，决心一箭双雕，在琉球和台湾问题上同时对中国进行武力侦察。

日本的计划是，以"琉球漂民事件"为理由，攻击台湾。但当时的大清帝国，洋务运动成果斐然，综合国力大有提高，日本自身却羽毛未丰，不得不先进行外交试探。1873年3月，日本政府派遣了600多人的庞大代表团，由外务卿副岛种臣率领，出访

20 世纪 30 年代美国漫画：中日两国在相互敌视，连来自上苍的手都无法分开。

大清国。此时，左宗棠在西北的备战正在紧锣密鼓地进行。

日本代表团确定的谈判四原则是：一、如果中国宣称台湾为属地，并且同意惩处肇事者，对日本就只要求抚恤金及今后保护漂民的具体措施。显然，这样的前提还是中国承认琉球为日本藩属甚至日本领土，仅此一点，日本就能大有收获。二、如果中国否认台湾为属地，则日本将自行处置。这是日本最希望得到的结果，等于中国自动放弃台湾的主权。三、如果中国既坚持台湾的主权，又以各种方式推脱"琉球漂民事件"的责任，则日本将"论责处分"台湾，如此，中日之间或将立即爆发武装冲突，日本并无必胜的把握。四、日本代表团根据情况相机采取应变措施。

日本的外交试探，胆大而心细，但大清国的外交部门早就养成了"大事化小、小事化了"的太监性格，不敢针锋相对地应对。面对日本的试探，总理衙门（"大清外交部"）居然推搪道：台湾土著居住的"蕃地"属于"政教不及"的"化外之地"，所以，大清国对于"生蕃"杀人事件不能承担任何责任。日本人大喜，认为这至少证明了中国承认台湾的一部分土地是"无主之地"，中国主权并不涵盖台湾全岛。

日本政府随即调整计划，将攻占台湾"蕃地"列为第一目标，吞并琉球则放到第二位。1874年5月，3000多名日军从台湾南部登陆，攻击台湾土著。大清政府一面加强与日本的外交交涉，一面积极整军备战，福州船政大臣沈葆桢出任钦差大臣，率军赶赴台湾，准备武装抗击日军。

日本浮世绘：海军军官们研究进攻中国的战略战术。

日军在台湾的"讨伐"并不顺利，受到了当地土著的坚决抵抗，加上时疫流行，减员严重。在列强的调停下，中日两国半年后（1874年10月）签订了《北京条约》，约定日本从台湾撤军，中国向"日本国从前被害难民之家"支付抚恤银10万两，日军在台湾所修的道路、兵营等，折款40万两由中国方面"愿留自用"。这一条约的导语部分明确说明日本出兵的理由是"台湾生蕃曾将日本属民等妄加残害"，"日本国此次所办，原为保民义举起见，中国不指以为不是"。至此，日本虽然在台湾问题上没有斩获，但在琉球问题上取得重大进展。日本代表团顾问、法国法学家巴桑纳表示："1874年日清两国缔结的条约，最幸运的成果之一，就是使清帝国承认了日本对琉球岛的权力。"

中日《北京条约》签订后，随着中国的注意力被新疆牵制，日本加快了吞并琉球的动作。

抗俄还是抗日

此时，琉球问题带给大清帝国的刺激，远远高于新疆问题：如果没有强大的海军，连昔日羸弱的日本也敢于在太岁头上动土！但是，扩建海军的努力迅速被日益严重的新疆问题阻断。左宗棠的西北备战已经基本就绪，只待一声令下，便可以西征入疆。有限的财政资源和国防经费，究竟应该是先满足新疆的平叛，还是先兴建海军？一场有关"海防""塞防"的大争论在大清展开。

"海防派"以李鸿章为代表,他们认为日本是中国最危险的敌人,海防建设刻不容缓,而且,自乾隆年间平定新疆以来,每年都要花费数百万两饷银经营塞防,效率低下,成本高昂。如今又要竭尽天下财力西征,不如听从英国的建议,承认阿古柏政权,接受其称臣入贡,将节省下来的塞防费用转而建设海军,对抗日本。

"塞防派"以左宗棠为代表,主张抗俄优于抗日,新疆决不可弃。左宗棠认为:"重新疆者所以保蒙古,保蒙古者所以卫京师,西北臂指相联,形势完整,自无隙可乘。若新疆不固,则蒙部不安,匪特陕甘山西各边时虞侵轶,即直北关山亦将无安眠之日。"放弃新疆,将令整个中国失去西部的国防缓冲地带,只能导致今后的"塞防"成本更为高昂。而且,不战而弃新疆,对于民心士气及朝廷威严都将是沉重的打击,也不利于加强海防。

"塞防派"得到了更多的支持,当时的大清精英阶层普遍将俄国看作战国时的强秦,危害最大。林则徐在伊犁"靠边站"时,就曾严峻地指出,俄国"将来必为大患"。著名思想家郑观应认为俄国"尤为中华之所患",提出:"防英乎? 防法乎? 抑防俄乎? 曰:防俄宜先。"薛福成则认为:"泰西诸国,畏俄忌俄,如六国之摈秦。据守海道,扼其咽喉。御俄之水师不得纵横四出,俄人亦以久居陆路,未骋厥志,辄思发愤为雄……俄非无事之国,不得于西,将务于东,此必之势也。"

"海防"与"塞防"的选择,对大清中央来说,是痛苦而艰难的。两相比较,"塞防"似乎更为紧迫:

日本和俄国是中国最凶恶的敌人，也成为祸害中国百余年的罪魁。1904 年的美国漫画，传神地将日、俄对中国的『调戏』和侮辱表现了出来。（上图）俄国在 1900 年代的宣传画：要将日本小丑消灭。（下图）

绝版恭亲王

WHAT THE "SEA SAW"

日俄在远东玩火，成了一种微妙的平衡游戏。

一、日本人的目标还只是琉球，而非台湾。琉球远在波涛之中，即使弃置，也还不伤根本；而新疆与内地山水相连，一旦失守，整个国防西线立即崩溃，无险可守。

二、琉球毕竟只是藩属，关乎"面子"，并不直接牵涉到军事或经济上的实际利益，而新疆则直接关系到国家安全的"里子"。

三、俄国与日本相比，威胁更大。俄国既不同文，更不同种，而且力量强大；日本同文同种、一衣带水，而且力量还比较弱小，即使翻脸，也容易善后。

四、危机紧迫程度不同。新疆危机迫在眉睫，稍有延误，则整个西北局势就会溃烂，而琉球乃至台湾危机，还在萌芽发展，对日以防为主。

更为重要的是，新疆的叛乱既混合了种族矛盾，也混合了阶级矛盾，其与太平天国的余部及捻军等都有呼应，当然是心腹大患。

几经权衡，中央终于下定决心：在逐渐兴建南北洋海军的同时，国防重点向西北倾斜，全力解决新疆危机！

天山风雨

1875 年，左宗棠受命为钦差大臣，统帅三军，入疆平叛。左宗棠的方略核心就是"攘外必先安内"，全力平叛，暂时不触动对俄的伊犁问题。左宗棠的第一步战略目标就是收复乌鲁木齐，这既是俄国人当时答应的归还伊犁的条件，也是稳扎稳打所必需的，"乌城形势既固，然后明示以伊犁我之疆索，尺寸不可让人"。

左宗棠在战场上进展顺利，1876年3月，其总部移驻肃州，不久便平定了天山北路，而阿古柏的前沿设在达坂城，双方隔岭对峙。

这时，阿古柏的支持者英国着慌了，其驻华公使出面调停，希望中国能考虑将阿古柏的"哲德沙尔"国作为属国；英国外交部也在伦敦积极牵线搭桥，鼓励前往求援的阿古柏特使与中国驻英公使郭嵩焘进行谈判。不久，阿古柏病死，英国再度明确提出，希望中国给予"哲德沙尔"属国待遇，但左宗棠表示坚决拒绝，认为英国无非"图为印度增一屏障，竟公然向我商议，欲于回疆撤一屏障，此何可许！"左宗棠督促军队加紧进攻，顺利收复喀什噶尔，只用了1年多时间，就基本完成了平叛任务，取得了晚清军事史上罕见的辉煌胜利。

俄国人看傻了眼，此前毕竟许诺过，只要中国军队有能力收复乌鲁木齐，就立即归还伊犁。此时见中国军队平叛如秋风扫落叶，便开始反悔，将伊犁赖着不还了。左宗棠也早有准备，在平叛过程中，有将领就曾建议他趁着俄国与土耳其再次大战的机会，直接攻取伊犁，但左宗棠认为师出无名，反遭其谤，故意留下伊犁孤城不打，而将伊犁周边地区一举收复，在外交上赢得了主动，在军事上也摆出了威慑的阵势。

俄国方面已无法拖延，遂开始与中国谈判归还伊犁的问题。1878年年底，由崇厚率领的大清国代表团到达圣彼得堡。俄国要

俄国宣传画：俄国向东扩展，把黄种人都当作战利品捆绑在腰带上或揣进口袋中。

绝版恭亲王

英国漫画：俄国开动了绞肉机。注意椅子最边上一个在抱肘独处的人，就是中国。

求，如归还伊犁，中国必须补偿俄国军费，在通商方面给予特别优惠，同时还需向俄国割让部分领土。崇厚不待国内批准，就以全权钦差大臣的身份，在俄国提出的《里瓦吉亚条约》（*Treaty of Livadia*，又名《中俄条约十八条》）等文件上签字。如果根据这些条约，中国将只能收回一座孤城，而伊犁周边的所有战略要地，都将永久地割让给俄国。

消息传回国内，引起巨大的反响，张之洞就曾指出："若尽如新约，所得者伊犁二字之空名，所失者新疆二万里之实际……是有新疆尚不如无新疆也。"左宗棠说："伊犁乃我国之领土，俄军乘虚入侵，蹂躏我边民，掠取我财物。我今索还土地，俄方竟然要我赔偿军费，如此强盗行径，乃国际公理所不容也，此其一。俄方以划定两国边界为名，行掠夺土地之实，双方并未陈战，一弹未发，我朝公然割地与人，此乃外交所不许也，此其二。俄方之所谓通商，其商人志在谋利，其政府意在广设领事，深入我腹地，坐探虚实，此种通商，为我所不取也，此其三。"他提出，"如今之计，当先礼而后兵"，一方面重新谈判，另一方面积极备战，"诉诸武力"，并且主动请缨。

全国上下抗俄热情高涨，倒霉的崇厚一回国，就被逮捕，从重判处死缓（斩监候）。中俄关系急降到冰点。感到颜面扫地的俄国，一方面在伊犁地区大举增兵，尤其增强炮兵；另一方面派出大量军舰，巡弋渤海和黄海，摆出可能攻击华北腹地的架势。战争风云笼罩中国。

大清政府则一方面派遣经验丰富的驻英公使、曾国藩的长子曾纪泽出使俄国；一方面积极备战，左宗棠亲自率军屯驻哈密，随带棺材，以示必死的决心：做好了和与战的两手准备。

日本趁火打劫

　　中俄局势一触即发之际，东海再度告急：1879 年 3 月，日本明治天皇下令，将琉球撤藩置县，琉球王必须移居东京。琉球问题到了图穷匕见的地步了。

　　中日《北京条约》签订（1877 年）后，日本就屡屡要求琉球废止"对中国朝贡而派遣使节及庆贺清帝即位等惯例"，废止藩王接受中国册封的惯例，撤销在福建的琉球馆，贸易业务概归厦门的日本领事馆管辖，琉球今后与中国的所有交涉，一律交由日本外务省处分。琉球国王一边与日本软磨硬泡，一边向中国求援。负责对琉球联络的闽浙总督何璟、福建巡抚丁日昌，在转呈琉球国王咨文的奏折中，认为琉球"地瘠民贫，孤悬一岛，本非边塞扼要之地，无捍御边陲之益，有邻邦酿衅之忧"，对中国并没有大的利益，只是考虑到琉球已经"恭顺"了数百年，"何忍弃诸化外"，如果对琉球的求援"拒之过甚"，那么列强可能会认为中国不能庇护属邦，这将引起属邦的离心离德。根据他们的建议，大清中央命令即将上任的首任驻日公使何如璋，到达东京后立即就琉球问题与日本交涉。

JAP THE GIANT-KILLER.

英国漫画：日本小个子打败了中国大个子。

何如璋敏感地意识到日本终将成为中国的大敌，其之所以多年来一直不敢吞并琉球，就是因为忌惮中国的反弹，"欲俟我不与争而后下手"，如果中国不能旗帜鲜明地表态，"日人或惴我为弃琉球，疑我为怯"。而目前日本"国小而贫，自防不暇"，应该趁此机会据理力争，甚至教训一下日本。何如璋认为，与"如无赖之横"的日本是不能谈友谊的，日本人"阻贡不已，必灭琉球；琉球既灭，行及朝鲜"，而且，琉球靠近台湾，如果被日本改设郡县，就可以成为其侵略台湾的前进基地；而琉球人因得不到中国的支援，也可能"甘心从敌"，琉球人本就"习劳苦耐风波"，"他时日本一强，资以船炮，扰我边陲，台澎之间，将求一夕之安不可得"。因此，他认为，争夺琉球的目的就是为了保卫台湾，"为台湾计，今日争之患犹纾，今日弃之患更深也"，不必担心与日本动武，该出手时就出手。

何如璋提出了上、中、下三策：上策是派遣军舰，盛陈兵威，表面上是前往琉球质问，实质上要"示日本以必争"；中策是据理言明，约琉球令其夹攻，"示日本以必救"；下策是与日本反复辩论，或援外国公法（国际法）以相究责，或约各国使臣与之评理。李鸿章及中枢机构经过反复权衡，决定采用何如璋提出的下策。在朝廷而言，此时百废待举，在琉球问题上采用敷衍拖延之策，实在也是有难言之隐。

得到国内的指示后，何如璋即开始对日交涉，但他的态度还是十分强悍，他在照会中写道："今忽闻贵国禁止琉球进贡我国，我政府闻之，以为日本堂堂大国，谅不肯背邻交，欺弱国，为此不信不义无情无理之事。"日本政府认为，这样的照会是一种"假定的暴言"，深深地伤害了日本政府和日本人民的感情，要求何如璋当面道歉，否则不再继续商谈。

事情至此闹僵，谈判转到北京，由日本驻华公使与总理衙门直接商谈。中央的主流意见也认为何如璋在态度上强硬毫无意义，"揣度中国现在局势，跨海远征，实觉力有不逮，若徒张声势而鲜实际，设或为彼觑破，转难了局"。李鸿章在发给总理衙门的《密议何子峨（何如璋字）》密函中，认为何如璋办理外交"历练未深，锋芒稍重"，并且与其副手也难以和睦相处，"出好兴戎"，过于"冒失"。外交第一线的何如璋与外交决策机构之间，出现了严重的分歧。

1880 年，中俄在伊犁开始武装对峙后，日本趁机吞并琉球，将其改为"冲绳县"。李鸿章请出了美国前总统格兰特，在中日之间居间调停。但日本人搬出了中日《北京条约》，证明中国早已承认琉球是日本所属。格兰特也无奈，其华裔随员在发给李鸿章的信中，直陈"中国之大害，在弱之一字"，中国只有"设法自强，诸事可得自主"。

在格兰特调停后，日本再度显露了外交方面的灵活手段，提出将琉球由中日两国分割占领，琉球南部靠近台湾的宫古、八重山两岛划给中国。而中国则提出了反建议，要求三分琉球，北部归日本，南部归中国，中部各岛则归琉球王国，由中日两国确保其独立自主。日本对中国的建议坚决反对。

多次拉锯之后，新疆问题再度进入关键阶段，种种迹象也表明日俄两国可能联手对付中国。为了避免两线作战，中国不得不调整策略，同意以日本的提议为基础，进行琉球问题的谈判。

为保新疆失琉球

1880 年 7 月，曾纪泽到达圣彼得堡，开始了艰难的中俄谈判。大清政府对这次亡羊补牢的谈判准备得相当充分：为曾纪泽配备了马格里（Dr. Macartney）、日意格（M. Prosper Giquel）等熟悉中国国情的外籍专家；为保持电信畅通，中央还特别拨款兴建京沪电报线，原先只通到上海的国际电报终于延伸到天子脚下；左宗棠大军将伊犁地区团团包围，一边大练武，一边搞屯田，逐渐转化为生产建设兵团，左宗棠的亲信胡雪岩则大举采购先进军火。

国际形势也对中国相当有利。第十次俄土战争（1877—1878年）结束，俄国虽然取胜，但元气大伤。除了英国积极反对俄国在新疆的行动外，俄国的盟友法国也表示反对，它希望俄国将对付德国作为重点。在整个欧洲，除了德国想浑水摸鱼、鼓动俄国东进外，几乎无人愿意看到俄国在新疆有任何收获。

在这样的背景下，曾纪泽的外交斡旋进展顺利。1881 年 2 月24 日，曾纪泽代表中国签订了《中俄伊犁条约》和《陆路通商章程》：领土方面，俄国向中国归还伊犁，但割去了霍尔果斯河以

俄国宣传画：哥萨克巨人在逗弄日本小爬虫。

绝版恭亲王

西领土；军费方面，由中国赔偿俄国 900 万卢布（折合白银 500
余万两）；贸易方面，俄商在新疆可以暂不纳税；边民国籍方面，
伊犁居民可以自由选择保持中国籍或迁居俄国加入俄国籍。

尽管并不完美，但如此成果也已经难能可贵，左宗棠高兴地
表示："中俄和议，伊犁全还，界务无损。领事只设嘉峪关、吐
鲁番两处，此外均作罢论，则商务亦尚相安。吉林俄船撤还，松
花江不许俄船来往。"他赞赏曾纪泽此行"于时局大有裨益，中
外倾心"。大清海关的洋干部、著名的历史学家马士认为："外
交之所以取得胜利，是因为帝国已经做好了动武的准备。"英国
驻俄国大使德费伦（Lord Dufferin）感慨地说："中国迫使俄国做
了它从未做过的事，那就是吐出了它已经吞进的土地。"

与此同时，左宗棠再次向中央提议在新疆建省，实行更为
有效的管理。新疆终于废止了实行数百年的军府制度，开始了与
内地相同的行政体制。湘军名将刘锦棠出任首任新疆巡抚，自此，
中国在新疆的主权维护更为扎实稳固。

在确保新疆问题顺利解决的同时，大清政府在琉球问题上采
取了拖延和搁置的策略。

当时，对日俄联手的顾忌是中国的主流意见。陈宝琛等人
认为，日本"畏俄如虎，性又贪狡，中国即结以甘言厚赂，一旦
中俄有衅，彼必背盟而趋利"。李鸿章则进一步认为，利用中俄
冲突谋取自己的利益，不仅日本人如此，英、德、西、葡等国莫
不如此，因此，"俄事之能了与否，实关全局"，对俄交涉成功，

日本与俄国最后终于爆发大战，史称日俄战争，或"第零次世界大战"。

绝版恭亲王

则各国都会暂时死心，对俄交涉若不成功，则各国都会"萌其诡计"。因此，李鸿章认为："与其多让于倭而倭不能助我以拒俄，则我既失之于倭，而又激昂失之于俄；何如稍让于俄，而我因得借俄以慑倭。"他主张对日既不必像何如璋那样强硬，也不必答应日本瓜分琉球的要求，而是采取拖延办法："今则俄事方殷，中国之力暂难兼顾。且日人多所要求，允之则大受其损，拒之则多树敌人，唯有用延宕之一法，最为相宜。"张之洞也认为，对日应该拖延，"姑悬球案，以观事变"，并且应当与日本订立不得助俄之约，等到与俄国交涉完毕，再来从容料理对日交涉。左宗棠对此是赞同的，他认为高喊抗日甚至要求渡海征日的建议，不仅"先蹈危机"，而且"虚声震撼"，毫无意义。

李鸿章深刻地指出："中国自强之图，无论俄事能否速了，均不容一日稍懈。数年之后，船械齐集，声威既壮，纵不必跨海远征，而未使无其具，日本嚣张之气当为稍平，即各国轻侮之端，或亦可渐弭。"

平心而论，在当时国际国内复杂的局势下，暂时搁置琉球问题亦可算是无奈之举。但随着国势一日不如一日，搁置拖延便转变成了放任，既成事实一旦形成，挽回的余地便更加狭小。

新疆问题解决后，大清国还来不及考虑琉球问题，法国人又染指越南。几经延宕，日本的实力迅速增强，终成尾大不掉之势。越南问题解决之后，朝鲜问题又成为焦点，最终连台湾也沦陷于日本之手。琉球问题被不断地搁置再搁置，中国的宗藩体系迅速瓦解，战略缓冲地带丧失殆尽。而这一切，都可以追溯到新疆大漠上的狂风。俄国与日本，从此双双成为中国最为凶险的敌人，尽管在不同的历史时期，他们也会竭力在表面上轮流扮演出中国好邻居的角色……

绝版恭亲王

资料链接——
琉球与浩罕

　　琉球国，最初是指历史上在琉球群岛建立的山南、中山、山北三个国家的对外统称，后来指统一的琉球国（1429—1879 年）。琉球国的地理位置在中国台湾和日本之间，曾经向中国的明、清两代和日本的萨摩藩、江户幕府朝贡。琉球国地理位置特殊，以东北亚和东南亚贸易的中转站著称，贸易发达，号称"万国津梁"。

　　1879 年 3 月 30 日，日本兼并琉球王朝，琉球国灭亡。大部分国土被改设为冲绳县，北部诸岛则划入鹿儿岛县。

　　浩罕汗国，中亚地区的封建国家（1710—1876 年）。核心地区在包括浩罕、安集延、马尔吉兰、纳曼干等城的费尔干纳盆地。19 世纪上半叶，经济生活和文化建设出现高潮。与附近牧区、中国、俄国等的贸易关系密切。

　　1876 年年初俄国吞并浩罕。

这组美国漫画描绘了日俄两国侵略中国的历史。Port Arthur 即大连，俄国将其称为亚瑟港，而后成为通称。漫画说明：

1. 日本通过甲午战争占领了大连。

2. 俄国人随后通过"三国干涉还辽"，将日本人赶入了大海。

3. 中俄签订密约，俄国人得以留在大连。

4. 5. 6. 日本人卧薪尝胆，悄悄地卷土重来，并在日俄战争中将俄国人赶出了大连。

绝版恭亲王

第七章

改革旗手

李鸿章心中的"一段春"，绝不是"百官气"能养出来的，而是因为他明白自己的定位就是吸引"敌人的火力"，让"百官气"向我开炮，所以才敢放手一搏，不惮成为众矢之的，以掩护恭亲王，掩护慈禧太后，掩护中央。心里有底如此，就像那冬天里的一把火，自然春意盎然……

蝴蝶飞飞曾国藩

快马送来红旗捷报，令恭王府、紫禁城，乃至整个北京城陷入了狂欢的喜悦之中：4天前（1864年7月19日），曾国荃所部湘军终于攻入太平天国首都天京（南京），历时13年的太平天国燎原大火，基本被扑灭。

大清中央核心的"三驾马车"——31岁的恭亲王和29岁的慈禧太后、27岁的慈安太后，考虑得更多的似乎是如何消除另一个更大的隐患：手握湘淮百战雄兵、脚踏东南膏腴之地的53岁的曾国藩。

千里之外，南京大屠杀刚刚退潮。长江航道上拥满了开往湖南的各色船只，据说那都是运载"战利品"的。

曾国藩则忙于处置刚刚于昨天（7月22日）捕获的太平天国

绝版恭亲王

忠王李秀成。这位太平军中最天才的将领，随后在大牢中写下了洋洋数万字的"亲历"，痛切地分析了太平天国的兴亡。但恭亲王及世人看到的"亲历"，却是个被曾国藩删改了的"洁本"——据说李秀成在"亲历"中劝曾国藩自己称帝，恢复汉家天下。

权力的本质就是影响力。曾国藩其时已经成为大清国最有权势的人物，同时也成为吸纳各种资源的天然磁场。除了李秀成之外，还有很多人希望曾国藩"百尺竿头更进一步"，"皇帝轮流做，明年到我家"，有条件要上，没有条件创造条件也要上。在野史中，无法被证实，也无法被证伪的"劝进"故事，还有好几个版本。

攻陷安庆后，曾国藩帐下大将彭玉麟被任命为安徽巡抚，在迎接曾国藩时，塞了个小纸条："东南半壁无主，老帅岂有意乎？"曾国藩阅而变色，急说："不成话，不成话，雪琴（彭玉麟字）还如此试我，可恶，可恶！"然后把信团起吞下肚去。

攻陷天京后，曾国荃和湘军其他将领们，欲效仿陈桥兵变，制造第二个赵匡胤，给曾国藩来个黄袍加身。曾国藩听说后，"彷徨无措，踯躅徘徊于室中者通宵达旦"，第二天他告诉老弟说："人家待我们还好，何忍出此？"

曾家子孙们也有类似的记载。曾国藩幼女曾纪芬就曾说，老家湘乡的工匠唱民歌，歌颂她老爸，有两句就是："两江总督太细哩，要到南京做皇帝。"

应曾国荃邀请，为湘军撰写英雄事迹《湘军志》的湖南狂生王闿运，据说也劝曾国藩问鼎中原。曾国藩什么都没说，以手指

CHINESE REBELS.

西方报纸上的太平军形象。

绝版恭亲王

蘸茶水在茶几上写了多个"谬"字，然后走开，让王闿运自己领会。

王闿运是研究和贩卖帝王术的专家，在晚清和民初大名鼎鼎的杨度，就是他的学生。杨同学在一首名为《湖南少年歌》里，如此讴歌他的王老师："更有湘潭王先生，少年击剑学纵横。游说诸侯成割据，东南带甲为连横。曾胡却顾咸相谢，先生大笑披衣下。"终王老师一生，其"销售"业绩都不理想，倒是杨同学青出于蓝，成功推出了一个"洪宪皇帝"袁世凯。王老师晚年很郁闷地自挽道："春秋表仅成，剩有佳儿传诗礼。纵横计不就，空留高韵满江山。"

防范曾国藩坐大，这几乎是朝野上下一个公开的秘密。1854年，曾国藩率军攻占武昌，咸丰皇帝欣喜异常，要任命曾国藩担任湖北省代省长（署理巡抚）。委任状刚发出，军机大臣祁隽藻就劝阻道："曾国藩以侍郎在籍，犹匹夫耳。匹夫居闾里，一呼崛起，从之者万余人，恐非国家之福。"咸丰皇帝闻之心惊，立即追发一道圣旨，收回了前面的委任状，改授曾国藩国防部副部长（兵部侍郎）的虚衔。

既要马儿跑得快，又要马儿不吃草，曾国藩在前线的处境一度十分艰难和尴尬，"无土无财，无位无民"，"武不能补千把外委之实，文不能辖府厅州县之官"，更为头疼的是，因为没有地方官的头衔，筹粮筹饷十分困难，备受掣肘。后来，干脆借奔丧为名，撂了挑子在老家静观局势。直到局势日益糜烂，中央不得不同意赋予其地方实权，他才出来工作。

在曾国藩最有可能问鼎中原、逐鹿天下的巅峰时刻，他踩下了紧急刹车。

8月1日，曾国藩获加"太子太保"衔，封一等侯爵，世袭罔替；曾国荃获加"太子少保"衔，封一等伯爵。先后获封的，除了湘军系的人马外，还有恭亲王、文祥等中央大员，李鸿章、官文等其他前线将领，充分体现了荣誉属于集体的原则。14天后，他上奏请求中央同意裁撤湘军，并且要求停解广东、江西厘金，这等于是自觉交出了兵权和财权。

两个月后（10月4日），年仅40岁的曾国荃"病"了，由其大哥曾国藩代奏，请求提前"病退"。曾国荃的"病"，来得很及时，很讲政治。

曾家兄弟自释兵权之后，中央也给足了他们面子。曾国荃曾经谎报说，洪秀全的儿子洪天贵福在南京城陷时被杀，实际上是突围而走，最后左宗棠将其抓获，中央下令就地处决，不必押赴北京献俘，避免了曾家兄弟的难堪。

曾国藩对政治站队向来敏感，信奉"君子不党"的原则，不主动拉帮结派。早在3年前（1861年），即恭亲王和两宫太后发动辛酉政变那一年，曾国藩很明智地拒绝了王闿运的游说，躲过一场大难。根据王闿运之子王代功编撰的《湘绮府君年谱》记载，当时，恭亲王、两宫太后与以肃顺为首的顾命大臣"八人帮"，形成了三足鼎立的微妙格局，同在热河的肃顺与两宫太后已经多次发生正面冲突。作为肃顺一手提拔和扶持起来的干部，外人都坚信曾国藩与其关系密切。王闿运当时很为肃顺所欣赏，他写信给曾国藩，建议他领军入朝，联合肃顺与恭亲王，抵制太后的垂帘听政，"亲（指恭亲王）贤（指肃顺）并用，以辅幼主"。曾国藩不想蹚这浑水，"得书不报"。不久，恭亲王与太后们叔嫂联手，打倒肃顺，王闿运失却政治前途，对曾国藩"太息痛恨于其言之不用"。在政变后查抄的肃顺文件中，曾国藩除了公文往来外，别无私信沟通，因此被恭亲王认为立场坚定、是非分明，得免纳入"肃党"之列，躲过了一次政治大清洗。

恭亲王和两宫太后上台后，"垂帘听政"与"亲王辅政"并行。这个年轻的领导核心，在行政方面奉行"不折腾"的稳妥原则，对肃顺执政时推行的大多数政策，包括引起很多满族干部不满的重用汉人，基本维持不动。

令曾国藩大感意外的是，政变后 18 天，新的中央核心就发布上谕，命令曾国藩以两江总督身份，统辖江苏、安徽、江西三省，并掌管浙江全省军务，还命令杭州将军瑞昌帮办。以一个汉人总督而节制四省，并且明确驻防将军只能做副手，这一放权力度之大，创下大清国的历史纪录。

曾国藩在家书中，对新的领导集体评价道："京师十月以来，新政大有更张。皇太后垂帘听政……中外悚肃。余自十五至二十二日连接廷寄谕旨十四件，倚畀太重，权位太尊，虚望太隆，可悚可畏。"

面对"可悚可畏"的局面，曾国藩十分"识趣"：多次奏请中央派出工作组到前线监军；多次辞谢中央的奖励，表示不打下南京，无颜受赏；甚至主动表示，组织人事任免大权仍应归于中央统一掌握，地方大员不应越位，等等。

在曾国藩与中央的大量往来公文中，充斥了互相表白、肝胆相照的信息。中国历代的权臣，多数起初并无不臣之心，但却疏于或懒于沟通，不注意及时向中央、领袖汇报思想动态，造成信息不对称，难免令人起疑心。上下一旦有了疑惧乃至防范之心，这种隔阂便不断扩大，恶性循环，最后不是东风压倒西风，就是西风压倒东风，善终者寥寥。

征战 10 年，曾国藩的湘军成为全国最大的一个派系：同治二年（1863 年），在全国 8 位总督中，3 人是湘军将领；全国 15 位巡抚中，9 人是湘军将领，"至提镇两司，湖南北者，更不可胜数"。这种势力和实力，是一把双刃剑，既是曾国藩的功绩成果，也是曾国藩的"大戾"源头。他在家书中说："古来成大功大名者，除千载一郭汾阳外，恒有多少风波，多少灾难，谈何容易。愿与吾弟兢兢业业，各怀临深履薄之惧，以冀免于大戾。"

每个人都有自己的一把算盘。对于恭亲王和两宫太后来说，他们既希望能将曾国藩手里的枪杆子缴械，又希望曾国藩能继续发挥"余热"，至少不能立即退休，以免给人造成中央过河拆桥、卸磨杀驴的不良印象。

自觉裁军后的曾国藩，依然受命带兵围剿捻军，直到 4 年后调任直隶总督。直隶总督为疆臣之首，位极人臣，恭亲王如此安

绝版恭亲王

排曾国藩，明显是为了酬功，也为了他能在中央身边工作，利用他在第一线所积累的多年经验，为自己正在积极推行的洋务运动出谋划策、保驾护航。

但也该他倒霉，一场"天津教案"开创了晚清教案的典型。夹杂在愚昧的百姓、蛮横的洋人和颟顸的官员之间，曾国藩处境艰难，"诟詈之声大作，卖国贼之徽号竟加于国藩。京师湖南同乡尤引为乡人之大耻"，湖南会馆甚至将他的官爵匾额"悉数击毁"，并开除其"名籍"（不再承认他是湖南人），一代"中兴名将""旷代功臣"，"积年清望几于扫地以尽"，甚至"谤讥纷纷，举国欲杀"。幸亏此时江南出了个"刺马案"（清末四大奇案之一，电影《投名状》之原型），两江总督马新贻被旧友所杀，遍布两江的湘军旧部出现不稳定的迹象。恭亲王赶紧让曾国藩回任，顺带就把李鸿章推上了直隶总督的宝座。

以恭亲王为核心的大清国年轻领导集体，能将曾国藩这样的权臣驾驭控制住，其政治智慧和手腕不容小觑。但对于恭亲王，曾国藩也在私下场合与其心腹幕僚赵烈文有过有趣的辩论。

赵烈文当时在上海看到了恭亲王的照片，说："（恭亲王）盖一轻俊少年耳，非尊彝重器，不足以镇百僚。"

曾国藩说："然貌非厚重，聪明过人。"

赵烈文说："聪明信有之，亦小智耳。"他认为，恭亲王身处"姬旦之地"（即辅佐幼帝的周公），"位尊势极而虑不出庭户"，只有些小聪明而已，国家的大难还是难以避免。

曾国藩大不以为然，他以恭亲王的"勤政""免征""免报销"及处理官文几件事为证，认为这些"皆非亡国举动"，不存在"抽心一烂"的问题。

但在重新入朝之后，他告诉赵烈文："两宫（太后）才地平常，见面无一要语；皇上冲默，亦无从测之；时局尽在军机恭邸、文、宝（恭亲王、文祥、宝鋆）数人，权过人主。恭邸极聪明而晃荡不能立足；文柏川（文祥）正派而规模狭隘，亦不知求人自辅；宝佩衡（宝鋆）则不满人口。朝中有特立之操者尚推倭艮峰（倭仁），然才薄识短。余更碌碌，甚可忧耳。"几乎一棍子横扫当时中央的所有人，曾国藩的孤傲内心只有在心腹面前才表露无遗。

纵观曾国藩的一生，其实主要只和两个人互相纠葛：一个是洪秀全；另一个就是恭亲王。这3个人都具备了南面称帝的条件，却走出了完全不同的人生轨迹。

洪秀全当了十来年的人间天王，最后去见了他的天父天兄，他的尸体被湘军焚毁，骨灰塞入炮膛，发射到江里，只留下疮痍遍地的大半个中国。

曾国藩挟不赏之功，忧谗畏讥，处处如履薄冰，如临深渊，终于实现了平安降落，美国史学家称他是清代第一个得到善终的汉人将领。

受命于危难之际的大清总理恭亲王，鞠躬尽瘁，死而后已，却在收复南京的第二年（1865年）就差点被打倒，虽然在满洲亲

曾国藩成了中国近代史的"神"人，历史地位远远超越了他的领导恭亲王。
图为曾国藩及其手书的"神"字。

贵们的支持下重新站了起来，却永远地失去了"议政王"的头衔。

"亲爱的，你慢慢飞，小心前面带刺的玫瑰。"那只名叫曾国藩的蝴蝶，终于没被帝位这一带刺的玫瑰扎伤，平安降落在历史的荆棘丛中……

春意盎然李鸿章

东方风来满眼悲。

1895 年的春天，对于恭亲王、李鸿章及大清国来说，东风拂面格外冷。74 岁的李鸿章，即将起航前往日本马关，与伊藤博文等进行谈判。日军的凌厉兵锋直指北京，谈判一旦破灭，北京必将被日军攻占。尽管李鸿章早在 10 多年前就不断地呼吁军事改革必须与时俱进，否则北洋舰队无法应对新形势下的军事挑战，但总是遭到强有力的反对及强有效的掣肘，比如翁同龢掌管下的户部，就在"大国崛起"的幻觉支持下，基本对北洋舰队采取了"财政封锁"政策。如今北洋舰队已灰飞烟灭，李鸿章成为举国皆曰可杀的罪魁，那些从来袖手旁观，乃至暗地里猛使绊子的新老愤青，爱国唾沫空前横飞，密集程度如同前线的枪林弹雨。

64 岁的恭亲王则托了日本人的福。如果不是这个帝国到了每个人都被迫着发出最后的吼声的危险时候，他还将如同这 10 年一样，继续待在政治冰柜中。国难思良臣，家贫念贤妻，恭亲王终于走出了后海边那座华丽的"牛棚"，被"结合"进了中央核心，参与决策。

冰冻了 10 年，之前那睿智、敏捷的恭亲王似乎不再保鲜，但在这举国群情汹汹的情况下，他率领军机大臣们，在写给皇帝和太后的报告中，鲜明地提出："中国之败，全由不西化之故，非鸿章之过。"

据说，李鸿章为此老泪滂沱，心甘情愿地踏上了轮船，前往日本去完成那不得不完成的艰难的"卖国"任务。

30 年了，大清国的第一波"改革""开放"（洋务运动）最终被日本联合舰队击沉。在这轮改革开放中，在军事、经济各方面，李鸿章都被后世毫无悬念地当作改革的旗手，而恭亲王则在很长时间内被当作一枚橡皮图章，在浪潮之中随波逐流。造成这种看法的原因，除了有意识的政治选择外，更在于李鸿章曝光度高，类似于大清改革的新闻发言人和操盘手，而恭亲王总是在幕后，不显山、不露水，甚至还经常表现得有点怯懦、有点摇摆。

似乎美国人看得比中国人还明白，这样的搭档是黄金搭档。或许，中国人即使看明白了，在很多时候也只能假装糊涂，时间久了，或许就真糊涂了。美国史学家西格雷夫（Sterling Seagrave）就坚信，李鸿章就是恭亲王的"手"，他甚至大胆假设，李鸿章除了作为恭亲王的实践者之外，还帮恭亲王办了些"脏活累活"，比如可能的暗杀同治皇帝。

一个颇具中国特色的显而易见的原因是，作为权力金字塔上的"老二"，恭亲王的地位不允许他表现出任何"积极要求进步"

的迹象，位极人臣，功高不赏，你再要求进步，老大就该犯嘀咕
了：你什么意思？什么动机？！而李鸿章就没有这种顾忌，他只
要让中央相信，自己虽然拿着枪杆子，但更是中央的一杆枪，就
基本可以放开手脚，胆子更大一点，步子更快一点。同样是美国
人，格兰特在拜访了恭亲王和李鸿章后，一针见血地指出，恭亲
王受地位所限，决定了他"不可能如李鸿章那样走得那么远"。

恭亲王执政期间，一个有趣的现象是：但凡要推出什么改革
措施，中央一般都先把问题和困难摆出来，征求地方大员们的意
见。如同文馆所涉及的教育体制和干部制度改革、建立阿思本舰
队时涉及的军事改革等，都是将政策向地方大员和前线大员们事
先交底，官员们则可以畅所欲言，不会出现扣帽子、打棍子的情况。
这样一种"官场内部民主"，的确令不同的意见得到了表达的机
会，并且形成争鸣，脱离了暗箱操作后，那些显然是敷衍塞责的
意见，在阳光下无可遁形。这令恭亲王的改革总能比较稳妥地推
进，既相当技巧地减少和化解了反对派的阻挠，又从反对派的充
分表达中汲取了营养，完善了改革方案，更从不同派系的博弈中
了解和掌控改革的力度、分寸。在这样的一个沟通过程中，作为
舵手，恭亲王尽量地保持了中立的角色，从而可以尽可能多地团
结左与右两方面的干部。尽管恭亲王早已获得了"鬼子六"的雅号，
被人们贴上了自由派的标签，但是，除了蔡寿祺之类投机钻营的
举报者外，从来没有任何一个持不同政见者对他的人品及政治品
格有过怀疑。这种稳健的政治手法，使恭亲王在关键时刻，既能

1901 年的漫画，西方人笔下的李鸿章和流亡的慈禧重返紫禁城。

推动改革不断前进，也能掩护激进的改革者从反对的声浪中逃生。

　　身处风口浪尖，恭亲王只是将自己定位为"泰山顶上一棵葱"，而不是"一棵松"，这使他减少了被狂风扫荡的机会，令泰山脚下的松树们大为心理平衡，同时也不影响自己"会当凌绝顶，一览众山小"。在恭亲王三起三落的政治过山车历程中，没有任何一次下台是因为他奉行了过"左"或过"右"的政策，而毫无例外地都是出于慈禧老大对他的训诫——这种训诫不是因为政见，而只是因为老二离老大的位置过于接近，老大必须时时敲打老二，注意自己的身份和地位。

　　恭亲王的这种政治性格，成为总理衙门的部门性格。这个以改革为主要使命的部门，在不断的利益调整中，不得不触及既得利益者的敏感神经，同时还得顾及大清特色的政治体制和社会体制的承受力，时时左右为难，却时时要做到左右逢源。这就注定了这个部门经常会受到"左""右"两方面的夹攻，里外不是人，而这正是中国历来改革者的主要下场。在它被来自"保守势力"的炮火猛烈攻击后，我们从欧美的史料中，也很少能见到对它的正面评价：西方人几乎一致批评这个部门在"保守势力"面前的软弱和妥协，其改革慢得像小脚老太一样。

　　作为泰山顶上一棵"葱"，恭亲王和总理衙门以小步快跑的方式，毕竟还是在30年的时间内，令一穷二白的大清国成为经济意义乃至军事意义（北洋舰队世界排行第八）上的世界大国。"中国之败，全由不西化之故，非鸿章之过"，这不只是为李鸿章辩护，更是在为自己辩护，为大清所有身处夹缝中的改革者辩护。

李鸿章上调到中央工作，出任直隶总督，发生在 1870 年的天津教案之后。曾国藩在处理天津教案上的进退失据，令中央相当失望，而原本，恭亲王是想借助名声在外且有经验的曾国藩，作为自己推行改革的主要助手。出于爱护干部和解决问题的双重目的，恭亲王决心起用曾国藩的学生李鸿章，一则能令忧谗畏讥、暮气日重的曾国藩平安着陆，二则也要在实践中考验考验这个公开声称要和洋人"打痞子腔"，不能对洋人太过实诚的李鸿章。

李鸿章此前就显露过远比其老师更为灵活和果断的手腕。在招降了苏州太平军后，李鸿章摆下了鸿门宴，剁下了降将们的脑袋，屠杀了大量降兵，据说这就是日后一部名为《投名状》的电影的创造灵感来源。尽管洋人们十分痛恨李鸿章这种"背信弃义"的行径，但中央相信，这的确十分有效地解决了苏州的后顾之忧。而在英国人阿思本率领舰队前来大清打工，还在和大清政府谈判指挥权时，李鸿章已经成功地从舰队中高薪挖走了一些骨干官兵，充实到自己的部队中，令英国人大为恼火。

这样一个敢作敢为，同时也善作善为的人，终于成为恭亲王十分默契的政治搭档。自此，但凡中央征求改革意见，李鸿章总是积极响应，而且视野开阔、思路敏捷、态度坚决，将一些恭亲王不方便说、不能说，甚至没想到说的意思，都充分表达出来，既帮助恭亲王吸引了反对者们的炮火，又为恭亲王提供了与反

英国漫画：李鸿章欢迎八国联军进入北京。

第七章　改革旗手

对者们讨价还价的更大砝码。一个悄悄地点火，一个大声地放炮，默契和谐。李鸿章经常提交激进的改革措施，并非其不了解中央的实际承受底线，而是其采取的一种"求其上，得其中"的古老策略。

在建立海军的过程中，恭亲王和李鸿章已经确定了要发展远洋攻击型舰队，而非近海防御型舰队，需购买新式巡洋舰、铁甲舰，但依然由李鸿章出面提出报告，为沿海各省统一采购小型舰艇。这些小型舰艇到位后，并不分配到各省，直接就截留在了李鸿章的北洋舰队手中，这样，不仅扩大了北洋舰队的预算，将各省名下的防务经费变相地纳入北洋，而且悄悄地将各省的海防大权收归中央，避免了海军方面出现与陆军相同的尾大不掉的局面。

其他在诸如兴建铁路、开采煤矿、发展电报等各项改革事业中，李鸿章均积极建言献策，动辄数千字的长篇奏折，洋洋洒洒，并对保守派们的意见痛加斥责。这些建言，总是在提交给总理衙门后，没有反响。李鸿章自己透露，负责总理衙门日常工作的文祥，每次都是"且笑存之"，"廷臣会议皆不置可否"，而恭亲王有时也表示无奈，说即使"两宫亦不能定此大计"。后世史家常以此作为李鸿章发牢骚的证据，殊不知，这正是绝妙的政治双簧，没有李鸿章的屡次进言，恭亲王拿什么去敲打那些榆木疙瘩脑袋呢？而没有恭亲王的审时度势、待机而动，李鸿章又凭什么在官场上岿然不动，甚至不断进步呢？这是改革者的无奈之处，也是其在夹缝中求发展的政治技巧。文祥曾经明确告诉热心而着急的美国人，在中国特有的国情下，必须小心谨慎地选择改革的步子、方向，否则，改革者自己将很快被牺牲，而改革则会被导向反面。

在大清的改革战车上，可以说，李鸿章负责踩油门、摁喇叭，而恭亲王负责看地图、踩刹车，不是为了减速，而是为了防止出轨。李鸿章有句名言："受尽天下百官气，养就心中一段春。"这不能将其简单地理解成他的涵养和胸怀。他心中的"一段春"绝不是"百官气"能养出来的，而是因为他明白自己的定位就是吸引"敌人的火力"，让"百官气"向他开炮，所以才敢放手一搏，不惮成为众矢之的，以掩护恭亲王，掩护慈禧太后，掩护中央。心里有底如此，就像那冬天里的一把火，自然春意盎然……

第八章

中央『一抬』

当实际操作已经"右转弯"，口头却依然高呼着"左满舵"的口号，这是一种策略，也是一种无奈。根基于体制内的"改革"，讲求的是妥协，有理也要让三分……韬晦之术成为改革者的必修课，以确保自己成为先驱而非先烈。

号令不出中南海

天还没亮（"漏三下"），大清国总理、恭亲王奕訢及财政部部长（大学士管户部）倭仁，带领财政部的官员们，就在宫门外递折，请求两宫太后召见。包括倭仁在内，户部官员们两眼通红，呵欠连天，他们都是连夜工作的。

如此郑重其事，两宫太后立即接见。奕訢和倭仁呈上户部拟定的一份报告，太后看后称善，命即颁谕宣示中外。

当这份文件用快马递往远在江南的曾国藩、李鸿章、左宗棠时，曾国藩派出的信使也在向北京疾驰：他请求中央裁撤湘军，停解广东、江西厘金，自觉交出兵权和财权。

这是 1864 年 8 月 14 日（农历七月十三），离曾国藩的湘军打下太平天国首都南京仅一个月。

办完此事，恭亲王的心中放下了一块大石头，轻松的心情丝毫不亚于一个月前得到光复南京的红旗捷报。根据时人李桓（李黼堂）的记载，这份中央文件一发布，"都中人士欢声如雷，各部书吏闻而大骇，有相向泣者"，有人甚至将此称为"同治朝旷典也"。

这是一份有关曾国藩军费报销的指示，涉及的费用高达上千万两。

根据大清国的军费报销规定，一切军费开支必须造册报销，详细罗列开支的细节，然后由户部进行审计。但是，战区物价飞腾，尤其粮食蔬菜等给养，价格往往难以与户部规定的参考价吻合，而士兵战死、失踪、新补频繁，加上各级军官们或者无暇做账，或者猛做假账，军费报销往往难过审计大关，一耗数年，"自帅臣以逮末僚，凡厕身行间，匀摊追赔，无一漏脱。存者及身，死者子孙，久迫追呼，非呈报家产尽绝，由地方官验明加结具文咨部，不能完案"。因此，一个不成文的潜规则是，带兵统帅在报销时向户部官员们私下进贡一笔"部费"，他们就会对账目进行技术处理，保证能过关。曾国藩的湘军还在南京城头浴血奋战时，户部的书吏们就看到"复城之不远也，报销之难缓也"，"约同兵、工两部蠹吏"，密遣亲信到战区各省，秘密地"与各该省佐杂微员中狙诈狡黠，向与部书串通又能为管库大吏关说者，商议报销部费"，"部费"的盘口也都开出了。

当时担任户部郎中的王文韶，向中央提交了《请免册报私议》，

1900年八国联军侵入故宫后所拍摄的照片。

绝版恭亲王

建议中央免除册报，以免各地借报销的名义"徒滋扰累"。兼管户部的倭仁十分赞赏，就拉着王文韶起草了一份详细的报销方案，将烦琐的"造册报销"改革为简便的"开单报销"，即带兵将帅只要提供一份开支清单即可。主持中央工作的恭亲王对此也深表赞许。

恭亲王所顾虑的和倭仁、王文韶及前线的曾国藩、李鸿章、左宗棠们一致：按照老制度报销军费，不可为、不能为、不敢为。军事行动旷日持久，长达数年，账目难以核查，此为"不可为"；镇压太平天国，中央基本不提供军费，都靠各支部队自行就地解决，从情理上说，如今要他们报账似乎过于刻薄，此为"不能为"；而百战余生后的骄兵悍将，层层追查他们的经济账目，弄不好就会激出兵变，此为"不敢为"。

恭亲王和两宫太后都是明智的，那份"都中人士欢声如雷"的中央文件同意："所有同治三年六月以前各处办理军务未经报销之案，准将收支款目总数分年分起开具简明清单，奏明存案，免其造册报销。"

对于简化军费报销程序，曾国藩在家书中说："感激次骨，较之得高爵穹官，其感百倍过之。"他请求裁军的奏折，与中央宣布新的报销制度同日发出，这种巧合，就是一种心照不宣的和谐和默契。

恭亲王和两宫太后虽然成功地化解了湘军尾大不掉带来的高

风险，但是，在战争中放手给地方的权力，已经很难收回。站在胜利的废墟之上，大清中央才有机会低头自省：自己其实成了庙里的菩萨、宫中的太监，几乎是中看不中用的摆设。

在"耶稣的弟弟"（洪秀全）下凡折腾之前，大清国是一个高度中央集权的国家，无论军权，还是财权、人事权，都归中央统一调度，一切行动都听从和服从中央的召唤。比如在财政上，就是典型的计划经济，户部统辖全国的开支，既是财政部，也是国家税务总局，还行使着国家审计总署的职能。各省布政使司及盐运道、粮储道等，都是户部派出的人马，由户部垂直领导，独立于地方督抚，监督和落实国家财政、税收等工作。这种大一统的计划经济管理模式，最基本的要求就是稳定压倒一切。而当太平天国将半个中国拖入战火，尤其是攻占了税赋重镇江南之后，大清的中央财政如同其国名一般，迅速变成两袖"清"风。面对困境，中央只好动用最后一种资源——权力资源，下放权力"特殊政策"，同意地方截留税收，就地筹款，"按年定数指拨解部"。从此，在欲望勃勃的"地税"挤压下，早已是黄脸婆的"国税"只好偏居偏房。

地方督抚们，尤其是前线将帅兼任地方督抚后，几乎成了拥有无限权力的"小皇帝"。如曾国藩，其麾下大军实际上已成其私家军队，而并非之前的"国军"，"兵归国有"成了"兵为将有"，开创了近代军队"私营化"的先河。曾国藩本人还统管财政、人事乃至辖区内的外交事务，"凡湖广、两粤、闽浙等省大吏之黜陟及一切大政，朝廷必以咨之"，权势之大，直逼清初的吴三桂及年羹尧。在曾国藩的示范效应下，各地督抚纷纷借机扩大手中权力，在他们的不断要求下，甚至连司法上的死刑终审权，都下放给了省里，中央放弃了作为国家机器重要象征的"生杀大权"。犹如唐代末年藩镇割据的局面日渐成型，中央逐渐被边缘化，成为一种象征工具而已。

在镇压太平天国的过程中，不止一次地有人游说曾国藩更上一层楼，干脆夺了江山自己称帝。出于各种考量，曾国藩并没有付诸行动，并且在战后率先交出兵权。

幸运的是，中央与诸侯当时都是人才济济，没有那种一根筋的二杆子，响鼓不用重锤，彼此心照不宣，花花轿子人抬人，才算从危机中平安地实行了软着陆。曾、左、李等"中兴名臣"顺利交出枪杆子和印把子，由此奠定了"同光中兴"的基础，为大清王朝争取到了宝贵的 30 年和平发展时间，直到日本发动甲午战争。

大规模的"改革""开放"（洋务运动）就在战后迅速展开。此时，一个难题摆在以恭亲王、两宫太后为首的中央面前：痛定思痛，不改革肯定不行；但是，中央却两手空空，推进改革只能继续依靠地方力量，而这又会导致地方权力的进一步巩固乃至扩大。唯一稳妥的办法，就是暂缓改革，待中央权威恢复之后再进行，但是，大乱虽然已过，小震却不断，内忧外患频仍如故。不改革，祸在眼前；依靠地方进行改革，则或许还能突出一条生路。改革其实包含了两个目标，一是拯救政权，二是拯救中央，答案是显而易见的。

因此，战后中央尽管多次想收回之前下方的权力，主要是财政权，比如恢复奏销制度、撤除厘金等，却远不如收回最为敏感的兵权那么得心应手。这固然因为地方督抚抗争，但实质上还是因为中央自身硬不起来，必须依靠地方继续推进"改革""开放"。

在轰轰烈烈的首轮工业化进程中，各省先后建立了机器局等。但是，如同当年打仗一样，中央财政空虚，只能放手继续让地方就地筹款。各省不仅截留国税（京饷）、挪用军费，甚至直接加捐加税，乃至随意动用国库（藩库）的资金。

在洋务运动中大量涌现的数十个新兴企业及事业单位（学校等）中，真正得到中央财政全额拨款的只有天津机器局、吉林机器局等寥寥几家，而诸如江南制造局、金陵机器局、汉阳铁厂等关系国家命脉的重工业企业，都只得到部分拨款，轮船招商局则干脆在名称上就写明白了"招商"二字，其余的主要款项来源都必须依赖地方督抚各显神通，自行解决。这在培养了地方上一大批能人的同时，继续加大了地方的尾大不掉态势。

更严峻的是，改革成果似乎到处开花，却很少结果。调控的缺位导致中央无法在全局层面上进行有效的资源配置，各地督抚好大喜功、竞相攀比，重复投资、重复上马，再加上新型企事业单位既脱离了常规的纪检监察体系（尽管监督效率极低）的视线范围，又缺乏一整套符合契约精神的法规的约束，内部管理混乱，效率极低，导致有限的资源在改革的大旗下被浪费。如左宗棠创办的福州船政局，每月"薪水工食"一项开支即达 3.9 万两，而船政局每月定额经费才 5 万两，高达 80% 的经费是"吃饭"之用。尽管针对各项改革事业中的腐败行为，举报信、意见书不断，但弱势中央却大多只能望洋兴叹。

美国著名历史学家和政治学家巴林顿·摩尔（Barrington Moore）在其名著《民主与专制的社会起源》（*Social Origins of Dictatorship and Democracy*）中指出，中国近代的现代化努力之所以总是失败，原因就在于中央政府太过软弱，而无法制订有效的国家工业化计划。

美国学者吉尔伯特·罗兹曼（Gilbert Rozman）在《中国的现代化》（*The Modernization of China*）中认为，如中国这般的国家，实行高度的中央集权，有助于力量的协调和资源的征用以支持现代化的进程。而萨缪尔·亨廷顿（Samuel Huntington）认为，只有一个强大的政府，才能拥有足够的资源动员能力，克服市场机制自身无法克服的缺陷，保证现代化过程中所必需的政治稳定。

恭亲王主导的改革从地方上先入手，绕开更为艰难的中央改革，先易后难，这自然是一种策略上的考量。但改革实际上的成本，就是牺牲了中央集权的权威资源。

英国驻汉口领事傅磊斯（H. Fraser）曾在 1901 年写信给《泰晤士报》记者莫里循："现在还有谁人将总理衙门盖章的护照看

的像某个总督签署的护照那样有效呢？你大概还记得两广总督曾经告诉我，总理衙门只能向他提出要求，而不敢命令他。事实上，除了皇帝外，连军机处也不能对一个总督下命令。在紧急情况下，像我们去年夏天见到的那样，如果皇帝依照错误的奏章发下圣旨，总督也可以不服从。"

军机大臣也公开承认："今日之督抚，即前代之藩镇。责任固不可不专，事权亦不可过重。"《东方杂志》则描摹了地方坐大后中央的尴尬："观于吾国政府，朝发一令曰，宜率此而行，外省置之不顾也；夕下一谕曰，宜以此为戒，外省依然如故。查询事件，则延迟不复；提拨款项，则藉词抵抗。而自外省言之，有竭蹶之政策请于政府，不闻为之一筹画也；有困难之交涉于政府，不闻为之一担任也。"

恭亲王推行改革，目的之一就是重塑中央权威，但改革的结果却是权威涣散，号令不出中南海，威仪只限紫禁城。中央失去了对地方的财政、组织人事乃至军队的控制，这埋下了日后武昌城头一夫揭竿而江山变色的祸根⋯⋯

改革的阳谋

一起小小的交通事故，似乎为大清中央的一场路线斗争画上了句号："副总理"级别的老干部倭仁从马上摔下来了，而且据说是故意的。

倭仁是文渊阁大学士、翰林院掌院学士，还兼着工部尚书衔，一人执掌着大清国中央的宣传、文教、建设等大权，更为重要的是，他还是同治小皇帝的老师。尽管他是蒙古人，却成为（或表现得如同）一名坚定的"传统文化"的卫道者，在内忧外患激发出来的改革声浪中，逆流而上，抵御着从科学技术到制度文明等西方"低俗文化"的入侵。

这一年（1867年），倭仁已经64岁，究竟是什么促使这样一位老迈龙钟的高级领导干部不惜自残呢？

这场交通事故的背后，是一场起因于"北京外国语学校"（京师同文馆）扩大招生的改革大辩论，而在这场辩论中，恭亲王提出了一个雷人的论点，大大震慑了保守者们：西学根源于中国，学习西方就是学习古代中国。

几个月前（1866年12月11日），恭亲王上奏，建议同文馆在讲授外文之外，添设一馆，专门讲授天文、算学等西方科学知识，而且扩大招生对象，从以往只在八旗子弟中招募13—14岁的少年，改为面向所有满汉举人及科举正途出身的五品以下京外各官。这一建议立即得到了慈禧太后的批准。1个月后，恭亲王再度递交了报告，建议将官方学术机构翰林院中的学者（庶吉士、编修、检讨等）纳入招生对象，因为这些人"学问素优，差使较简，若令学习此项天文、算学，成功必易"。

成立于1862年的京师同文馆是大清"外交部"（总理各国事务衙门）的直属机构，也是大清国首家近代化干部学校，待遇十分优厚，远超之后的各级各类军校。所有学生每月都能领取 10 两月薪，而且伙食、住宿、书本文具等一律免费，每月考试合格者奖金就高达 32 两。学校专门配了厨师，学生甚至可以随时点菜送到寝室内。更为重要的是，根据规定，对于优秀学员，在干部任用、提拔等方面一律从优。这样的待遇，对于翰林院这个清水衙门中坐冷板凳的穷干部们来说，当然是有吸引力的，而对于那些还未进入仕途的举人们，更是充满了现实诱惑。

但是，这一举措却随即引发了一场激烈的争论。首先提出反对的是山东道监察御史张盛藻，他高举政治挂帅的大旗，认为"气节"才是"自强之道"，而不是轮船和枪炮，只要有"气节"，就可以无敌于天下，"以之御灾而灾可平，以之御寇而寇可平"。他认为，科举正途人员是政权的接班人、干部的预备队，"自强"关键是"读孔孟之书，学尧舜之道"，而完全不必去学习天文、算学之类的"机巧"，否则就是"重名利而轻气节"。至于天文、算学，只需将它们划归钦天监、工部等相关部门管理，招收些能工巧匠即可。

张盛藻奏折一上，立即遭到上谕的批驳，慈禧太后的批示明确指出同文馆就是"正途"，而天文算学"本为儒者所当知，不得目为机巧"，此举不过是"借西法以印证中法，并非舍圣道而入歧途，何至有碍于人心士习耶？"

其实，这种反对意见，恭亲王早已料到。他在建议将同文馆招生范围扩大到翰林们的奏折上，就用长篇大论做了伏笔。他鲜

英国画师所绘《天津条约》签订现场。

明地提出"天下之耻，莫耻于不如人"，随后，提出了"西学"其实就是"中学"的雷人观点，认为"西术之借根，实本于中术之天元，彼西土目为东来法"，只是西方人"性情缜密，善于运思，遂能推陈出新，擅名海外耳"，因此，"法固中国之法也，天文、算学如此，其余亦无不如此"。学习科技并非是学习西方，"中国创其法，西人袭之。中国倘能驾而上之，则在我既已洞悉根原，遇事不必外求，其利益正非浅鲜"。

恭亲王的这套说法，无疑能相当有效地削弱反对的声浪。1899年，英国人哈罗德·高思特（Harold E. Gorst）在回顾大清30年改革史时，就认为恭亲王此举是耍了一记漂亮的"外交手段"。（*China in progress*）

其实，在晚清的改革乃至历朝历代的改革过程中，我们都能发现，改革者总是策略性地用现有体制的旧衣裳来遮掩不断成长的改革躯体，尽管可能衣不蔽体，但也要竭力强调自己对传统的传承，以期结成最为广泛的统一战线，团结一切可以团结的人，减少阻力。当实际操作已经"右转弯"，口头却依然高呼着"左满舵"的口号，这是一种策略，也是一种无奈。根基于体制内的"改革"，讲求的是妥协，有理也要让三分；这与源自体制外的、颠覆一切、打倒一切、使用简单直接的暴力手段清除反对力量的"革命"，是有根本区别的，革命讲求的是"有理三扁担，无理扁担三"，自己永远伟大、正确，错误永远只属于他人。改革与革命，虽然都是根本利益的调整，但在政治烹饪术上，一个是"慢炖"，即使锅有点漏了，修补修补继续熬，能将就则将就，不能将就的创造条件也要将就；而另一个则是"爆炒"，能不将就则不将就，即使能将就的，也要想方设法让它不能将就下去，完全是砸烂旧锅另起炉灶。显然，从实际操盘的难度来看，改革的"技术含量"高多了，这也需要改革者即使在策略方面也要比革命者更为圆润、老到。

专攻裱糊的改革，令韬晦之术成为改革者的必修课，以确保自己成为先驱而非先烈。恭亲王就是韬光养晦、绵里藏针的个中高手。1862年，他建议成立总理衙门，为了避嫌及减少可能的反对声浪，他再三强调这只是个临时机构，"俟军务肃清，外国事务较简，即行裁撤，仍归军机处办理，以符旧制"。

这一次，当改革遭遇官方"包养"的知识分子的激烈反对时，他也同样表现出了极为柔韧的姿态。在严词驳回张盛藻的奏折后，面对泰斗级的倭仁的反对，恭亲王施展了太极拳法。

倭仁在他的长篇奏折中，坚决反对"正途出身"的官员进入同文馆，他担心这些国家栋梁拜洋人为师，学习天文、算学之类的"一艺之末"，将导致"正气为之不伸，邪氛因而弥炽，数年之后，不尽驱中国之众咸归于夷不止"，而"立国之道，尚礼义不尚权谋；根本之图，在人心不在技艺"，古往今来没有听说过有依靠着"术数"而能够起衰振弱的。他同时认为，以中国之大，"不患无才，如以天文、算学必须讲习，博采旁求，必有精其术者。何必夷人，何必师事夷人？"

倭仁的奏折提交后，慈禧太后也不表态，批转总理衙门答复。恭亲王等随即上奏，痛切批驳倭仁等空谈误国，二三十年来"议和议战，大率空言无补"。他提出，既然倭仁有卧薪尝胆之志，但这是"为其名乎？抑将求其实乎？"他借用左宗棠的话说，大清国办事太难，"创议者一人，任事者一人，旁观者一人"。又借用李鸿章的话说，一些崇尚空谈的干部，"无事则嗤外国之利器为奇技淫巧以为不必学，有事则惊外国之利器为变怪神奇以为不能学"。他认为，倭仁等如果"别无良策，仅以忠信为甲胄，礼义为干橹等词，谓可析冲樽俎，足以制敌之命，臣等实未敢信"，并且认为倭仁这一举动，对改革大有伤害，"不特学者从此裹足不前，尤恐中外实心任事不尚空言者亦将为之心灰而气沮"。

恭亲王的反驳是相当严厉的，但倭仁继续抗争，干脆认为同文馆请外籍教师本身就是"上亏国体，下失人心"，并认为国家振兴之际，百废待兴，"应办之事甚多"，何必因这一小事儿"群相解体"。

恭亲王随即开始转换策略，一边继续指控"倭仁倡议以来，京师各省士大夫聚党私议，约法阻拦，甚且以无稽谣言煽惑人心，臣衙门遂无复报考者"，另一边干脆来了招"请君入瓮"，抓住倭仁原奏中的大话："天下之大不患无才，如以天文、算学必须江西，博采旁求必由精其术者，何必夷人？"欢呼道：我们花了20多年的时间，都没找到这样的人才，"倭仁竟有其人，不胜欣幸"，建议请倭仁立即保举，另开一馆。

毛昶熙　　恭亲王　　文祥　　董恂　　成林

崇纶

沈桂芬

KRUN　　HAOG-CHANGHI　　PRINCE KUNG　　WENSIANG　　TUNG-SEAN　　SHEN-KWE-FEN　　CHENGLIN
Ex-Regent of China and Chief Minister of the Supreme Council of the Empire
LIFE IN CHINA, XVI.—THE FOREIGN OFFICE, PEKING

总理衙门大臣们在召开会议。

慈禧太后照准，要求倭仁立即保举精通天文、算学的人才数名，"另行择地设馆，由倭仁督饬讲求，与同文馆招考各员互相砥砺，共收实效"。

倭仁这下急了，赶紧解释："奴才意中并无精于天文、算学之人，不敢妄保。"

中央却依然不放过他，慈禧太后在上谕中要求他随时留心人才，一旦发现此类人才，立即保荐，这等于给他套上了一个箍。接着，朝廷干脆任命倭仁也为总理各国事务衙门大臣。

长期在同文馆任职的美国人丁韪良，对恭亲王的这招请君入瓮十分欣赏。他认为这是恭亲王为了让倭仁这个"老沙文主义者"能亲自通过跟他所谓的"洋鬼子"打交道来长点见识。

恭亲王的阳谋，倭仁当然能看清，他绝不愿意出任这一"鬼使"，再三请辞，却再三被驳，无奈，只好中途落马——对于倭仁是否堕马回避，学界尚有争论，史料也有冲突，但可以肯定的是，倭仁的确是以病假的方式得以保持了"体面"。

对此，丁韪良惋惜地说，如果倭仁"不拒绝训练，谁晓得这个老翰林会不会同样彻底地转变过来呢？"他总结出，总理衙门对付保守派的做法，就是"以内部摩擦避免外部反对"。总理衙门成员成林曾经向他解释："你知道，由于外来反对，总理衙门的筹划有时搁浅。聪明的御史或有势力的总督向皇帝进谗言，从而破坏我们最明智的计划。这种情况下，恭亲王虽感应对困难，但仍自有办法。他奏请皇帝给他的反对者在衙门中安排位置。亲王知道，反对者一旦进入了衙门，不久就会发现，亲王的政策才是应对外国的唯一可行办法。毛昶熙和沈桂芬就是这样进入衙门的。"曾经是保守派一员的毛、沈进入总理衙门，真正挑起这千斤重担后，几乎立即实现了改变，不仅成为恭亲王的忠实同僚，而且成为坚定的改革者和"总理衙门里最好打交道的人"。

这次辩论中，倭仁虽然处于下风，但却"死不改悔"，而这轮折腾的效果立即显现：即使待遇十分诱人，同文馆的天文、算学专业最后只勉强招收到了 30 人，其中的 20 人在第二年就被淘汰。此时，日本已经派出了第一批学生前往西方。梁启超日后感慨道，设立天文、算学馆的计划如果顺利推进，则今后"中学与西学不至划为两途，而正途出身之士大夫，莫不研心此间以待用"，假以时日，必将有所成就，从而"用以更新，力图富强，西方大国犹将畏之，而况于区区之日本乎？"

改革的大幕在东亚升起，恭亲王一己之阳谋及手腕，能敌得过人家一国的阳谋兼阴谋吗？

第九章

裸泳的年代

在一个人人裸泳的年代，权力作为第一生产力、第一生产要素，就是那决定令谁彻底"走光"的潮神。大清国实在并无企业家，只有"奴家"。"奴家"只能委身潮神的怀抱，以获取那一点傲立潮头的机会……

猫儿闹大清

大清国毕竟是泱泱大国，在内忧外乱的夹击下，也再怎么落败，还是老鼠遍地走，而且肥硕得很，甚至越落败，老鼠就越肥。

又多又肥的老鼠，当然吸引了无数只猫儿，不管黑猫、白猫，不管土猫、洋猫，也不管是公猫、私猫，都铆着劲、变着法，想成为那只能抓住老鼠的好猫。

当抓住老鼠成为检验猫儿能力的唯一标准时，猫儿们自然要解放思想，打破一切条条框框的牢笼。他们深切地认识到，大清国的改革，不是请客吃饭，不是做文章，不是绘画绣花，不能那样雅致，那样从容不迫、文质彬彬，那样温良恭俭让。改革就是利益重组，有时甚至就是赤裸裸的巧取与豪夺。

一部晚清经济史，就是一场超级猫儿的海选PK，一场在潜规则甚至无规则下上演的大戏。

电报等新兴产业，让邮传部成为最肥的部门。图为晚清的电报房。

最为活跃的当然是"公猫"们。大清国的经济体制改革，最早走的就是"一大二公"的道路，国库出资，官员坐庄，在奠定了中国最早的工业基础的同时，也令一部分官员及其亲属迅速跻身为先富起来的一批人。大清国财政两袖"清"风，没有能力为不同官员不同花样的改革支付学费，但靠山吃山，政府最大的资源并不是白花花的现银，而是政策，脑门一拍，大笔一挥，推行"官督商办"，政府画圈，老板掏钱，改革开放照样做得红红火火。能进入这个圈子内的商人，自然也都非等闲之辈，个个能量都可直通"海里"，其中的佼佼者是胡雪岩，其政府公关能力之强，与官场结合之紧密，至今仍是中国人民学习的榜样。官办的纯国企和官督商办的半国企，一个最大的特点就是一切官僚化。史料记载，盛宣怀每次到机器织造局检查工作，厂里就要组织员工夹道欢迎和欢送，一如官场规矩，只是不知道是否会有节奏地呼喊"欢迎欢迎，热烈欢迎"。

"公猫"们虽然公开捕鼠的功夫并不怎么样，但私下为自己偷腥的本事却都不小。财务混乱、公私不分，是当时国企和半国企的最大问题，一边高喊实业救国，一边则将公款尽可能多地挪到自己兜里。著名思想家、机器织造局的郑观应，就挪用公款为自己炒股炒房，导致开工都被严重延误。至于效率不高，浪费严重，更是普遍显现。"模范总督"张之洞的汉阳铁厂，从立项开始到投产，都是凭空想象的"政绩工程"，证明了晚清改革的主旋律就是不断折腾。更有甚者，"公猫"之公，还真是体现在了性别

19 世纪 60 年代的大清商人。

意义上，机器织造局的文件显示，在相当一些企业干部眼里，工厂就是一座免费的丽春院，女工们俨然成了廉价的应召女郎，权力果然成了最好的春药！

私猫们当然没有公猫这么高调和张扬。在晚清时期，大凡混得好的私猫一般都必须有些公猫朋友，或者干脆是一套人马、两块牌子。纯粹的私猫基本是没有生存空间的。先天血统上的不足，令私猫们在包装功夫上相当细腻，比如导致晚清崩盘的保路运动，表面看，是各地商办铁路公司的私猫们在民族大义激发下，不忍心看到洋人们以雄厚资本"侵占"了我们的交通开发机会，所以对政府将铁路建设权收归国有表示反对，而骨子里，无非就是嫌政府收购商股的开价太低。闹得最来劲的四川铁路，则是因为商人们希望政府来承担原先主办者挪用公款炒股而造成的损失，但政府不买账，商人们便只好祭出爱国护路的大旗，"推动""革命"了。

与土猫们相比，洋猫们的吃相要优雅得多，开口法制，闭口契约。但面对着大清特色的资本主义，洋猫也一样是逐利的动物，在坚船利炮的"豪夺"已经不再时尚后，吸引中国官员占干股等"巧取"方式，就成了他们的主要游戏。美国总统胡佛，早年是一名矿业工程师，他的第一桶金就来自帮助英商"巧取"中国的国有开平煤矿。他们设计将开平的老总张翼拉下水后，不花分文，就获得了丰厚的开平资产。胡总统的这桶金，日后成为其政治上的一大麻烦，时时被反对党拎出来示众。而另一家更为著名的

"福公司"，披"洋"皮，挂"洋"头，骨子里则是中外官商合营，马建忠（招商局总办）倡议、刘鹗（《老残游记》的作者）跑腿、李鸿章护航、意大利首相的儿子挂名，成功地绕过了外资不准进入矿业的禁令，以一个空壳皮包公司而获得山西、河南的煤矿开发权，然后将股份出售给西方大财团，经手人均获利丰厚。

在这场猫儿嘉年华中，"撬边模子"（沪语，类似京腔的"托儿"）也没闲着。著名的媒体《申报》，在大清国股市黑幕中，紧密配合庄家，以忽悠起来的理论武装人，以包装出来的舆论引导人，不露声色地当了回股市"黑嘴"，成功地实现了"社会良心守望者"的市场化。

无论当权者，还是在野者；无论保皇者，还是造反者；无论遗老遗少，还是潮流青年，大清国晚年越来越强烈地表现出了"一切向钱看"的特点，金银成为一切领域通行的硬通货，"金本位""银本位"成为全社会的本位，即使身负"道德城管"重任的纪检监察系统（谏台），也毫不犹豫地投身"猫儿捕鼠"的运动，那些义正词严的弹劾及雷厉风行的查办，也都无非是更为稀缺、更为昂贵的商品而已，待价而沽。

做猫还是做老鼠，这在晚清并不是哈姆雷特式的选择题。做不了猫，就只能做被猫吞噬的老鼠，这是摆在每一个人面前的唯一道路。因此，更为准确地说，那并不是一个猫儿的乐园，而更像一个弱肉强食的丛林世界。

华商不爱黄龙旗

1877年3月2日，一个令大清国人民备感振奋的消息传遍了全国：大清国资企业轮船招商局于昨日正式兼并了美资企业旗昌轮船公司（Shanghai Steam Navigation Co.）。旗昌轮船公司7艘海轮，9艘江轮，大量的趸船、驳船，共27艘，以及码头、栈房、船坞、铁厂等，都降下了星条旗，升起了鲜艳的黄龙旗。

这是在以恭亲王为核心的中央领导下，大清国——不，是中国——有史以来第一次通过资本运作的方式，吞掉了一家大型外资企业。一贯喜欢嘲讽政府的《申报》，在这一天一反常态，发表了热情洋溢的评论："从此中国涉江浮海之火船，半皆招商局旗帜。"

最早提请中央考虑兼并旗昌轮船公司的太常寺卿陈兰彬（之后他出任了中国首任驻美公使），甚至将其上升到"中外大局一关键"的高度。

自1840年鸦片战争以来，大清国似乎好久没有这么扬眉吐气了，举国上下太需要这个"利好"消息的刺激了。但是，却有一群华人似乎并不为黄龙旗迎风飘扬而自豪，他们就是旗昌轮船公司的华人股东们。这些人不仅抗拒回到"祖国怀抱"，而且公然另组一家"宁波轮船公司"（Ningpo Steam Navigation Co.），注册为美国公司，继续扛起星条旗。他们低调得几乎没在历史上留下多少印迹，弄得好像为了刻意躲避大清愤青们上纲上线的口水战似的。

其实，旗昌轮船公司从来就不是严格意义上的美资企业，而只是披着一身"洋皮"的民营企业而已。在公司 100 万两开办资本中，华商的股份居然占到了 60 万~70 万两。

华商在外企中普遍参股，甚至占到大股，在当时是一个十分普遍的现象。仅在航运业中，怡和洋行的华海轮船公司，第一批1650 股，华商占了 935 股，其中，唐廷枢一人就占了 400 股；北清轮船公司，华商股份占到 1/3。大量的华商散户们集资购船后，更是纷纷挂靠在外企名下。滚滚长江东逝水，却只载着两艘船：一艘姓"外"，一艘姓"公"。

有学者统计，当时华商参股的外资企业至少有 62 家之多，资本金在 4000 万两以上，以保守估计华商占股额 1/4 计算，则这些披着"洋皮"的中资高达 1000 万两以上。

中资大量涌入外企，这当然是资本的趋利因素造成的。

对于外商来说，进入中国市场后，出于拓展业务和占据市场领先地位的考量，对资金总是处于饥渴的地步，而相比从境外募集并引入资金，本地资金更加便捷、廉价。而且，尽管外商在坚船利炮和各种不平等条约的保护下，在大清国享有超国民待遇，但具体到每一个企业，在日常的经营和管理中，面对商场和官场上充斥着的大清特色的潜规则、显规则，普遍晕菜，不胜负荷，

位于上海外滩的轮船招商局大楼。（摄于 1901 年）

绝版恭亲王

A STREET FORTUNE-TELLER

A PEKINESE AUCTION

A WAYSIDE RESTAURANT

大清市井图。

只能依赖以买办为主的中国合作方，而在股权上结为利益共同体，无疑是增强凝聚力的最好办法。

而对于中资，尤其刚刚崛起的民营资本来说，穿上一套"西装"，就等于撑起一把维权的"洋伞"：在一个公权对私权无度猎杀的环境下，一身"洋皮"就等于是一层铠甲，可以远离绝大多数的"大盖帽"的盘剥。对于挂靠在自己旗下的中国小弟们，洋大哥总是很讲义气，甚至不惜动用外交乃至军事压力，维护自己的小弟。大清国那几乎是工商业天敌的公权力，在"洋皮"面前立即疲软萎谢。

在"避险"的同时，华商也发现，"洋皮"还能获利。大清国给予外企的超国民待遇，首先就体现在税收上，面对内地的层层关卡，缴纳了海关税的外企货物能一路畅行，而民营企业就必须见庙烧香，逢山拜佛，留下重重买路钱。这样的"政策利差"令外企们获得了一个意想不到的财源：提供挂靠，然后从民资节省下来的税费中抽成，坐享其成，而且，还能动用这些不请自来的廉价资本实行超常规、跳跃式发展。研究表明，当时几乎每家外企后头都有一大串挂靠在他们旗下的民企，"强龙"与"地头蛇"郎情妾意、惺惺相惜。

到了19世纪70年代之后，大量涌入中国的小洋行，多是皮包公司，他们几乎完全依赖中国当地的资本，而其自身的唯一资源，就是一身如假包换的"洋皮"而已。衡量各洋行买办能力的一个重要指标，就是其在本土的融资能力。从这个意义上说，在

绝版恭亲王

所谓的西方外来经济势力中，其实几乎没有血统纯粹的外资企业，更多的是"中外合资企业"，或者干脆是披着"洋皮"的纯粹民营企业。

有研究者将中日两国同时期的企业发展作了对比，发现日本的企业家似乎更"爱国"，更有长远眼光，也更能忍受一时的损失，而晚清的商人们多急功近利。造成这些差异的根本原因，就在于大清王朝根本无法如明治政府那样，提供安全、公正、信用、廉洁等经济发展的必要环境；相反，只有在政府力量所不能及的地方（比如租界），民营工商业才能得到喘息和发展。买办们（中国第一批外企金领）之所以能积累起巨额财富，一个重要原因就在于他们是中国最早的一批不受国内腐败官僚控制的商人。

旗昌华商们新组的小小"宁波轮船公司"，在星条旗的庇护下，自然可以继续远离大清国官员们那只看得见的手，却难以逃脱动用国资进行价格"割喉战"的那只看不见的手。之前，旗昌轮船公司在与招商局的价格战中惨败，并非其资本不厚、经营不善。企业实力再雄厚，奈何招商局背靠国家财政，"割喉战"成了"超限战"，只好投降了事，见好就撤。

一年之后，"宁波轮船公司"就败下阵来，偃旗息鼓。它悄悄地走，正如它悄悄地来，挥一挥衣袖，连半点水花都没有激起。在以"公"为姓的权力面前，资本的力量就是两个字——可笑……

李鸿章吹起大泡泡

并购了美资企业旗昌轮船公司后，招商局实际上的董事长李鸿章倒有些郁闷了。

这是一场高举民族主义大旗的资本兼并战，定调很高。直隶总督兼北洋大臣李鸿章认为此"为收回利权大计"，"于国计商情两有裨助"。而筹措了大部分收购资金的两江总督兼南洋大臣沈葆桢认为："归并洋行，为千百年来创见之事……是真转弱为强之始。"

一场本该是大涨中国人民志气，大灭帝国主义威风的主旋律演出，剧本上明明写好了"此处有雷鸣般的掌声"，但却出现了一些嘘声，旗昌公司的原华人股东们甚至在这大是大非关头，表现出了极低的政治觉悟和民族感情，纷纷退场，重组一家美资公司。

媒体在喝彩之外，也出现了嘘声：旗昌本是件破旧的衣服，如今却卖了个好价，美国人套现后不是正好可以换件崭新的时装吗？（《清史稿》："旗昌弃垂敝之裘，得值另制新衣，期于适体。"）当时，在招商局等的挤压下，旗昌公司的经营每况愈下，年净利润从1871年的94万两一路下滑到1873年的10.6万两，而其100两面值的股票，也从顶峰的200两猛跌到1875年的60两，奔牛已经成为狗熊。招商局如果拿那笔并购巨款去投资新的轮船，或许能将旗昌这条"落水狗"彻底打趴下。

洋人对于中国人当街挑脚泡很惊奇：这居然也能成为一个行当？那捧着饭碗的客户，边吃饭边挑脚泡，似乎很享受。

李鸿章放上天的大泡泡，似乎比脚泡要高级许多，绝不会请人挑破。

兼并后不到数月，一份来自中央纪检监察干部（御史）董俊翰的报告，就引起了中央的重视。根据董的报告，收购旗昌其实是招商局的一个败笔，固定资产添置过多过快，运力"大跃进"，一下子从11854.88吨上升到30526.18吨，看似红火，但不仅前期耗资巨大，而且维护费用惊人，船多货少，收取的运费甚至不够开支，导致每月亏损五六万两。

董俊翰建议中央应该设立专门的大臣主管这一巨大的"国资"，或者干脆停止官办，完全民营，政府只起监管的作用，从而减轻国家的负担。

李鸿章的回复是傲慢的，他先给中央写了封短信，认为董俊翰是"少见多怪"，"凡创办一事必有议其后者，多端指责"，并且感谢中央对新生事物的保护。之后，李鸿章上了一个长长的报告，全面否认了董俊翰的几乎所有指责。但从李鸿章的报告中，也可以看出其从旗昌收购而得的是怎样一笔资产："拟令该局（招商局）逐加挑剔，将旗昌轮船年久朽敝者，或拆料存储以备修配他船，或量为变价归还局本。"但是，变卖船只一定要注意不能给"中外流氓"，以免他们"减价相挤"。李鸿章否认收购旗昌轮船后，导致资产闲置，而将其责任归咎于怡和、太古等外资轮船公司的价格战，"若无外人倾挤，江面生意尚旺，船只不至闲搁"。

李鸿章对招商局的种种维护，一个基本原则就是将其上升到国家利权，甚至"关系国体"的高度，从而将对招商局的批评或攻击统统归入对国家的不负责任之列，他甚至技巧性地回避出现"华商"二字，代之以"中华"。

最早建议中央兼并旗昌轮船公司的太常寺卿陈兰彬，在那份主题为"自强必先求富"的奏折中，第一次列举了招商局对"民族"和"国家"的贡献：招商局成立前，外资航运业在华年获利787.7万余两；招商局成立后，外资航运业3年才获利813.6万两，简单比较就可以得出："合计三年中国之银少归洋商者，约已1300余万两，将来扩而充之，中国可以自操其利。"

薛福成估计，招商局成立六七年来，将中国航运利权收回了3/5（《筹洋刍议》），而李鸿章日后说："创办招商局十余年来，中国商民得减价之益而水脚少入洋商之手者，奚止数千万，此收回利权之大端。"

这些意气风发的激情文字，或许能大长中国人民志气，但未必能大灭帝国主义威风。在洋洋洒洒的慷慨陈词背后，陈兰彬们却有意无意地忽视了一个最为基本的前提：作为招商局假想敌的"洋商轮船"，其实，大半还是披着"洋皮"的华商。招商局"为国"截下的那些银两，本就基本不会外流。

其实，在李鸿章在请求恭亲王设立招商局的报告中，一个很重要的理由就是：华商资本大量以假外资的名义出现，既导致国家尊严受损，又使华商易受外商要挟。李鸿章说："近年华商殷实狡黠者多附洋商名下，如旗昌、金利源等行，华人股分居其大半。闻本利不肯结算，暗受洋人盘折之亏，官司不能过问。"成

绝版恭亲王

李鸿章麾下的金陵制造局，常被洋人们当作中国军事工业的象征。图为金陵制造局的枪炮仓库。

立轮船招商局，可以"使华商不至皆变为洋商，实足尊国体而弭隐患，尤为计之得者"。值得注意的是，李鸿章并没有分析阐述何以"华商殷实狡黠者多附洋商名下"。也就是说，大清国的衮衮诸公们，其实自始至终都十分清楚，在星条旗和米字旗的护卫下，在金发碧眼的洋人的背后，真正的竞争者却是自己的同胞。

而更为吊诡的是，在这些为国企高唱的赞歌声中，普遍只提营业额，而不提利润，因为在那逐年递增的营业收入背后，是连年的亏损。招商局将自己打扮成推动 GDP 不断上升的英雄，一转身又从国家的兜里掏走大把银子，去填补利润败血症的无底洞。

在高高举起民族主义大旗的时候，招商局从中央拿到了特殊的政策。先是江苏、浙江的漕米，然后扩展到长江中游地区的漕米，随后，"滇之铜斤，蜀之灯木，江、浙之采办官物，直、晋之赈粮，鄂茶、鄂盐"等，均被其垄断运输。而且，李鸿章不断地为招商局向中央伸手，要求提高运费，理由就是在"外商"的价格挤压下经营亏损。

户部（"财政部"）最后被逼急了，向中央提交了一份措辞严厉的报告，指责"招商局十馀年来，不特本息不增，而官款、洋债，欠负累累，岂谋之不臧哉？"报告认为，招商局的问题在于"不得其人，出入之经，不能讲求搏节"，却将亏损归咎于诸如"海上用兵"（海战）之类的外部原因。报告要求，招商局"既拨有官款，又津贴以漕运水脚，减免于货税，其岁入岁出之款，即应官为稽察"，应责成南北洋大臣，将"现存江海轮若干只，码头几处，委员商董衔名，及运脚支销，分别造报"，这是清产核资。"此后总办如非其人，原保大臣应即议处"，希望从国企干部任命的源头抓起。但是，这份报告连一星水花都没溅起。

招商局的经营，直到与外资的怡和、太古两家航运公司"订利益均享之约，始免互相倾挤，而其利渐著"。

一家打着国有旗号的行业垄断者，最后不得不靠与自己公开反对的外敌结为寡头同盟才得以生存，却依然高喊着"利权""中华"等政治口号，纷飞的唾沫溅满了史册，百年未干……

谁动了恭亲王的奶牛

国企轮船招商局并购了外企旗昌轮船公司之后不久，两份来自纪检监察部门的报告，在大清中央国家机关内部引起巨大的反响。

先是"御史"董俊翰发难。中央对招商局实行特殊扶持政策，独家承运国家战略储备粮（漕米），这令招商局在国企的身份之外，又多了层事业单位的性质。董俊翰指出，各级领导干部借机大肆安插私人，招商局的办公桌上"函牍盈尺"，造成大量冗员，"求其能谙练办公者，十不获一"，甚至官员中也有人在公司内兼职，不干活只拿钱。此外，招商局内开支浩大，浪费严重。

不久，翰林院侍讲王先谦发起了更为猛烈的一击。他在《招商局关系紧要议加整顿折》中尖锐指出：并购旗昌轮船公司，并非什么国企收购外企的成功商战，而只是招商局高管层欺上瞒下、

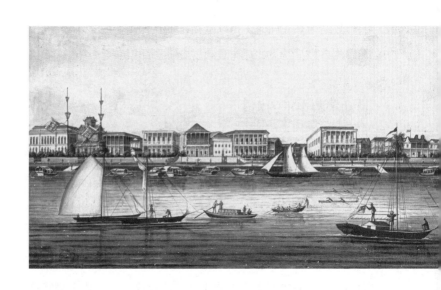

19 世纪 60 年代的上海外滩。

绝版恭亲王

损公肥私的一个阴谋。根据他的报告，这个阴谋是由以下几个环节组成的。

一、并购动议提交之前，招商局总经理（总办）唐廷枢，以弥补亏损为由，从北洋申请到了50万两财政补助，全部用于收购旗昌股票。这是典型的内幕交易，唐廷枢等因此大捞一票。

二、招商局的主管上级、北洋大臣李鸿章对并购并不积极，因为其手头可调动的资金十分有限。此时，招商局常务副总（会办）兼党委书记（上级选派下来作为"官督"代表）盛宣怀亲自出面，"诡词怂恿"两江总督兼南洋大臣沈葆桢，居然从沈那里拿到了公款百万作为并购资金。

三、在并购过程中，招商局高层则从美方获得大量回扣（"中金"）。

王先谦同时指控，招商局早已出现资不抵债的严峻局面，账面上的资本金及借款已达500万两，但各项资产实际价值只有250万两。当务之急，必须严肃查处招商局的领导干部，"唐廷枢、盛宣怀蠹帑病公，多历年所，现在仍复暗中勾串，任意妄为。若任其逍遥事外，是无国法也"。

王先谦指出，李鸿章近期已经上奏中央，计划将投资在招商局的国有资金190多万两，分5年提还，然后招商局将彻底改制为私营企业，"归商而不归官"。王先谦警告，这将使招商局这一最大的国企更为失控，造成国有资产大量流失。

这一指控有理有据，上纲上线，立即引起中央的高度重视。

恭亲王、慈禧太后亲自批转新任两江总督兼南洋大臣刘坤一，对此事严肃查处。其实，王先谦的背后，闪动着的就是刘坤一的身影，这是他与李鸿章斗法的一招杀手锏。而王先谦提出的解决方案，其核心就是停止招商局的私有化进程，并且将其由北洋转到南洋监管，从李鸿章之手转到刘坤一之手。

刘坤一的调查采取了拉一派、打一派的分化策略，对商人出身、有望收归自己麾下的唐廷枢，他多方开脱，并评价其为"招商局必不可少之人"，但对李鸿章的亲信盛宣怀采取了痛打落水狗的姿态，请旨将盛宣怀即予革职，并不准其干预招商局事务。

李鸿章则对王先谦的指控几乎全部否定，并且一口咬定王先谦是被人收买了当枪使，"明系有人贿属"。刘坤一在处理过程中对李鸿章主动拉拢，表示调查最好是由南北洋共同进行，但李鸿章毫不领情。他在交给中央的报告中，干脆打开天窗说亮话，明确说明招商局"所用多生意场中人，流品稍杂，原不敢谓办理处处尽善。但此事由商经理，只求不亏官帑，不拂商情，即于中外大局有益"，这等于是摆出了死猪不怕开水烫的姿态。而且，他将王先谦的攻击上纲上线，认为其将严重影响改革开放的形象，令改革者寒心：如此"掇拾浮议，辄据无稽之词，妄相牵掣，必致商情涣散，更无人起而善其后矣"。

这一事件，看似围绕着招商局的反腐败斗争，其实无非是以反腐为武器的权力斗争。李鸿章在大清改革开放中的地位，毕竟是无人能够替代的，经过几番回合，此事最后以盛宣怀调任别处

保存在德国的 1900 年的上海南京路老照片。

而了结，其中所涉及的挪用公款进行股票内幕交易，蒙蔽沈葆桢出资及收受巨额"中金"等，都不了了之。

盛宣怀出局后，招商局在唐廷枢和徐润等商人的管理下，推行所谓的企业化管理。当唐、徐二人在管理的借口下，要求完全商办时，曾经积极主张商办的李鸿章却大为起疑，并迅速将盛宣怀"以创始蒙谤之身，奉维持整顿之命"派回招商局清理清查。这一查，果然查出了大问题：唐、徐二人大量挪用公款，用于私人炒股、炒房地产。

李鸿章亲笔批示："……唐、徐二道，因开平、承德矿务，擅自挪移局本、息款八十余万，几致掣动全局，实有应得之咎。即添造金利源码头及南洋轮船两事，用款一百二三十万之多，亦属铺张太过，毫无成算，直是锐意罔利贪得，自贻伊戚，危险之至。"指责他们铺张浪费，挥霍公款。至于徐润在上海炒楼，李鸿章认为他不仅挪用公款，而且利用招商局的信用担保，从金融机构获得贷款高达170多万两之巨，如今不得不抛售套现以归还公款，对公司的声誉造成巨大的损害，"似此罔利贪得不顾其后，殊为可恨……"

盛宣怀则揭出了更可怕的内幕："不料总办（唐廷枢）之朦混糊涂至于此极也。商本200万，乃如开平拖欠80余万，各户往来拖欠70余万，各局往来拖欠10余万，各局水脚拖欠30余万，则局本已无着矣。其轮船、码头、栈房实估值本不及400万，仅足抵老公款96万、新公款55万、保险存款100万、客存客汇 123 万，人安得不望而寒心。"而产生这种可怕内幕的根本原因在于，那两位号称要建立现代企业制度的"企业家"，"雨之（徐润）早已不管局事，终日营私；景星（唐廷枢）亦只管造轮船、挪局款，其开平用项不下 200 万，自己亦并不看帐，一片糊涂，专说大话。"盛宣怀给出的解决方案就是，请唐廷枢、徐润两人卷铺盖滚蛋，然后由自己进行清理整顿。

财政部（户部）在一篇上交给中央的报告中，尖锐地指出招商局实际上已经成为腐败的渊薮："局中之侵蚀与局外之倾挤，所有资力颇虞亏耗。""唐廷枢、朱其昂之被参于前，徐润、张鸿禄之败露于后……招商局十馀年来，不特本息不增，而官款、洋债，欠负累累，岂谋之不臧哉？"随后，报告引出了其最为振聋发聩的警句："稽之案牍，证之人言，知所谓利权，上不在国，下不在商，尽归于中饱之员绅。"

而以反腐的名义重回招商局的盛宣怀，从此在那里扎下了根，直到 1903 年离职。这个在招商局并无丝毫原始投入的大清干部，一直到去世都是招商局的最大股东，并且因此跻身中国富豪行列，其个人财富高达数千万两，仅在上海租界内的房产，价值就有近 2000 万两。

"白银裹满裤腿，汗水湿透衣背，我不知道你是谁，我却知道你为了谁。"国企的奶牛终于哺育了一部分先富起来者，他们的头上带着耀眼的光环，据说他们都是为了国家和民族而在鞠躬尽瘁……

大清國欽差商務大臣太子少保工部左侍郎盛宣懷贈

盛宣怀。

绝版恭亲王

盛宣怀打"野鸡"

盛宣怀要打"野鸡"了，而且是联合自己死磕了10多年的老对手怡和轮船公司（Indo-China Steam Navigation Company，英资怡和洋行 Jardine， Matheson & Co.，麾下企业）、太古轮船公司（The China Navigation Company，英资太古洋行 Swire 设立）一起打。

这种变化有点让人眼晕。因为，盛宣怀主持下的轮船招商局，高高举起的正是经济民族主义的大旗，要从怡和、太古这些外商的手里，以"商战"的方式夺回民族利权。如今，枪口一转，敌人成了盟友。

"野鸡"的说法，是太古轮船公司的董事总经理（"大班"）严吉迪（H.B.Endicott）发明的。他在1891年写信给盛宣怀求和：希望联手，"设法驱逐走江海的野鸡船，俾我三家可以独占其利"。

这些"野鸡"就是独立于招商局、怡和及太古之外的轮船。它们大多是"洋鸡"，比如美最时洋行（Melchers）的"宝华"号，麦边洋行（McBain）的"萃利""华利"号，马立师行（Morris， Lewis & CO.）的"金陵"号等。因为这些"野鸡"的洋身份，盛宣怀打"野鸡"的行为，被后世的一些学者视为对外商战的一部分。

其实，这些野鸡大多是"土鸡"。在招商局成立之前，几乎每家外资航运公司中，华商都占了相当大的股份。招商局成立的动机之一，按照李鸿章的说法，就是要"使华商不至皆变为洋商，实足尊国体而弭隐患，尤为计之得者"。但是，招商局一亮相，华商们就发现自己被卡在夹板中了：根据政策规定，华商只能入股招商局，而不得自行成立独立的民营企业，而且，中央宣示这一政策将维持50年不变（至20世纪20年代）。权衡之后，不少华商选择伴狮（外资）同行，而非与狼（国企）共舞，因为，与狮同行，虽被盘剥，但契约受到尊重，并且在外国国旗的庇护下，受到的官方骚扰很少。而入股招商局这类"官督商办"的企业，不仅要贴银子，还得继续做孙子，伺候那些既不出资本，也不对国家负责的官商通吃的"督办"们，同时还得应对外商的竞争，等于是两线作战。英国人赫德管理下的大清海关，就在报告中指出："华商渴望自有轮船，这已是公开的秘密。某些挂外国旗的江海轮船，几乎全系华商所有。"

经过3年的幕后讨价还价，混战多年的招商局、怡和、太古三家，终于在1894年达成了"齐价合同"，约定三方"务要同心协力，彼此沾益，倘有别家轮船争衡生意者，三公司务须跌价以驱逐他船为是"。这是他们的第三个价格同盟，与之前那两个短命的同盟相比，这一次，他们的亲密关系保持了相当长的时间。

曾经并且仍然高举"外争利权"大旗的国企招商局，终于联手外企，组成寡头同盟，共同猎杀那些披着"洋皮"的"土鸡"。

"猎鸡"勇士盛宣怀，曾经以商战民族斗士的面貌亮相。10年前（1883年），作为"中央专案组"组长，他受命进驻轮船招商局，清理清查总经理（总办）唐廷枢、副总经理（会办）徐润的渎职及腐败案。他的决心大，措施猛，唐、徐二人被双开，招商局被彻底纳入大清政府强有力的领导之下：盯得牢，关得住，跟得紧。招商局自此废除"总办"一职，盛宣怀出任党委书记（督办），执掌大权。只设"会办"的管理层，成为其实际上的秘书班子。日后盛氏羽翼丰满，提出"国退民进"的建议，试图进行类似MBO的改制，"官办"成为"盛办"，国有则成为"盛有"。

夺回了招商局的领导权，只是万里长征走完了第一步。要让招商局成为会下GDP金蛋的金鸡，外树政绩，内得利益，盛宣怀面前的道路还很漫长、很艰巨。来自政府的关怀和支持，自然是最为有效的资源投放。招商局直接领导、直隶总督兼北洋大臣李鸿章亲自批示："当此局势岌岌之际，必须官为维持，乃可日就起色。"

大清政府两袖"清"风，但权力就是第一生产力，也是第一生产要素。官方下发一纸红头文件，招商局就住进了"财政输血"这一高干病房。它尽管患的是多种病毒引起的并发症，接受的却是开小灶般的滋补疗法——减税、加价、增资——本就是独家垄断经营的国家战略储备粮（漕粮）运输，得到了进一步的税费减免；对招商局轮船运载的茶叶，减征出口税，免缴复进口税；提高漕粮运输的费率，并且不再收取海运局公费；同时，暂缓归还官方投资款余额77万两。

这几招，招招大补，但招商局依然萎而不举、举而不坚。根据招商局自己的说法，那都是因为怡和、太古这两个敌人太强大。三方贴身肉搏得十分惨烈，争相杀价，三败俱伤，而招商局虽然难以雄起，却也撑住了，就因为背靠政府的大树，不仅有大笔的垄断生意，而且有财政上的巨大支持——大清国虽然没有庞大的外汇储备可供挥霍，但以一国之力去对抗两个公司，那还是能够游刃有余的。厮杀之后的结果就是三方和谈，相逢一笑泯恩仇，把枪口对准更为弱势的"野鸡"们。

联合猎杀"野鸡"的行动成效斐然。怡和与太古看到，在权力面前，资本最后还是低下那高傲的头颅，而只要认可权力也是"生产力"，资本与权力就能永享鱼水之欢。

而盛宣怀则欣慰地看到，猎杀"野鸡"，与外商大鳄结盟，令招商局的利润额直线上升。招商局股票如同服了春药，日益坚挺，从50两（1890年）飙升到140两（1893年），并攀上了200两的大关。这既是可以向上级大书特书的政绩，也是可以让子孙受益无穷的财富：在"野鸡"们纷纷倒下之时，持有管理层配股的盛宣怀们，成功地跻身大清国先富起来的孔雀行列，频频开屏，向世界炫耀自己那灿烂的尾部……

裸泳的奴家

潮水在退去，人们惊诧地发现：如胡雪岩、徐润那般道貌岸然、爱做弄潮儿状的伟大企业家们，也露出了水面下的半截身子，居然赤条条，空空如也。

1883 年，中法在越南对峙。法国军舰开到了黄浦江口，将炮口对准了这座繁华的东方巴黎。这不仅改变了上海的物价结构，除了粮食等生活必需品价格飙涨之外，各色动产不动产几乎集体跳水自尽，也改变了上海的富豪榜排名，江山代有才人出，一代更比一代狠。

令胡雪岩、徐润彻底"走光"，搞得很黄很丢脸的，是一直拿着高倍望远镜和长焦镜头在窥伺机会的盛宣怀。盛本人就是因涉嫌裸泳而灰溜溜地离开了轮船招商局，他根本不相信在大清国还有人会真的按照规则，穿戴整齐再下海。

第一个被放倒的是胡雪岩。

与徐润不同，胡雪岩之于盛宣怀，就是个"外敌"。胡总是左宗棠的跟班，而盛总则是李鸿章的小弟。老大之间的矛盾，当然就是小弟之间的仇恨。何况这两人，一个来自杭州，一个来自常州，都是长三角经济圈的地头蛇，都是玩"政治经济学"的高手，更要为地盘斗上一斗了。

开始的时候，胡总当然强大许多。盛总无非是国企的高级打工仔，胡总却是富豪榜上的著名私营老板，他在西湖边建的豪宅，连同豪宅内圈养的 12 房妻妾，都是人们八卦和垂涎的对象。胡总商业帝国的核心在阜康钱庄。作为纯粹的民营金融机构，阜康钱庄的核心竞争力却是政府公关：它能大量吸纳公款，几乎成了第二财政部；它还可以承办国家外债，尤其是独家经办为左宗棠西

美国画师所记录的一位中国官员的辉煌出行行列。

绝版恭亲王

征而借的外债。

承办国家外债，利润似乎并不高，阜康钱庄还得为此向外资债权银行承担连带担保责任，风险着实不小。但这毕竟是大清国的国债，大清国可以常常失信于自己的子民，却绝不愿意（或许是绝不敢？）失信于国际社会。何况，承办这么大笔的国债借贷，早已深谙中国国情的外商，也在暗地里给了可观的回扣。如果在收支时间差上再多动动脑筋，就很容易多方截留，从而将公款变成阜康钱庄的现金头寸。更不必说，这本身就是有力的"中央一抬"，给阜康在国际国内市场都做了个大大的广告，无形资产增值不少。总之，对于银行跑营销出身的胡总而言，打算盘是其基本功，不会算偏。

蛇大窟窿大，胡总向来爱玩空手道，如今守着个银行，自然是要大展宏图的。当时的生丝出口有巨大利润空间，胡总于是痛下本金2000万两，争购并囤积生丝。据说，他之所以如此放手一搏，一是为了解救被洋人们欺压的蚕农；二是要为民族工商业争口气。实际上，就是要形成市场上的垄断优势。强龙难压地头蛇，在巨额资金的支持下，在黑白两道（胡是青帮的"空子"，差不多相当于其地下党员）的保驾护航下，胡雪岩抢购生丝十分顺手，几乎搜尽了当年的新货和此前的存货。洋商们无货可收，自然慌张，通过种种渠道与胡雪岩进行谈判。老外开出的价码很痛快：加价1000万两！

面对洋商的"诱惑"和乞求，胡雪岩并没有松口，理由却非爱民或爱国，而是要求再加价 200 万两。双方只好僵持。待到来年，新一轮的春蚕到死丝方尽后，胡总却发现：不仅遥远的意大利生丝大丰收，缓解了西方工厂的原料问题；而且法国军舰开到了上海洋面耀武扬威，银根全面收紧，手头已难以筹措足够的资金去收购新丝，而囤积的旧丝已经开始变质。

此时，早在暗中窥测多时的盛宣怀，实施闪电战：启动官场内的关系，将本应解送到阜康钱庄用于支付外债的公款，押后数日，虽然只有 80 万两，却是外交大事；同时，动员大储户们进行挤兑，在市场上传播阜康不稳的消息，结果硬生生憋死了并非资不抵债的胡财神：仅生丝一项，胡雪岩损失高达 1800 万两，随即被"双开"加"双规"，革职、抄家，彻底打翻在地。

扳倒地头蛇胡雪岩之后，盛宣怀转过身来收拾过江龙徐润，尽管徐润是盛宣怀在招商局时的老同事、老同志。

徐总先前就比盛总、胡总家阔多了。他 14 岁进了外企打工，在英商宝顺洋行（Dent & Co.，也称颠地洋行）当学徒，后升为买办，自己还涉足航运业、地产业、丝茶业、保险业、出版业等，搞得十分红火。1863 年，徐润就已经在上海拥有"地二千九百六十余亩，造屋二千另六十四间"，而且在天津、塘沽、广州、镇江等地有大量房地产。当时，他年仅 26 岁，比他大 15 岁的胡雪岩，此时还在忙着事业的开拓；比他大 14 岁的盛宣怀，则还在乡下仰望星空，想着如何到大城市出人头地。

房地产是个资金密集型行业，徐润四处融资，从国内的钱庄到外资的银行，大量贷款，以新债还旧债，进行滚动开发。这种现金链高度紧绷的游戏，被法国人的军舰轻易地毁灭了。上海房地产狂跌时，徐润名下的房地产虽然市值高达340多万两，但来自22家国内钱庄的贷款总额也高达250多万两，负债率超过73%。债权钱庄公选出6名代表，徐润也派出6名高管，"联合工作组"研究来研究去，决心还是拉新股东入伙。他们居然找上了日夜谋划着重归招商局、踢走徐润的盛宣怀，真是与虎谋皮，也可见买办出身的徐润的确不会讲政治、看风向。

盛宣怀四两拨千斤，一出手就抓住了徐润的命根子：徐润炒房时，挪用了招商局公款16万两，数目虽小，但性质严重。随即又牵连出徐润以招商局信用担保自己的贷款，涉及贷款金额居然高达160多万两，这等于将国有资产也牵扯进了房地产泡沫之中。

在盛宣怀义正词严的逼迫下，徐润被迫将镇江及上海永业里、乍浦路等处房产以低价抵偿招商局欠款。徐润被开除出招商局，同时被革除开平矿务局会办之职，贱价出售手头房地产，以归还所有涉及招商局信用担保的贷款，直接经济损失高达近90万两白银。

最为郁闷的是，法国人一走，他那些被迫"割肉清仓"以筹资的房地产，旋即升值10倍，高达2000万两白银。

被误读的晚清改革

此文是以作者 2010 年春在商务印书馆北京涵芬楼书店的演讲为主，结合其在北京电台和广东电台的访谈录音，在尽量保留演讲原貌的基础上进行的文字整理，并做了适当修订。

地方离心才造成政权瓦解

几乎所有的史料都证明了：满清王朝、几千年的帝制在那武昌城头一声炮响，几个潜伏在军队当中的黑道一闹事之后，就土崩瓦解了，国家就毁了，这与革命党是决然没有关系的。事发时，孙中山还在国外洗盘子，他在吃面的时候才偶然看到这则新闻的。

为什么几个潜伏在军中的黑道一闹事儿，一个国家就垮了？因为国家本身已经四分五裂。清王朝作为那么庞大的一所房子，它的基础已经被掏空了。不用玉树那样强烈的地震，只要稍微有点儿风吹草动它就有可能垮。造成这一切的原因，并不是我们一直说的其改革不彻底，而恰恰是它改革太快了，超速翻车。我们传统的史家通常不认可这种观点，或者说有意回避这种观点。

政治体制改革的核心是什么？是权力的再分配。大家都认为，当权的人应该把权力释放出来，但是，权力分解后，是不是就能出现彼此制衡，大家都有发言权呢？未必。

放权有两个不同的路径，一是中央向地方放权，一是对过度庞大的行政权力进行约束，将其中的司法权、立法权剥离出来，互相监督。晚清立宪改革的思路是非常清晰的，它的目标是建立三权分立。中国最大的特点就是行政权一权独大。当地的知县、知府，所谓的父母官，既掌握行政权，又掌握司法权，甚至在某种程度上有一定的立法权。宪政改革就是要对这种行政权进行约束，但在实践过程中，日益成为中央向地方的放权，从一个中央的"大集权"变成18个行省的"小集权"，行政权还是没有受到足够的监督，反而造成了行政权上的一种分离主义倾向，地方日益离心，最为宝贵的中央权威丧失了。

受潮的革命导火线

当时的大清国一穷二白，改革和发展都需要国家有相当程度的集权，中央财政、地方财政、民间财富，不应该再分散。在这点上，最典型的就是铁路的建设。恭亲王的时代，修铁路还是件惊世骇俗的新鲜事，义和团动乱也是以破坏铁路和电报等"帝国主义的象征物"为典型的外部特点。而到了1905年新政改革后，一下子几乎所有的人都意识到要想富先修路，这个富既是带动地方的富裕，也是带动建设者自己的富裕。中央政府此前就顺应民意，允许铁路大量民营。但事实证明，铁路的民营造成了国家财富的巨大浪费，出现了很多"死路""僻路"，更关键的是造成了效率非常低下，贪污盛行。

引发辛亥革命的导火线就是四川的保路运动。保路运动喊的口号是不让路权流失给老外，实际上它真正和中央发生争执的是，民营的四川铁路公司有200多万两被老总拿到上海炒股票亏了，他们要求中央在收回铁路时，拿财政来补贴他们这个损失。盛宣怀坚决不同意，反驳的文书中就说，中央政府拿的钱是全民的钱，没有能力，没有权力来补他们的窟窿。

民营的17个铁路公司基本都是乌烟瘴气的，都比原来的国有企业更腐败，因为没有人监督它们。国有企业至少还有官方的纪检机构盯着，虽然它形同虚设，但"有一点"总比"什么都没有"要好些。民营企业什么监督机构都没有，就是那么几个领头的人说了算。

四川公司和中央谈不拢，董事会就要折腾，他们高高举起的是民族主义的大旗，骂中央卖国，把路收回去卖给老外，其实是中央借外资来推进铁路国有。川路的股东很多是地方的小地主，不明真相，为自己的血汗钱着急，加上革命党利用这机会，派人到四川去把水搅得更浑，最好能把火点起来。然后，中央只好从武昌把端方的新军调到四川去镇压，造成武昌空虚，暴动就成功了。

权力下放刹不住车

清代的放权是从什么时候开始的呢？是从太平天国动乱开始的。当时所有的人都认为，大清王朝这下子可能撑不住了，南方有太平天国，北方有英法联军，真的叫内忧外患。咸丰皇帝又死了，两个寡妇加一个年轻的亲王，恭亲王最大，也才28岁，慈禧26岁，慈安24岁，3个年轻人顶起了整个王朝的基业。最终把内忧外患都处理好了，还开始了洋务运动，把政权巩固了下来。

但是在镇压太平天国的过程中，中央除了权力外，别无资源，只好放权，让曾国藩他们自己征兵，就地筹粮筹款。这就造成太平天国打完了，军队方面尾大不掉；大量财权下放后，中央手里的砝码严重不足。

慈禧太后和光绪皇帝去世之前，政治改革的力度相当大，摄政王载沣当政后，基本保持了这个势头。中央一方面继续下放权力；另一方面在地方搞分权，把司法权、立法权从原来的省长、市长手中分割开，在各个省建立咨议局，就是地方的"人民代表大会"，选举产生一些地方领袖，来与地方官员形成制衡。各省咨议局成立之后，不断与地方衙门出现矛盾。而当时中央政府几乎是一边倒地支持议会。地方的长官也是人精啊，在大清的官场上混到总督巡抚的，那都是人中龙凤，他们马上就看明白了，纷纷向议会靠拢，宪政的旗子举得比谁都高，民主的声音喊得比谁都响。于是各省行政长官就开始与议会"共和"，这下子中央就被动了，这就像三国演义一样，中央是一方，地方行政长官是一方，地方议会是一方。地方行政机构和议会合流后，不断向中央要政策。广东想在香洲搞个特区，就给中央打报告，要求特殊政策，比如税收全免，比如公开搞黄赌毒。

在这样的情况下，中央权力越来越分散。改革和革命最大的区别就在于，改革需要有权威的保障，改革如果没有有力的行政资源去保障，改革措施怎么推啊？晚清政府恰恰是用放弃自己的权威资源，来换取改革的推进，最后事与愿违。中央放了很多的权力给地方，最终地方拿这些权力进行富国强兵的改革了吗？最终的情况是，18 个行省变成 18 个独立王国。

所以我个人相信，晚清改革的失败，其原因恰恰不在于国民党后来所说的太慢了，而在于太快了，导致失控。

政治帮会化、痞子化

晚清的改革究竟是否保守，从最典型的例子 1910 年汪精卫刺杀载沣中就可窥一斑。当时大清国推行法制化，刚修订了《大清刑法》，汪精卫这种"恐怖行为"依法就是死刑。当时的民政部兼管公安的职能，部长善耆很开明，就劝载沣，说他别杀汪精卫了。最后汪精卫免了一死，还在牢里享受了优待，不打不骂不刑讯，还给报纸看。

若干年后，汪精卫在南京当行政院院长，有知识分子要求更多地分享政权，汪精卫说："不行，我们的政权是国民党的革命先烈抛头颅洒热血用脑袋换来的，你得拿鲜血来换！"他完全忘了自己的脑袋当年是谁留下来的。

大清王朝覆灭之后，中国传统的政治游戏规则没有了，政治帮会化。同盟会是什么，就是帮会呀，这也是我们以前老嘲讽的资产阶级革命依靠对象有问题。另外一股政治势力康有为，也是帮会啊，在海外彻底帮会化了。中国从此进入漫长的帮会政治和痞子运动。什么叫痞子运动？就是其实毫无信仰，却拿信仰做工具，做武器，忽悠人，不择手段，去实现某些人或某个团体的私利。

地方已经离心，中央已经失控，几个帮会分子一场哗变，就造成了整个国家的土崩瓦解。这种"革命"也是很中国特色的。但是，国家没有发生内战，因为还有一个"强人"——袁世凯。

这些年我一直在反思，辛亥革命的伟大意义究竟在哪里？我认为，辛亥革命最大的意义就在于——它不"革命"，也就是我们以前所批判的"革命的不彻底性"。你想想，在一个王朝覆灭之后，胜利者竟然没有对失败者赶尽杀绝，胜利者之间的不同派系也没有立即打仗，这在中国是非常难得的。但是这种局面在宋教仁被刺杀之后就结束了。当时，国民党一口咬定宋教仁是被袁世凯刺杀的，但现在看，最有可能的指使者就是被孙中山称为"民国长城"的陈其美，这个人连自己的同志也是说杀就杀了，甚至幕后还有更高层。包括袁世凯在内，大多数人都要求通过法律渠道解决这个事件，但孙中山拒绝，非要用枪杆子解决。辛亥革命难得的胜利果实，5000年来难得的民族和解和政治宽容，就是在这个"二次革命"中被付之一炬的，之后法律和说理就不再是主旋律了，枪杆子说话才算数，宪政改革彻底靠边站。

知识分子猛开药方

1840年之后，很多知识分子孜孜不倦地探求救国的道路。魏源和他的《海国图志》，我们现在都知道，但是，在当时中国，《海国图志》根本就不是畅销书，很多人都没听说过。日本有一个改革者，叫作高杉晋作，是明治维新时著名的奇兵队队长。这个人23岁时（1862年）第一次到了大上海，逛书店，要买魏源的《海国图志》。书店老板没听说过，但是《海国图志》当时在日本是畅销书。他又要买陈化成、林则徐的兵书，也没有。老板给他推荐《佩文韵府》之类的。人家去买救国救民的书，我们却推荐那种高考指南、公务员指南之类的。于是高杉晋作又对书店老板谈起国家大事，老板依然表现得对任何"夷狄"都很不屑。这事对高杉晋作刺激很大，他感叹中国知识分子陶醉于空言，不尚实学，"口头尽说圣贤语，终被夷蛮所驱使"，而他使节团中的一名下层武士峰洁，在沪上目睹清军状态后，便声言："若给我一万骑，率之可纵横南北，征服清国。"

大清国的知识分子的确提出了一些救国的方案，但中国人的特点就是药方满天飞，神医遍地走，谁也不服谁。最搞笑的是，有人甚至认为中国之所以落后，是因为使用汉字，而非拼音文字。于是，很多知识分子就去研究拼音方案，搞出了好几十种，却很少有人去研究如何改进兵器。

在那样巨大的外部压力下，中国知识分子本应该成为社会的稳定力量和引导者，但却全然乱了阵脚，非常浮躁，搞什么都是大跃进。每个人都宣称自己找到了真理，只要听我的，中国就立马得救。那些搞拼音方案的，甚至认为只要用拼音，轮船就能比国外造得高，枪炮就能比国外打得准。如此浮躁导致相互开掐，救国的路线之争，最后成了野心和权力之争，雅的、俗的，都无一例外地成了痞子。

小丑式的"改革派"

主流的史家都认为康、梁二人是改良主义者，而当年的改革开放"总设计师"恭亲王，却在临终前再三叮嘱光绪皇帝，远离他所说的康、梁"小人"。

有关康、梁的早期改革，我们得到的材料几乎都是假的，是康、梁出国后伪造的。研究戊戌变法的严肃的历史学者，在这方面已经发表了大量的论述。

康、梁为了在海外获得市场，刻意将慈禧太后和光绪皇帝描写成中央的两个司令部，一个是保守的腐朽的，一个是改革的进步的，以便为自己加分。在他们逃亡初期，日本、英国的外交官就向国内报告，这两人，尤其康有为没有他自己说的那么重要，基本是忽悠。两国当时的态度，无非就是先收留个吃闲饭的，不定哪天就能将其作为对中国政府打出的一张牌。

　　在海外，康、梁和孙中山是完全竞争关系。国民党说，华侨是革命之母，这也是一厢情愿。康有为这样的"反革命"，筹钱也是靠华侨，那岂不成了华侨也是"反革命"之母？华侨固然有爱国的，但大多数人不关心政治，整天忙于三刀（菜刀、剃刀、剪刀），讨生活。

　　康、梁到了海外，不稼不穑的，那就要想办法圈钱，康圣人就伪造了一个衣带诏作为道具，整天在那里拜，高喊勤王，动员华侨捐款。当然，也动用帮会手段，比如，当时两广在吸纳华侨资金回国投资，但华侨回国投资必须先获得康有为的同意，"未入党不准招股"。只要没经过保皇党的认可，任何人回国投资就成了"叛逆"，而不给保皇党上贡，则会被当作"入寇"。他的同志叶恩，后来就公开揭发他，"视美洲之地为其国土，美洲华侨为其人民，华侨身家为其私产"。

　　筹到的钱都拿来干吗了？我们只知道，康有为逃亡出去时身无分文，后来当了教主后就成了富豪，走到哪里都换一个二奶，而且还在全球到处投资地皮。他在杭州西湖边买下地皮，还强娶了一个足以当他孙女的小姑娘做妾。我不想评论他的私人生活，我只是关注，这些高级爱好都是十分花钱的，这些钱是哪里来的呢？

革命不是请客吃饭

同盟会在海外，其首要目的也还是筹粮筹款，维持日常营运，时机成熟了，才雇佣些帮会人员回国搞点恐怖行动。这是我们之前对这类"资产阶级革命"的普遍蔑视和批判。

帮会出身的革命者，的确是没有任何条条框框约束的，怎么有效怎么整，怎么快捷怎么整。李鸿章曾动用过孙文去暗杀康有为，酬金是10万两，孙文答应了，当然，最后没行动。

八国联军攻下大沽炮台这天，李鸿章派广东赌王刘学洵去香港海面接人，接谁？接孙中山。他们两个约定在广东举行秘密会谈。孙中山的想法是鼓动李鸿章做大总统，两广独立。这一年，同盟会在日本人的大力扶持下，举行惠州起义，策应日军登陆并占领厦门。但日本内部局势变了，山县有朋下台，伊藤博文重新出任首相。伊藤博文是个稳健派，他严令日军从厦门退出，不得支持中国的反叛势力，并且将孙文从台湾驱逐。断了日援，惠州起义就失败了。孙文派人到上海去找刘学洵，让他出资，孙文在亲笔信里说："请大哥捐点钱，作为回报，你来坐江山，可以直接称为大皇帝。"

这是记载在国民党的正规党史里的，他们解释说，这是伟大的总理的革命策略，蒙赌王一下，蒙点钱出来。但后人看到的，的确是革命者要拥立一个大皇帝的海誓山盟。

读书人岂可下岗

保皇党、同盟会或许真有些理想，只是选择了帮会道路和痞子手段。但大清国绝大多数知识分子的最大的理想，依然是挤进公务员队伍。

晚清改革失败的原因之一，在于它没有给大量的知识分子留后路。寒窗十年，忽然高考被取消了，公务员考试也没有出现，大家最后要凭推荐函。原来还是科举面前人人平等，现在就只能去找关系。

有条件的就去日本留学，去了几万人。中央有政策，你去日本多少年，得一个什么文凭，回来就对应一个什么级别。留学成了就业的捷径，加上成本低，路途近，知识分子就一窝蜂地都去了。日本人也很聪明，办了很多野鸡学校，"速成的"，赚外汇。一个奇怪的现象是，很多留日学生从日本回来后，还是不会说日语。学会了什么呢？学会了喝酒，学会了穿马靴、配剑，学会了口口声声闹革命。不大会念书的留日学生回来后，几乎成了职业造反派。会念书的留美学生回来后，几乎都成了建设者。留美学生的选拔门槛很高，要考试，除了汉文一门外，其余数学、化学、物理全部用英文考。清华大学，就是留美学生的预科学校。

科举之外，知识分子进步的另一条路线也被堵上了，那就是捐官。捐官当然是坏的，但有其政治方面的作用。雍正皇帝就讲得赤裸裸：读书人那么多，公务员岗位就那么几个，国家就必须给那些落榜者留条补救的路，至少在金钱面前人人平等，这样才能减少社会上积压的大批有文化的失业者。有文化的失业者，当然是社会不安定的最可怕因素。洪秀全就是这样，读书读成半吊子，看他写的那些敕令就知道他的水准，但高考落榜后没有出路，最后弄出一场惊天动地的大事件来。当年如果洪秀全家里有点钱，给他捐个官，或许历史也就不同了。

晚清政治体制改革，大家都说卖官不好，中央就下令停了。早期捐官只是虚衔，给个级别，给个政治待遇而已，方便自己到公堂不必下跪，不会被脱了裤子打板子。但后来就开始卖实职，那就成了生意了，买官不是富豪们的业余爱好，而成了将本求利的生意，负面作用就很大。政改开始，要建立廉洁、高效政府，一刀切，把这个给停了。

按下葫芦起了瓢。科举和捐纳两条路都停了，一大堆知识分子或准知识分子下岗失业，郁闷在胸，成了社会的不稳定因素。幸好此时要建有文化的军队，新老文人都很欢迎，这群心怀不满的知识分子就又握上了枪杆子……

这就是社会的失控，改革者自己走得太快、太猛了，改革力度过大，实际成了革命，改革代价的承受者们就成了社会的离心力量。

你死我活

晚清改革最终失败，演变成了革命，乃至绵绵不绝的革命。这样的结局对我们究竟有什么样的启示呢？辛亥革命十分伟大，因为它居然在王朝崩溃的废墟上，实现了民族和解和政治宽容。

中国人骨子里有一种改朝换代的意识，如同项羽看到秦始皇威武的仪仗过去，就觉得做男人应该像他那样，要取而代之。在环境允许的时候，特别是晚清改革开放的时候，政治宽容度是很大的，很多人的欲望被激发出来了。这种欲望不像西方那种经过很多很多年的积累以后有边际，这种欲望是没有边际的，它建立在你死我活的基础上，建立在踩在别人的尸体、鲜血至少是肩膀上。建立在这样一种基础上，结果导致不断的折腾。大家是跟着行情在变的，这会儿时髦宪政就拼命喊宪政，那时时髦共和就拼命喊共和，都在变。但万变不离其宗，根本的是以知识分子为主，核心的目的就是夺权，我来坐皇位，我来坐领导者的位置，我做的是不是比他做得好，那是下一步的事，等我坐上再说。到我上去一看，哎呀，好像是比较困难嘛！

改革被革命中断后，就开始"鹿鼎记"。革命是什么？革命就是解决谁坐金銮殿的问题。这个问题当然主要，但更重要的是民生问题。什么医疗、住房、教育、社会保障等，这些问题不是靠革命就能解决的，也不是靠革命就能消除的，最后还得靠改革，靠建设。但前提是，不能总想着我来当老大，而且要把前老大给灭了。以革命的思维推行理想，在推翻上一个狼人的同时，它的基因就会潜入你的身体，你就成了下一个狼人。

中国有种受害者万能的情结，每个人都愿意将自己的受害放大，同时将自己对他人的加害缩小。"文化大革命"结束后，似乎只有巴金一个人在说："我要忏悔！"其他人都推说是受了蒙蔽、裹挟等，似乎自己还是天使。耶稣曾说，如果你自认为无罪，就可以拿石头砸死那个妓女，结果所有人都放下石头默默离开。但是在中国，最有可能出现的是，大家一哄而上，拿石头砸死那个倒霉的妓女，然后回家说他只是被裹挟了一次而已……

代后记

恭亲王：绝版之外

《中国经营报》：读者通过恭亲王这一晚清政坛二号人物，得以一窥清廷政局之堂奥以及清末改革中坚人物的坚守与无奈。作为将这一切呈现给读者的人，你为何选定了恭亲王这个人物，他的哪些性格吸引了你去探究？能不能谈谈你从开始关注到研究恭亲王的过程？

雪珥：20多年前，我痴迷般地喜欢上了一本书，那就是尼克松的著作《领袖们》。这位美国前总统在书中如此描绘中国总理周恩来："他是一个伟人，本世纪罕见的伟人。我感到惋惜的是，他生活在巨大的阴影之中，他总是小心谨慎地让舞台的聚光灯照射在毛泽东身上。"

尼克松当然不会明白，在中国的舞台上，聚光灯必须也只能照在一个人的身上，其他人则必须谦恭地将自己湮没在巨大的阴影下，明智地躲避着，或者耐心地等待着聚光灯。

那时，我刚刚到中国青年政治学院求学，在几位师长的帮助下，给自己制订了一个雄心勃勃的读书计划。当我读完几本讲述洋务运动的书后，书中那着墨不多的恭亲王，却总令我想起尼克松的这段评述。

谦卑、韬晦，在领导面前勇于并且善于自我批评，乃至自我贬低，在时机未到时静如处子，在时机到来时动如脱兔，所有这些，也正是我在那所号称"青年黄埔"的大学内所接受的官场入门训练。

那位在风华正茂的青年时期就成为国家掌舵人，之后又被历史贬低到无限小的恭亲王，是否就是中国特色的从政之路的典型呢？我对此很感兴趣。但这种兴趣只是一闪而过。从1987年赴北京求学，到1999年移民出国，这12年间，中国大多数人都难以安宁地守着一张书桌了。恭亲王，被忙碌的名利追逐扫出了我的关注范围。直到2002年我重新回国，在从事房地产开发的漫长6年间，为了抵御孤独和诱惑，我重新提笔写作，并将笔端伸向最感兴趣的中国改革史，那时，那个阴影中的人物，才回到了我的脑海。

在我今年撰写的恭亲王专栏中，我不止一次地提到了那阴影中的人物的共同点：老二性格。恭亲王曾经是有棱角的，在"垂帘听政"和"亲王辅政"的"一国两制"早期，权力的重心在恭亲王手上。但在经历了几次碰撞后，他彻底找准了自己的定位——

帝国的管家，而太后们才是真正的女主人。自此，那个神采飞扬、风度翩翩的恭亲王就不见了。郁郁寡欢，忧谗畏讥，言辞谨慎（"谨言"却未必"慎行"），成天忙于事务，只管埋头拉车，不管抬头看路，消极"抓革命"，积极"促生产"，"老二性格"在他的身上得到了充分的展现。

令我震撼的是，在参观整修如故的恭王府时，我在百年的宫墙发现了一些40年前的红色标语，其中就有：

努力学习最高指示

忠实执行最高指示

热情宣传最高指示

勇敢捍卫最高指示

那一刻，我真感觉头皮发麻，对历史的无情和荒诞充满了敬畏。那个从恭亲王联想开来的离经叛道的念头，又在脑海闪现：为什么在如此多需要他操心的大事小事中，周恩来要将整修恭王府对外开放，作为自己交代给谷牧的三个遗愿之一呢？（请读者自行查阅相关官方报道）为什么周恩来在"抓革命，促生产"的百忙之中，还多次来到恭王府，他真是为了发掘"大观园"的原型，还是在凭吊什么，或是想传递什么信息？

《中国经营报》：作为体制内改革派的代表，恭亲王身上似乎充分体现了一个体制内改革者对改革分寸的拿捏，在这一过程中，体现了其自身的哪些纠结和矛盾？这其中，有哪些是恭亲王无法摆脱的历史局限？

雪珥：我们常说的所谓"局限"，其实就是观察者以自己的标准，以当下的标准，乃至以自己在当下的利益诉求为标准，去丈量历史人物所发现的那些不如意的地方。认为历史人物都有"局限"，这本身有一个逻辑前提：历史是在不断进步的，"今"必胜于"昔"，"新"必胜于"古"。但是，历史的吊诡之处在于，"今"与"新"往往就是"昔"与"古"的某种翻版而已，绕了几十上百年的圈，抬头一看，可能又是回到了起点。

任何人都有自己的无奈之处，所谓"势禁形格"。所以，我更愿意谈论的是恭亲王的"势禁形格"，而不是他的"局限"。

我曾经很深地介入体制内的运作，几乎零距离地观察了浙江这个改革开放第一线在整个 20 世纪 90 年代的全面蜕变。我曾经提出一个很有意思但也很尖锐的观点：浙江的发展，关键是受益于地方政府有意无意的不作为。改革初期一直到 20 世纪 90 年代末，浙江并非一个官场的亮点和"要缺"。既非冲要之职，则官员们的首要思想便是"平安无事"，为求"平安无事"，便要自己少惹事，首先便是不敢提倡什么敢为天下先的东西，不会涌现出什么明星式官员，吸引舆论的目光和炮火。其次便是没有能力消灭那些石头缝里蹦出来的"己为天下先"的新生事物，比如温州这样的"资本主义萌芽"，不是不想消灭，而是这样的野草实在太茂盛了，要消灭就必须大动干戈，一大动干戈就要引人关注，就无法"平安无事"。这种官场本身的非主流性，导致在浙江的几个改革发祥地，对草根改革的践踏都很不彻底，敷衍了事，斩草不除根，这就在客观上为小草的繁衍提供了极大的空间。这实际上形成了一种良性的"钱权交易"模式：权力对资本的维护，起初还谈不上"保护"，而仅仅是"不伤害"而已。

主观上不想折腾，客观上无力折腾，顺应潮流与时俱进，这其实也是恭亲王发动的体制内改革的基本特征，也是恭亲王能够四两拨千斤、举重若轻而且保持自我低调的原因所在。中国近代改革史那些公认的改革实践先驱们（康有为及洪仁玕之类的"口水改革家"不在此列），如曾国藩、左宗棠、李鸿章等人的背后，其实都站着一个低调的恭亲王，为他们保驾护航。尤其在早期的改革中，他们瞻前顾后、逡巡不前，恭亲王就在背后推着他们。从中国历史的传统来看，曾、左、李等人都触犯了官场上的最大忌讳：一是功高难赏，没有他们的浴血奋战，即使那位自称是"耶稣弟弟"的洪教主没能君临天下，大清帝国至少也早已分崩离析、群雄割据了；二是权高盖主，他们手握重兵，在中国最为富庶的地区，集军权、财权、人事权于一身；三是"非我族类"，在严厉实行种族隔离政策的清帝国，这是汉人第一次如此大规模地手握雄兵。换在以往任何一个朝代，曾、左、李等都不可能有善终，更不要说参与政权的建设并分享胜利的成果了。实际上，在战后的重建和改革中，曾、左、李几乎无时无刻不受到政敌们的攻击，有的时候，这种攻击是直奔要害而来的，却都在恭亲王及慈禧太后的支持下，被一一化解。

晚清改革开放的"总设计师"，有人说是李鸿章，那是不准确的，李鸿章无非是前台的操盘手兼新闻发言人，知名度高而已。真正画圈、掌舵的就是恭亲王。如果要画一幅漫画来解释大清改革，那恭亲王就是把着方向舵、带着望远镜的船长，而曾、左、李等则是拿着桨的水手。

改革与革命相比，难度更大。改革最难的，并非目标的确定。现行体制下存在什么问题，只要不是瞎子和傻子，都一目了然，其中大多数的问题其来有自，积重难返。比"要改什么"更重要也更艰难的，是"如何改"，也就是对步伐、节奏、分寸的把握，以及对各种利益团体的平衡，特别是对其中的既得利益者的安抚。这些既得利益者拥有强大的政治和经济资源，如果处理不好，就会成为改革的极大阻力。这就是恭亲王作为改革当家人的艰难之处。

从民国开始，主流史学界多认为晚清的改革，胆子不够大，步子不够快，并且总是羞羞答答地不敢进行政治体制改革。这种评价就是典型的"不当家不知柴米贵"。改革的具体操作，首先必须有人，也就是操盘的团队，还必须有机制去贯彻落实，但这就出现了巨大的矛盾：现有的干部队伍腐败严重，行政体系运行艰难，而短期之内又无法重建一个行之有效的团队和体制。李鸿章晚年自嘲为"裱糊匠"，其实，改革者的定位就是"裱糊匠"，因为他不可能什么都推倒重来，如果都能推倒重来，那就不是改革，而是革命了。何况推倒重建的新屋子，其问题未必会比旧屋子少。这种无奈，也决定了改革是渐进的、缓慢的，是摸着石头过河，走一步看一步的。

其实，一个由体制内主导的改革，其首要目的当然是为了稳固政权，达到"大治"，绝非"大乱"。这种改革的基本前提，就是推动并且维持安定团结的政治局面，这也是古今中外任何一个政权的基本政治诉求。那种对如火如荼乱象的期待的动机，无非是浑水摸鱼而已。先砸烂了一切再说，"越乱越好""不破不立"，"破"了之后能否再"立"，如何再"立"并不重要，一切等老子手上有权了再说，这正是恭亲王临终前告诫光绪皇帝要多加警惕的。恭亲王尸骨未寒，所谓的"戊戌变法"便闪电般登场，随即又闪电般失败，其根本原因就是那些"口水改革派"们所要的只是砸烂旧体制，砸烂大多数人的铁饭碗，却没有足够的能力和耐性去建立新体制，毫无民意支持。

恭亲王的身份决定了他的改革出发点、立场及底线，那就是坚持和巩固大清皇族对政权的领导。这是他不可能动摇的基本国策。许多改革措施在他手上无法进行，大到政治体制改革，小到铁路建设，这并非因为他颟顸、愚昧，而是因为他作为当家人的无奈。操之过急，不仅无法凝聚改革所需的民心士气，反而会给野心者提供浑水摸鱼的工具。他最主要的助手、被西方公认为最坚定的改革者文祥，就不止一次地告诉洋人们，如果操切行事，则大清改革将走向反面。这在戊戌年和辛亥年的改革大跃进中都得到了验证，改革沦为争权夺利的幌子，真是"兴，百姓苦；亡，百姓苦"。我在上本书《国运1909》中涉及了不少此类细节。

"治大国如烹小鲜。""小鲜"不是不能翻动，而是不能频繁翻动，更不能任性翻动，否则就烂在锅里了。这个火候的掌握，或许就是对改革者能力和资源的考验。

《中国经营报》记者：恭亲王的改革努力并未让大清避免覆灭的结局，站在今天的视角来看，你觉得恭亲王的改革为何没能拯救大清？以他为代表的体制内改革者在历史上是否有带领改革走向成功的机会？

雪珥：对于一个政权来说，改革只能治病，却未必能救命。在治疗过程中，在手术之前，尤其大的手术之前，必须要有预案，保护好心脏和大脑。而心脏和大脑，我认为，就是改革者赖以行动的权威资源。我在上本书《国运1909》中多次谈到，清帝国的覆灭，不是因为其改革不够快、不够猛，而恰恰是因为改革超速失控。我会在即将开始的有关辛亥革命的专栏中，再细致阐述这些看法。

我们以"裱糊匠"来作比方。裱糊匠们的工作也是循序渐进的，从上房换瓦开始到更换房梁，有个漫长的过程。"裱糊"过程中，最重要的工作就是加固地基，随时监测，尤其不能因"裱糊"工作而掏空了地基。清末新政中，自1906年开始的政治体制改革，动作猛，幅度大，其实就是毁坏了地基，最后造成整体的坍塌。

恭亲王这样的体制内改革者们，当然是有机会成功的，但需要他们随时注意对自己要害部位的保护。恭亲王在临终前叮嘱光绪皇帝小心康、梁等"小人"，其实正是老成谋国之言。那种认为一旦改革，尤其是政治体制改革，就需要放开放开再放开，宁"右"勿"左"的极端想法，如果不是出于天真，就是出于某种别有用心了。改革从来都不应是极端语言的游戏，执行力在其过程中至为关键。

需要指出的是，不能因为政权的最终覆灭而否定了改革的作用。改革的作用，不仅及于当时的政权，更及于整个民族。发轫于恭亲王的近代改革，超越王朝更替和种族的界限，对中国现代化道路的选择，具有深远的意义。自恭亲王之后，只要有相对安定的政治环境，即使是那些草莽出身的统治者，也会在自己的一亩三分地里实行类似的改革，东北的张作霖、山西的阎锡山、甘肃的马家军，莫不如此。

《中国经营报》：通过对恭亲王及清末改革成败的回溯，你一直在强调权威性是推动改革的前提，但改革本身就是对现有利益权力格局的调整，如何在这个过程中保持改革者的权威性呢？

雪珥：改革是一种牵涉面很广的政治和经济实践，不是坐在书斋中做点沙盘游戏就能做到的，不是领导在讲话中多用几个排比句、在中央文件中多加几个感叹号就能达成的。它涉及许多人的利益调整，既会产生受益人，也会产生受损人。最郁闷的是，大多数人，包括大多数受益人也都在不断抱怨，无人喝彩。改革完全可能出现这样的结局，中国历史上从商鞅开始，几乎都是在大多数人群享受着改革的成果时，其倡导者却被押上了改革的刑场，他们的作用要过很多年甚至很多世纪后才能被历史认可。

改革往往就如同在迷雾中行驶，没有权威性资源作保障，不仅改革的路线、方针、政策难以落实，会被官僚体系在执行中走样，而且在面对激烈的利益冲突时，改革本身也将严重受阻，中途夭折，甚至倒灌。

"治大国如烹小鲜"，改革者最艰难的就是把握火候。戊戌变法之所以成为一场儿戏，就是因为动机不纯而分寸又太乱，几个年轻官员刚刚摸到权力的边儿，就贸然地砸了上到中央各部委、下到各省的一大批干部的饭碗，搞得人人自危，把几乎整个干部队伍都推向了自己的对立面，这至少说明政治手腕不够圆润，缺乏技巧，也说明自称"改革者"的那些人对自己的目标定位及达成途径的盲目。恭亲王的临终遗言，并非反对改革，而是提醒光绪皇帝要慎重，欲速则不达。戊戌变法失败带来的最大影响，不是那个儿戏般的政治体制改革被喊停，而是光绪皇帝及整个中央的能力和权威受到严重损害。为了保住光绪的皇位，慈禧太后出面和稀泥，并且以册立"大阿哥"的方式，来安抚愤怒的既得利益者们，从而导致了"极左派们"的全面回潮，一路往"左"飞驰，直到酿成义和团的大动乱。国家在短短的两年之内，就由戊戌的极右转向庚子的"极左"，直到辛酉变法开始才回到正轨上来。但在这一大折腾中，帝国仅存的元气即中央权威资源几乎耗尽，从而点燃了10年后分崩离析的导火线。

如何维持和不断增加权威资源，是对改革者能力、毅力和手腕的考验。这方面，以美国政治学家亨廷顿为代表的学者们，有不少精彩的阐述，也在中国得到无数人的关注，受到很多争议。我不是个政治学学者，没有能力提供药方，我只是个努力回到历史现场的"记者"，希望通过自己的发掘，给大家提供一些细节而已。

《中国经营报》：以恭亲王为代表的王朝势力推动的改革一定是渐进模式，以清末各种势力的博弈态势为例，在这种渐进改革路径中，如何不断地化解集聚起来的风险呢？

雪珥：有利益调整，就必然有利益冲突。

有的冲突是根本性的，比如干部下岗分流，被分流的人当然不高兴了，而这恰恰是晚清改革迟迟难以涉及政治体制的主要原因之一，不是"反动、腐朽"的清政府不肯放权、让权，而是那些寄生在旧体制上的官僚们难以安置。精简政府机构，这自始至终都是晚清改革的主要目标之一，但恭亲王时代不敢涉及，因为国家刚刚从内忧（太平天国动乱）外患（英法联军入侵及中法战争等）中复苏，需要一大批干部，哪怕是贪官污吏或不称职者。

思想观念不一致，这比较容易解决，恭亲王就常将反对改革的"保守派"们，直接安排到总理衙门工作，让他们尝尝当家人的感觉，其中的大多数人最终几乎都成了彻头彻尾的改革派。但涉及利益冲突，那就不是"换位思考"能解决的。

恭亲王一死，戊戌变法就先拿"公务员"开刀，结果反弹力量大到差点端掉了光绪的皇位，这可不是什么加强对领导的政治思想教育就能解决的。即使是袁世凯这么强势的人物，在1906年主持干部人事体制改革，最后也只能草草收场。实行宪政改革之前，慈禧太后征询出洋考察的载泽和端方等的意见，他们提出政治体制改革必须立即进行，因为它不仅利国利民，而且利君，可以保障皇帝"世袭罔替"，但就是不利官，这是很精辟的见解。

从晚清的实践来看，中央化解改革积累的风险，多采取延迟甚至取消改革的办法。但放弃具体的改革措施，并不意味着旧有的矛盾得到解决，新旧矛盾越积越多，到最后终于积重难返。这也是选择循序渐进的改革的代价，如果选择剧烈的"休克"疗法，或许能彻底解决一些问题，但也有可能就此昏死过去成了植物人。

《中国经营报》：恭亲王与慈禧的关系是一个很有意思的话题，你如何定位？他们是中国传统的帝权与相权的博弈吗？他们之间的微妙关系又如何影响了清末改革的走向？

雪珥：恭亲王与慈禧，就是政治搭档的关系，我将此称为"叔嫂共和"，其实就是"垂帘听政"与"亲王辅政"两种并存的特殊体制，一种特殊的"一国两制"。我们历来只强调了"垂帘听政"，却忽视了"亲王辅政"，这很容易导致对晚清政治运行机制的误判，以为慈禧太后可以一手遮天。

恭亲王与慈禧太后之间，当然是既有合作，又有斗争。摩擦的存在，是古今中外任何一种合作模式必有的伴生品。1884年中法战争时，慈禧太后成功地将恭亲王罢免，但还是必须换上醇亲王负责"亲王辅政"，而不能只搞"垂帘听政"。

清代从多尔衮—孝庄太后"叔嫂共和"之后，到了末代又出现3段：恭亲王—两宫太后、醇亲王—两宫太后、摄政王—隆裕太后。从权力制衡的角度说，这种"叔嫂共和"是最有效的防止亲贵篡权或外戚专权的设计。晚清50年，3任皇帝几乎都是少不更事的年龄，而且内忧外患严峻，但朝局却没有出现大的波动，既没有出朱棣，也没有出武则天，纵观中国历史，这是相当不容易的。"叔嫂共和"这种创造性的权力制衡设计，确保了晚清的政局不因"叔嫂"之间的矛盾而发生大的动荡。

《中国经营报》：你的写作有一个国内学者无法取代的优势，就是对大量海外史料的掌握。通过你对一些海外史料的钩沉，我们发现，清末的国际环境并没有那么险恶，而且西方列强似乎对中国的改革及改革者一直抱有某种期待，这是历史的真实吗？还是你矫枉过正的结果？当时的国际环境怎样影响了清末改革路线？

雪珥：并非我矫枉过正，而是历史本身已经被后世有意识地误读了。

晚清的国际形势，正如恭亲王等人所分析的，只要自己处置得当，就很难出现列强"合而谋我"的局面。在恭亲王的年代，列强中除了俄国和日本，几乎没有国家真正是对中国有领土野心的，当然，他们都在索取各自的利益。

后世总是批评恭亲王和李鸿章等人的"以夷制夷"政策，但那些批评者似乎也没有能力回答：作为一个弱国兼大国，除此之外还能有别的更好的办法吗？除日俄两国之外，中国的稳定、富裕乃至逐渐强大，与列强的根本利益并没有冲突，反而甚至还有促进。这也是列强在太平天国动乱时，决心援助大清政府，而非那自称是"耶稣弟弟"的洪教主的原因。可以说，恭亲王执政后，中国争取到了一个相对和平稳定的国际环境，第一轮"改革""开放"（洋务运动）的30年，就得意于这一时期的和平与均衡。

在当时的国际形势下，恭亲王等人的改革目标就是大清帝国要成长为西方那样的强国，同时尽可能地保留自己"最具有先进性"的社会制度和文化。这与日本明治维新的思路是完全一致的。区别只在于，大清国能动用的中央权威资源被迅速消耗，而日本却通过尊王攘夷等，强化了中央的权威资源，迅速将改革的成果转化为生产力、战斗力。

中国近代史固然充满了屈辱，但我们不能因此抹杀这其中的转机和相当程度的复兴。在甲午战争之前，清帝国的国际地位和威望是在不断上升的，在一些国际冲突中，清帝国似乎比后世的一些政权更具有亮剑的勇气。而即使那些屈辱的不平等条约，也几乎都是在清帝国血战之后或兵临城下之时被迫签订的，没有一个是为了内斗的需要而主动投怀送抱的。民国开始，为了宣传的需要，执政者总是要把清政府描绘成一团漆黑，以便显示自己的伟大、光荣、正确。

《中国经营报》：我们知道，你除了做过公务员、商人、律师，还曾做过财经作家，今天你又选择了一家财经媒体开设专栏，是否有某种媒体情结？为何在财经媒体刊载自己的历史研究成果？

雪珥：我开始近代史的写作，至今已经 5 年多了。随着读者群的不断扩大，我发现在一些场合，包括红墙之内和国土之外，在赞美声或讨伐声中，我的文章和观点有时会被有意无意地误读了。研究历史，资治通鉴是我的主要目的，我把自己的写作模式又定位在"历史现场记者述评"，有意识地强化了现场感和现实感，便于读者自我"代入"，这些都促使我在选择发布渠道上十分慎重，避免产生不必要的联想。

曾经有海外媒体约请我开设专栏，开出了十分诱人的稿酬，但我谢绝了。不是我想和钱过不去，而是我不想被人当枪使。我有自己的生意，可以养家糊口，不必卖文为生，赚取版税和稿酬被严格限定在"卖艺不卖身"。只有经济上的独立，才能保证人格上的独立，才能保持思想的贞洁。

我偏爱财经媒体，一是财经媒体比较务实，可以少卷入一些不必要的争论之中；二是财经媒体的受众群多是中产阶级，有相当强烈的社会担待，这一人群不仅是社会稳定的骨干，也是社会发展的主力，这令我可以远离那些装腔作势的八股混混，以及少不更事的愤青们——尽管我并不讨厌他们，但实在没有时间伺候他们。

别册

他人说

目录

编辑说别册

收录各界人士对雪珥—中国改革史系列的评论。

为保留原貌，对之前不同版本的书名不做统一修改。

著名媒体人、《中国经营报》编委　于东辉

雪珥：历史的拾荒者

经历对于一个人是宝贵的，无论好坏。历史对于一个国家也是宝贵的，无论好坏。关键在于这个人、这个国家，是否有自省的精神和能力，把过去的东西捡拾起来，炼成能量、聚成光束，去照亮未来的路。

雪珥，正是这样的历史的拾荒者。

1

2008年年底的时候，我正醉心于在第二年建立一个新栏目："中国1909"。那时北京奥运刚过，不少中国人期待能如1988年汉城奥运给韩国政治带来巨变一样，中国也会因这次与世界的融汇而加快改革的步伐。于是我想在2009年新年第一期在历史版推出一个新栏目，通过解读 100 年前中国大改革的得失，来为今天中国社会的改革提供资鉴。

寻找这个栏目的执笔者是个艰难的过程，所幸，在 2009 年到来之前，我的编辑找到了悉尼的雪珥。

"1909 年春天，中南海，一位年轻人正在为一个老大帝国画上最后的句号。这个年轻人的名字叫作爱新觉罗·载沣，大清国末代皇帝溥仪的生父、摄政王，世界上最大帝国的最后一任领导核心，时年 26 岁，正是'要让这世界为我激荡'的花样年华。"

这是我见到雪珥的第一段文字，"中国 1909"开栏第一篇文章的导语，后来我给这篇文章做的标题是《1909 年的春天》。这 100 多个文字让我确信"中国 1909"将会成为一个非常成功的栏目。

后来的结果也印证了我判断的正确。雪珥的文字几乎符合我对这个栏目所有的想象、要求和期待。他对细节捕捉之细腻，对问题研究之深入，与现实关照之紧密，都远远超出同时期我阅读过的其他类似文章。

弄清雪珥的身份是件很费脑筋的事，我的编辑花了很长时间和我解释"太平绅士"的意思。雪珥在国内从过政，做过新闻，经过商，在 20 世纪 90 年代末移民澳洲。后来我问他为什么把最后的兴趣点落在历史写作上，他只是说："好玩儿。"

那时雪珥在澳洲的正业还是贸易，经常在董事会的前一刻还与我探讨文章的主旨、落点。雪珥交稿异常准时，合作的三年里，没有过一次拖延。我曾经问他怎么会有那么多时间、精力来写稿，他说：我在悉尼几乎没有应酬，所以每天晚上从 8 点到 12 点这 4 个小时里，除了看书和写稿，我没事可做。

雪珥在悉尼的住处有个很大的院子，他辟出花园，到了节假日，除了给我写稿，就是到园子里除草。有时候，我甚至觉得他生活在一个农耕社会里。

或许，正是这样的生活环境，使雪珥的文字少了内地学者的浮躁与戾气。

2

雪珥在悉尼的办公室正对着悉尼港。雪珥说总看到一艘军舰停泊在港湾里，而这艘军舰总让他想起大清国的那艘定远舰。

或者正是这种莫名的情愫把他的思考和文字都绑定在那个并不遥远的王朝。

100 年前，改革是中国的主旋律，比照当时的历史环境，那时改革的力度、深度、广度都远非今日所能及。一个锐意改革的政府为什么最后会垮掉？中央威权削弱、政府公信力丧失、全民腐败（非独官员腐败），在这样的基础上，一场浮躁、操切的改革必定失败。这是雪珥的结论。

改革死于冒进，而非滞缓。这样的结论不但有悖于传统教科书的定论，也有悖于当下众多改革呼吁者的共识。这未免让雪珥有些孤立。但显然，他不打算放弃自己的观点。

100 年前的当国者之一李鸿章曾自喻"裱糊匠"，这是被雪珥欣赏的态度。他认为相对于推倒重来，裱糊是一项更为务实的工作。所以在人们急于否定体制的时候，雪珥倒认为重点是找到体制的漏洞，然后找到修补这些漏洞的方法，这才是改革的要务。因为体制内是集纳精英的地方，如果体制内都不能完成改革，体制外的努力更无法指望。

　　于是，寻找漏洞、寻找修补漏洞的方法，就成为他撰写所有晚清改革文章的主旨。

　　雪珥每次回国来到北京，去的最多的地方不是故宫紫禁城，而是后海边上的恭王府。雪珥对这所宅邸的主人恭亲王奕訢有着特殊的偏爱。他甚至在文章里把后者奉为大清国改革开放的总设计师。他努力在当时国外媒体的报道中（雪珥不相信时人或者后人的任何传记）寻找恭亲王的举手投足、一言一笑。他相信那位年轻的王爷是睿智的、坚毅的。他也相信是传统的政治染缸把这位改革者最后变成一个老于官场世故的官僚。因为无论在彼时还是今日的官场，老二的压力和风险永远是最大的。故此，雪珥经常有意无意地提到，周恩来在晚年时就经常流连于恭王府。

　　仍然和主流史观不同的是，雪珥不承认慈禧是保守的，他甚至不承认清廷存在保守派，在他的笔下只有改革的稳健派和冒进派。但压垮大清政权的，并非入侵者、革命者，而是这个政权自身。于是雪珥陷入在技术层面的苦苦搜寻——压死这只骆驼的最后一根稻草是辛亥革命，这谁都知道，但有价值的，是找到那根稻草之外的重量。

3

雪珥一直坚信，变革的力量来自体制内，因此他反感革命，也反感革命者。他所有文章里对于晚清革命者的评价，几乎句句诛心。

北洋政府替代了大清，国民党又打倒了北洋，中国在这种循环罔替的历史中不断革命，不断颠覆，可国家是离民权越来越近，还是越来越远了？雪珥这样发问。

"你不是痛恨腐败的权力，你是痛恨自己没有腐败的权力！"在广州的一次演讲中，他大声与一位质疑者辩论。

2012 年的春天，雪珥在美国游历了 40 天，他希望能够找到深入美国人骨髓里的民主基因。在费城，他发现美国人以非常简单的卡通片教育下一代三权分立的道理，当下兴奋地把这部短片发到微博上。他认为如果民众不能够广泛、深入理解民主的真正意义，那么革命只不过是饿狼赶走饱狼的过程。

当然，雪珥最希望了解的还是中国人的思想状态乃至生存状态。他一次次回国，与政府官员交流，与央企老总交流，与金融家交流，与"左"派的、右派的知识分子交流，他甚至请在北京务工的农民工吃饭，与他们进行面对面的交流。他说，中国要进行彻底的改革，就不能忽视任何一支力量的诉求。

2011年冬季的一天，中共河北省某市市委书记专门赶到北京拜会雪珥。在那次会谈中，雪珥再次重申了他对中国改革的看法——改革的动力和贯彻必须来自体制内。令人始料不及的是，这位地方官员坦诚地说出了自己对体制的失望。

事实上，雪珥对中国的出路总是暗藏着某种悲观的情绪。他不止一次地引用日本间谍宗方小太郎上奏天皇的报告，报告中称：中国全民丧失信仰，社会风气江河日下，民心腐败已到极点。雪珥认为这种全民腐败才是制约中国发展的最大瓶颈。但另一方面，雪珥又相信好的体制可以制约这种腐败，他举例说，在无官不贪的大清朝，英国人控制下的海关就非常廉洁。

所以他相信，管理是一项技术工作；同理，政治也是一项技术工作。

4

生活中的雪珥是个很随和的人，能够静心倾听别人的观点。他来北京的时候我常在东四十条的天下盐餐厅款待他，因为天下盐的经理二毛也是我的专栏作者。即便是和二毛谈论诗歌、烹饪，雪珥也很诚恳。

雪珥也是我遇到过的最"忠实"的专栏作者，他在《中国经营报》历史版开栏3年，从未辍笔。也许是因为有过新闻从业经历，尽管他身在悉尼，但还是总能捕捉到国内的新闻热点，然后抛出

绝版恭亲王

关联较强的历史文章。比如 2012 年 2 月王立军事件发生后，雪珥立刻连夜撰写出有关盛宣怀的历史文章《逃亡大使馆》。此文在微博上的预告被转发 5000 多次，尽管读者知道此文无关王立军，但还是仅凭标题的那 5 个字向《中国经营报》致敬。雪珥也是本报所有重大活动的"钦定"嘉宾，2011 年冬季本报举办的"竞争力年会"上，雪珥发表主题演讲，演讲后被热情的听众包围签名无法脱身，后来不得不动用会场保安将他"营救"出去。

雪珥在本报的专栏最后都集结出版，第一个专栏"中国 1909"后来集结成《国运 1909》出版，此书是柳传志 2011 年向社会推荐的两本书之一。后来陆续出版的还有《绝版恭亲王》《绝版甲午》《辛亥：计划外革命》《天子脚下》等等。

3 年来，有幸作为雪珥的第一读者，感受到他从悉尼对北京进行思考的整个过程。2011 年他开栏"李鸿章谈心"，我曾作诗遥寄，或许今天拿来，正可以做本文的结语：

拔剑向金陵，举火照大江。
功成百战短，国破一死长。
雪生执刀笔，隔海启玉章。
万里宫鸦在，犹噪旧夕阳。

2012 年 8 月 21 日于北京

著名政论家　亦忱

雪珥：从坟墓里掘出晚清败亡信史（节选）

　　澳洲华裔历史学者雪珥先生，堪称当下身处海外，却用汉语写作最勤奋的业余历史学家。自从 2008 年他以独特视角研究中日甲午战争的《大东亚的沉没》（中华书局）一书，进入中国晚清历史研究话语圈以来，他在短短的 4 年中，携《国运 1909》《辛亥：计划外革命》《绝版恭亲王》《天子脚下》等多部专著在国内出版发行，其晚清改革史研究，堪称独树一帜。

　　相信所有读过雪珥著作的人，对雪珥讲述的晚清改革历史，很难不会产生一种历史现场感。这大概可说是出国之前在国内当过新闻记者和律师的雪珥，利用自己身处海外的独特优势，能依据那些来自西方报章当年的新闻报道和英美档案资料，来研究晚清历史所独擅的神奇本事：此君竟能将一个进入了坟墓里百余年的旧中国，讲述得栩栩如生，犹如昨日发生的故事一样令人感慨不已。

读雪珥的近代改革历史研究专著，如果只能用一句话来概括其精义和特点，大概也只有用意大利哲学家、历史评论家贝内德托·克罗齐（Benedetto Croce）在90多年前所说的"一切真历史都是当代史"来加以表述，才最能恰如其分。

事实上，也确实有许多被现实社会问题所困扰的人，只要被雪珥撰写的著作引进近代中国的历史泥沼之后，大都能触及当代中国问题所奠基的坚硬石块之上，并恍然大悟：哦，原来太阳光所能照到的神州，真的是没有什么新鲜事儿，历史上曾演出的诸多故事脚本，如今只要稍微加以彩排并换上一拨演员，照样可以在中国的政治剧场中如法再次上演。

在此，说一句可能不被雪珥先生认同的话：其实任何人来评论他的近代改革史研究，大抵无人可及雪珥本人对晚清败亡所做的"不改革等死，乱改革找死"的精准定义和评价。

我们通读雪珥四卷本的中国近代改革史研究，不难发现雪珥研究一个政权的改革历史的基本立意和独特视角：如果不以被卷入改革洪流中的各色人等的"人性"为中心，不以关涉其切身"利益"与"权衡"为基本着力点，而只倾向于研究各种外来的空洞"主义"与"学说"，却放弃研究各种各样的现实社会问题的产生机制与消解之道，则任何高调的"改革"旗号，终究难逃被滥用的命运，而最终蜕变成为统治集团内部，或统治集团与觊觎权力宝座的在野政治势力，展开权力斗争的各种花样翻新的幌子。

通读雪珥的上述著作，应该不难发现，雪珥研究中国近代改革历史的一个极为独特的观点是，他言之有据地认为，晚清的败亡并不是源于革命的摧毁，而是在抗拒改革等死数十年之后，是在一次次盲目乱改革中自寻死路，才促成其快速奔向历史的坟墓。这其实也是中国近代改革史的主要症结之一，即：当一个个主政者可以混日子过的时候，则统治阶层拒绝一切有关改革的争论，一门心思安享权力作威作福，可当抗拒改革导致自己临近穷途末路之际，则改革的"主义万能"思潮却一直盛行不衰，众多政治投机者都指望靠"主义"走捷径，又纷纷忽略国家治理、吏治整顿、民生改善等其实更具技术性的改革问题，结果造成不少"改革者"或"革命者"凭借一个个蛊惑人心的"主义"，便成就了自己借"改革"或"革命"上位取而代之者的事功，在靠空洞的口号加暴力手段轻易占据统治地位之后，无不只热衷于"利用旧制度的瓦砾来建造新社会的大厦"（托克维尔语），而可怜的亿万民众也就自然如雪珥所言："只能在'黑狼''白狼'，或者'饱狼''饿狼'之间进行被动的选择。"

最后，谈到许多人之所以会产生读雪珥的近代改革历史研究著作，有一种借古讽今的意味洋溢其著作的字里行间，这一点也不难理解：所谓一切历史的当代性，其实就是真实的历史与真实的现实生活的紧密相关性与合乎逻辑的延展性。或者换过一种说法，一切由当代人所阐述的所谓历史，都是当代人以当下所面对的现实问题来拷问过去，借历史的还原，来为当代的问题寻找答案，或为了在迷失了目标的前进道路上找到行进的方向感。

因此，可一言以蔽之：我们研读雪珥先生的中国近代改革史专著，其最令人称道的一点就在于，我们从雪珥有根有据建立在西方新闻报章和档案资料基础上的晚清败亡信史叙说中，恰恰能找到一种近代中国改革历史行进的方向感。

2012 年 8 月 16 日

雪珥：我的优势是对史料的精读

　　中国近代变革史或许就是一部有关一个民族摸着石头过河的"石头记"。而国内对于这段变革史的开端——清末变革的记录，往往以"皇族内阁"的骗局和闹剧作为结论，论证的过程充满了荒诞气氛。

　　2009 年，也在水里挣扎着想找到小石块的"历史拾荒者"雪珥，萌发了撰写"石头记"的梦想。由他撰写的晚清变革三部曲，《绝版恭亲王》《国运 1909》《辛亥：计划外革命》，颠覆了许多人的观念。有人说，他"美化"了昏庸的晚清，因为书中"赞颂"一个血腥到了"留发不留头、留头不留发"的政权，居然主动地大力推行全面变革，积极地、冒险地扩大执政基础……也有人说，他的书比教科书更加真实，因为他的书里，引述了大量被国内史学界忽略的国外文献资料，呈现了很多外国记者拍摄的历史照片，仅在《国运1909》中，就用到了76张图片，它们的资料来源包括日本、美国、英国和法国的报刊图书，书中甚至还收录了一张1900年美国人拍摄的一位中国女人畸形的小脚的X光片！这些震撼人心的图片的效果远胜几页乃至几十页的密密麻麻、唠唠叨叨的文字！

对于雪珥本人而言，褒贬的争论只不过是副产品，大家之所以关注这三本书，是因为这话题搔到了大家的痒处："在河里挣扎的你我实在很想知道前人是如何摸着石头过河的。没有任何一部宝典能指引河中的摸索，但希望这本书能不断提醒你我：此处水深、王八多、鲨鱼凶猛……"

我的优势不在独家披露内幕，而是对史料的精读

记者：因为这三本书，不少人也对您这个作者很感兴趣，您能不能介绍一下自己？

雪珥：我现在是个商人。1991年从中国青年政治学院毕业后，当过省级机关秘书，幕僚，管过机关报，此后，下海从商。在澳洲，除了业余兼任一家中文报纸的总编外，主要就是从商，其间还回国搞过地产开发。商业是个纸醉金迷的行业，如果你想把自己的生活搞得多姿多彩是非常容易的。但不同人有不同的底线，我的底线是，我的夜晚不能那么去过，所以，几乎在每个夜晚，除了必要的应酬之外就是在写作。

记者：您在书中大量引述了国外史料，其中有相当部分与我们在国内看到的资料观点不同，这是出于什么考虑？

雪珥：我所精读的外文史学论文，数量大大超出了中文论文，这并非贬低中文论文，但的确很多中文论文只是为了拿职称、拿文凭。我本人就收到过不少所谓的核心刊物的广告信，出多少钱就可以发论文。市场有这个需求。从这些应景之作、饭碗之作里沙里淘金，成本太高，但还是不得不淘。国内的历史学者中有很多优秀人才，但出于主观和客观的很多原因，他们并没有，甚至不愿意在这方面多下功夫。举个例子，国内学者发表在论文里，至今还会引用一本《李鸿章自传》书上的内容，但这实际上并非是历史文献，而是上世纪一位美国记者在监狱中，根据李鸿章访美的新闻杜撰出来的小说。这一重大的失误，我在2009年的时候写了长文做过披露。我不想在此讨论史学理论，但西方学者们带给我的最大启发就是：一、从细节入手；二、兼听则明，掌握更多史料；三、不盲从，尤其是不能在意识形态先导的前提下盲从。

我的三部曲，《绝版恭亲王》是从一个人物切入，《国运1909》从一个年代切入，而新出的《辛亥：计划外革命》则是从一个行业切入，正在报上连载的《天子脚下的特区》，则是从天津、直隶一个地区切入，将这个人物、年代、行业、地区所发生的很多历史碎片，慢慢解析、串联、铺展。其实，真正能淘到"独家"史料的机会并不多，关键还在于史料的解读，我可能比以前的研究者对史料咀嚼得更细致些、思考得更独立些。可能有人不赞同，但我相信在历史研究领域，也同样是"细节决定成败"，而不是思想决定成败。没有细节支撑，思想就是妄想，史学就成了研究者的个人梦呓或混饭的饭碗。

清末变革失败有天然的因素，也有人为抹黑的因素

记者：您在书中对晚清帝王、大臣的变革做了一些不同以往的评价，这其中似有为统治者"美化"的嫌疑。您怎么看呢？

雪珥：其实，我的书中绝对没有美化任何人的倾向，而只是在尝试还原真相。晚清变革是个复杂的话题，晚清变革的面目被遮盖在浓雾当中，有些是天然的，这么大的国家，又是千头万绪的，很难厘清，不仅我们后世的人，当时的人也很难看清楚。还有人工的降雾，晚清倒台以后，后来者国民党有意识地把晚清进行了改造，将其塑造成了落后、腐朽的政权，以此显示国民党取代北洋政府的合法性、合理性、进步性。

晚清变革为什么没有成功，我们看到的观点是说清廷抓不住重点，自私，想保自己的政权而愚弄百姓，变革都是假的，等等。但我看到很多史料，包括国内能查到的很多史料，并不是那么回事。因为常理上来讲，在"普天之下莫非王土"的帝国时代，整个国家就是他的，他作为产权明晰的"董事长"或"大股东"，恰恰最没有动机或最不愿意让他管理的这家"公司"衰败的。为什么没有做好？有能力的问题，有外国入侵的问题，或者变革的方向、

进度问题。比如慈禧太后说要进行政治体制变革，因为端方报告称君主立宪政体好，能利国利民，调动人民群众的才智，而且也利君，可以确保皇帝世袭罔替，但就是不利官。

记者：您认为晚清变革失败的原因是什么？

雪珥：失败的原因并不是我们一直说的其变革不彻底，恰恰是因为它变革太快了，超速翻车。任何变革，都应循序渐进，但甲午战争失败后，国人却沉浸在浮躁情绪中，认为经济、社会、文化的变革时间长、见效慢，想在制度建设上强行超车，完全不顾基础。戊戌变法时，皇帝和杨锐等四个小秘书（即"四小章京"）一下子推出了100多件诏书，很多是将日本文件翻译过来一发布，就算变革了。这样强行推动的体制变革，甚至将张之洞、李鸿章等变革的操盘手都推到对立面上，怎么可能成功？这种浮躁心态愈演愈烈，到最后，清政府提出准备立宪期为9年，被一致批评为"假宪政"，只好改成6年，可日本宪政变革的准备期却是30年。

不折腾对于中国很重要

记者：晚清变革最终失败，演变绵绵不绝的革命。

雪珥：首先，任何变革，最重要的是警惕既得利益集团，他们才是变革最凶恶的敌人。皇权、绅权、民权，其实是三方博弈，

绝版恭亲王

其中的枢纽是绅权。在晚清变革中，绅权绑架了民权，将自己打扮成民权的代表，最终导致皇权失控，民权最后也没有伸张。翻开清末的各路媒体，基本看不到新闻，都是为自己这一派别的利益服务，成了所谓"机关炮＋机关枪"，为宣传自己的价值观，不惜造谣、编假新闻，根本看不到真相，这就使民众的信息混乱了，无法得出正确的判断。在这种信息"超限战"中，民众是受害者，政府也是受害者。就像保路运动，分明是川路公司的经手官员挪用巨款去上海炒股，损失 300 万两，极其惨重，为了挽回损失，趁铁路国有化之际要求中央财政埋单，没有得逞，就煽动民众，指责中央政府"卖国"，动辄以"七千万股民"的代表自居，但恰恰他们就是"七千万股民"身上最大的吸血虫和既得利益者。这其实是打着民意的旗号愚弄人民，不仅掏空了他们的血汗钱，还要民众为他们出钱出命。

其次，中国历史，一个很典型的现象就是：在野者永远将自己打扮成天使，将执政者描绘成魔鬼，这是一种夺权的策略需要；同样的，后世的执政者也永远把前代的执政者妖魔化，以便证明自己是伟大的、正确的。自晚清以来，几乎任何一个历史时期，那些摸着石头过河的体制内精英承受了太多的苛责，摸不到石头、摸错了石头乃至不慎溺水而亡的，统统成为妖魔化和嘲弄的对象，而那些站在干河沿上瞧热闹、讲风凉话、等待着时机以便"彼可取而代之"的人，他们站着说话不腰疼，当然永远正确了。指点江山太容易了，关键是怎么做。吐沫横飞的批判者并不当家，其实并不关心那些"柴米油盐酱醋茶"，这些细务在他看来，无非是将当家人赶下来取而代之的"投枪和匕首"而已。中国是个大国，而变革是一种利益调整，因此，在变革过程中必须有一个强有力的政权体系来支撑。我认为，实现公平、公正的前提之一是稳定，在稳定状态下尚且不容易达成的目标，是绝对不可能在动荡中达成的。医疗、住房、教育、社会保障等等，这些问题还得靠变革，靠建设。

2011 年 5 月 23 日

雪珥：改革者决不可书生意气

近日，以研究中国近代政治史闻名的学者雪珥，推出了新书《绝版恭亲王》。

新浪文史： 晚清有很多风云人物，如曾国藩、左宗棠、李鸿章、张之洞等。这些人一方面是力挽大厦于既倒的名臣，一方面也是第一批睁眼看世界的中国人。您为何单单选择奕訢作为这本书的主角？毕竟在当代，曾、李、左比奕訢更出名。

雪珥： 的确，相比于曾、左、李等人，恭亲王奕訢在现代简直就是二线、三线的小明星。即使恭王府游人如织，兴旺得据说仅次于故宫，但大多数人都以为自己参观的是"和珅他家"。这是现代传播的胜利，也是历史普及的悲哀。

开端于1860年代的洋务运动，不仅掀开了晚清改革的大幕，也掀开了中国近代150年改革的大幕。曾、左、李，乃至之后的张之洞、刘坤一、袁世凯等人，都是这场大改革的弄潮儿，但引导这场自上而下的改革的，正是恭亲王。恭亲王最初的改革设计，完全超出了曾、左、李所能想到的高度，当然，这或许并非因为曾、左、李没看到，而是他们地位较低，且是汉人、偏又掌着军权，在改革的调门上也不敢太高，明哲保身，韬光养晦。

我们认真看看19世纪60年代留下来的官方文献，就能看出在很多具体的改革措施上，其实是恭亲王在推着曾、左、李乃至整个官僚体系前进，而不是曾、左、李推着恭亲王。

恭亲王在近代改革中的地位和影响，之所以被长期忽视，有很多原因。

首先就是他的个性，我总结为"老二"性格，这是他的政治个性，并非他的本性。他这个人的本性还是比较高调的、有棱角的，拿得起、放得下，总理衙门内部浓郁的"民主"气氛，就经常令来往的老外们惊叹。从本性来说，奕訢实在是做老大的料，这或许也是他老爸、道光皇帝当时为选接班人而犹豫的原因。但最终是咸丰即位，君臣名分一旦确定，恭亲王这种十分适合做老大的性格，就不断为他带来麻烦。一个太优秀得几乎无懈可击的"老二"，这种完美本身就是他最大的缺点，让老大们最头疼最忌讳。

恭亲王在政治上，总共经历了"三起三落"，无论起还是落，原因都只有一个：能力太强，既不能不用，又不能不控制。经历几次磨难后，恭亲王就不能不改变自己，可以高调做事，但绝对不可以再高调做人。曾经丰采四溢、棱角分明的"鬼子六"，自此甘心自我矮化，小心翼翼地让聚光灯集中在皇座乃至皇座后面的帘子上，在展现超强行政能力和经济管理能力的同时，展现了萎靡得如同太监般的政治性格，紧跟领袖，亦步亦趋，语录不离手、万岁不离口，奠定了一个操盘手、一个管家、一个技术型官僚的典型的"老二"形象。

恭亲王这种由"不自觉"而进入"自觉"的"老二性格"，的确迷惑了很多人。美国人当时就说他是"风暴中弯折的芦苇"，我倒认为他是"泰山顶上一棵葱"，而不是"一棵松"，这使他减少了被狂风扫荡的机会，令泰山脚下的松树们大为心理平衡，同时也不影响他自己"会当凌绝顶，一览众山小"。

主观因素之外，在客观上，1884年"甲申易枢"、恭亲王被逐出权力中心后，官方也对恭亲王进行了长期的、持续的、人为的矮化、淡化及边缘化。官方显然更乐于让李鸿章等人站到改革的台前，因为李鸿章无论获得多么崇高的地位，也还是安全、可控的。

而进入到民国，尤其是国民党掌控了全国政权后，展开了一系列"净化"历史的行动，根据政治需要重新"设计"了近代史，以显出国民党的伟大、光荣和正确，整个晚清被描绘成了万恶的旧社会，恭亲王的作用就更被放到一边了。

我之所以选择恭亲王，不仅是因为在晚清改革的航船上，恭亲王是舵手，曾、左、李等人只是桨手而已；而且在我对改革史的多年研究中，我发现如果要说清楚中国近代150年的改革探索，根本不可能绕过洋务运动，也就不可能绕过恭亲王。由恭亲王倡导、推动并亲自操盘的改革，无论深度、广度还是力度，乃至遭遇的阻力，都可谓前无古人、后少来者，涉及方方面面：救亡与启蒙、御侮与内治、稳定与发展、效率与公平、扩大执政基础与维护执政地位等等，很多细节，尤其是其中的分寸拿捏和火候把握，至今仍有启发借鉴作用。

新浪文史：您认为奕訢作为一个改革者，其最大的优势和最大的劣势分别在哪里？

雪珥：作为一个改革的推动者和实践者，恭亲王奕訢的最大优势和最大劣势都在于他手中的权力。

也许有人会将别的因素列为优势，比如对世界大势的了解等等，这些"优点"，其实并不仅仅属于某一个人，而是属于一个群体，尤其是体制内先行醒悟过来的人。对于改革者而言，"发现问题"并不难，难的是"解决问题"，改革操盘最重要的就是"如何干"，而不是"如何说"。恭亲王最为宝贵的，就是手握几乎无上的"权威资源"，这令他可以稳稳地保持自己作为最后拍板者和裁判者的地位，为改革保驾护航。

但是，这种"权威资源"也成为他的一种负担，在"亲王辅政"和"垂帘听政"这种独特的"一国两制"环境下，他的权力经常会给自己带来无尽的嫌疑。为了避嫌，他就不得不低调从事，甚至不得不放慢步伐。

这或许可以说是体制内改革者的悖论：没有权力，难以改革；有了权力，为了避嫌，更为了保持权力的稳定和"可持续"，改革步子反而更要小心。那种高喊"胆子再大一点、步子再快一点"的，是具有高度"权威"乃至"维权"资源的老大，才能有的底气和中气，并非常态。改革是利益的调整和重组，当然就会牵涉到利益的冲突和争斗，包括恭亲王在内，大多数的改革者只能走试探、推进、观望、妥协的曲折前进的道路，这本来也是改革区别于革命的关键之一。

新浪文史：您认为一个优秀的改革者，需要必备哪些素质？需要舍弃哪些东西？

雪珥：美国总统和国务卿分别来访时，曾经与恭亲王的助手、大清国的常务副总理文祥有过深谈。这位很受西方尊重的大清改革者，就告诫美国客人：中国的改革不能急躁，必须循序渐进，否则改革者就会失去自己的资源，改革也就会走向反面。

从晚清的改革历史来看，体制内的改革者们处境相当艰难，在不断的利益调整中，不得不触及既得利益者的敏感神经，同时还得顾及大清特色的政治体制和社会体制的承受力，时时左右为难，却时时要尽力做到左右逢源。这就注定了他们经常会受到"左"、右两方面的夹攻，里外不是人。

我们看历史，已经习惯了"非黑即白"的思维方式，分什么"改革派"与"保守派"。其实，从我自己的读史体会来看，体制内外固然派系林立，但派系主要不是按照所谓的"理念"来划分的，而是根据"利益"来划分。绝大多数人都是站在自己现有的位置上来表态、站队，当自己未挑担子时，可能把"祖宗成法"、"光荣传统"抬得很高，但当自己挑上担子时，就不得不面对现实的问题，也就不能不成了一个改革者。

恭亲王的七弟、光绪皇帝之父醇亲王奕譞就是典型。醇亲王在取代恭亲王前，给世人的感觉相当的"左"，保守、排外。对恭亲王的改革，尤其"外敦信睦、隐示羁縻"的外交政策，他总是嗤之以鼻，建议太后"摈除一切奇技淫巧、洋人器用"，甚至两次秘密上书，建议削弱恭亲王的权力。而当他取代了恭亲王之后，便令人惊愕地实现了大转身，令海内外观察家们跌破眼镜。

在一个只以成败论英雄的年代里，或许一个成功的改革者，最重要的就是如何获取、整合并使用资源，这就需要很灵活的政治手腕，而这也就造成了成功改革者的一大问题：面具太多，不知道哪张脸孔是他的真实脸孔——其实，每张脸孔都是他的真实脸孔。

至于改革者必须舍弃的东西，很难盘点，但至少有一点：书生意气是绝对不可有的。无法操作的设想就是空想，无法兑现的诺言就是废话，口水层面上的改革终究是"口水"。这也是我在改革史的研究过程中，更为看好体制内的改革者的原因。并非任何一个高喊"改革"的人，都能算是改革者的。改革没有平坦的大道，只有那些不畏劳苦，沿着陡峭山路攀登的人，才有希望达到未必一定光辉的顶点。

新浪文史：奕訢和慈禧太后的关系，既有相互利用，也有相互倾轧的情况。但总体来说，奕訢是慈禧稳定国家、执行政策的一把利器。作为一个出身中等官宦家庭的传统中国女人，慈禧对奕訢信任的根源在哪里？

雪珥：很难说恭亲王与慈禧之间谁是工具、谁是手。恭亲王与慈禧，就是政治搭档的关系，我将此称为"叔嫂共和"，其实就是"垂帘听政"与"亲王辅政"两种并存的特殊体制，一种特殊的"一国两制"。我们历来只强调了"垂帘听政"，却忽视了"亲王辅政"，这很容易导致对晚清政治运行机制的误判，以为慈禧太后可以一手遮天。

慈禧对恭亲王的"信任"根源，首先在于她别无选择，无论在体制层面上还是能力层面上。恭亲王与慈禧太后之间，当然是有合作、有斗争。摩擦的存在，是古今中外任何一种合作模式必有的伴生品。1884年中法战争时，慈禧太后成功地将恭亲王罢免，但还是必须换上醇亲王负责"亲王辅政"，而不能只搞"垂帘听政"。

清代从多尔衮－孝庄太后"叔嫂共和"之后，到了末代又出现三段：恭亲王－两宫太后、醇亲王－两宫太后、摄政王－隆裕太后。从权力制衡的角度说，这种"叔嫂共和"是最有效防止亲贵篡权或外戚专权的设计。晚清五十年，三任皇帝几乎都是少不更事的年龄，而且内忧外患严峻，但朝局却没有出现大的波动，既没有出朱棣，也没有出武则天，纵观中国历史，这是相当不容易的。"叔嫂共和"这种创造性的权力制衡设计，确保了晚清的政局不因"叔嫂"之间的矛盾而发生大的动荡。

新浪文史：改革是三个阶层协同前行的事情：上层决策者、位于中间和基层的执行者、普通民众。这三种人，对待改革的心态一般有什么异同？

雪珥：1906年，当载泽、端方等从欧美考察宪政回来，向慈禧太后汇报时，他们指出：宪政这种政治体制改革，利君、利民，但不利官。慈禧太后对此深以为然。

"利君、利民，不利官"，这是一个非常关键的判断，我认为它实际上道破了中国近代改革，尤其是涉及政治体制层面上改革时的一个症结所在。

从利益角度看，上层决策者自然是"与国同休"的，国家的稳定、发展、富强，是最为符合他们的利益；而对草根阶级来说，无产者本来能失去的只是"锁链"而已，只要能够推进民生、民权，没有不欢迎的。

恰恰是作为改革执行主体的官僚体制，才是任何改革所最可能损伤的既得利益群体，也成为反对改革，或者异化改革、让改革彻底走样的主体。

我在改革史系列的另外两本书《国运1909》和《辛亥：计划外革命》当中，都详尽地描述了改革的善政、仁政是如何被官僚机器异化为暴政、虐政的。这种异化，其实与意识形态毫无相关，

绝版恭亲王

与执政团体的旗帜和方向也都无关，而恰恰是最为古老的、困扰中国千百年的所谓"朝代周期律"，是毛泽东与黄炎培所认真探讨过的深刻命题。

政府作为一种"必要的恶"，为什么需要政府、如何建立政府、如何监控政府，这其实并非意识形态命题，而是公共管理的技术问题，而我们恰恰爱在形而上的高度去谈这些，结果导致全民的精力总放在"推翻"和"重建"的"权位争斗"上，却从未放上更为根本的文化建设和心理重塑上。

新浪文史：在中国这样一个背负有沉重历史枷锁的国家里，上层决策者应当怎样做，才能真正换取普通民众的理解？

雪珥：从我读史所获得的肤浅心得看，我觉得一是"不折腾"，二是"不装蒜"。"不折腾"，已经写上了旗帜，不必多说。中国的政治传统，是习惯了做"父母官"的，官员们总是假装自己无所不能、永远正确，但这是个心照不宣的全民游戏。问题是，这种假象会令决策者获得扭曲的信息反馈，在一片"拥护"和"赞同"声音中，反而容易迷失方向，很难发现问题的症结，更难以找到解决问题的钥匙。

"上行"与"下达"是个双向的信息和行为互动过程，如果"上行"受阻或变形，其后果就不仅仅是决策者与民情的隔阂，也同样会造成"下达"的扭曲变形。在我目前已经完成的改革史三本书中，谈了不少"下达"扭曲所带来的巨大后果，其实，要真正解决解决前文所说的官僚机器异化改革、也即"下达"问题，其根子还在于保持"上行"通道的畅通，古代尚且说"民心乃天心"，民声如何"上达天听"十分关键，实际上涉及如何实现"权为民所赋"的问题。

这既涉及理念层面，更涉及操作层面。无论哪个层面上，我觉得关键就在于如何让代议制真正发挥作用，这是自晚清以来，体制内外的无数仁人志士不断摸索的。

新浪文史： 有人说，晚清改革的失败，并非因为中央权力过于集中，而是因为权力在改革中被分散了，导致中央政府对社会的控制力直线下降，最终使得政府倒台、群雄并起。您是否同意这种说法？

雪珥： 改革必须有权威资源，这也是我读史所得的关键一点。改革是一种牵涉面很广的政治和经济实践，不是坐在书斋中做点沙盘游戏就能做到的，不是在领导讲话中多用几个排比句、在中央文件中多加几个感叹号，就能达成的。它涉及许多人的利益调整，它既会产生受益人，但也会产生受损人，最郁闷的是，大多数人、包括大多数受益人也都在不断抱怨，无人喝彩。改革完全可能出现这样的结局，中国历史上从商鞅开始，几乎都是在大多数人群享受着改革的成果时，其倡导者却被押上了改革的刑场，他们的作用要过很多年甚至很多世纪后才能被历史所认可。

改革往往就如同在迷雾中行驶，没有权威性资源做保障，不仅改革的路线、方针、政策难以落实，会被官僚体系在执行中走样，而且在面对激烈的利益冲突时，改革将严重受阻，中途夭折，甚至倒灌。

如何维持和不断增加权威资源，是对改革者能力、毅力和手腕的考验。这方面，以美国政治学家亨廷顿为代表的学者们，有不少精彩的阐述，也在中国得到无数人的关注，受到很多争议，专家或自诩为专家的不少。我不是个政治学学者，没有能力提供药方，我只是个努力回到历史现场的"记者"，希望通过自己的发掘，给大家提供一些细节而已。

新浪文史： 恭亲王的命运，在今天的中国，有哪些可借鉴的地方？

雪珥： 恭亲王的命运，并不值得羡慕，从个人角度来看，他的生前和身后，可以说是多干不如少干、少干不如不干、不干不如反对干。这是个人命运的悲剧，但恐怕也是国运的悲剧所在。

中国的传统是，站在边上说风凉话的，永远正确，责任则都属于那个使劲干活的。其实，一个真正的宪政民主体制，如何做好一个负责任的"在野者""反对者"，其实比如何做好一个执政者更难，也更重要。

中国近代史也已经证明了，一个不负责任、不择手段的"在野者"，当他登堂入室后，也不可能是一个好的执政者。民众面对的选择题，往往不是"黑猫""白猫"，而是"黑狼""白狼"，或者是"饱狼""饿狼"。

新浪文史：在晚清改革失败之后，中国人仍然选择了"推翻重建"的方式，军阀四起，以一种强权代替了另一种强权。您认为当改革面临可能的失败时，改革者应当促发社会秩序的推翻重建，还是应当及时刹车、以协商和契约解决问题？

雪珥：毫无疑问，我认为大多数民众都会选择稳定。"宁为太平犬，不为乱世人"，这不只是中国的传统，也是人类的本能。因为，在所谓的推翻重建的大折腾后，无非是"白狼"取代了"黑狼"，"饿狼"取代了"饱狼"。

马上到来的 2011 年是辛亥革命百周年，在我看来，辛亥革命最伟大的成果，就是在中国历史上破天荒地实践了一次"民族和解和政治宽容"，在帝国崩溃的废墟中，居然没有爆发大规模的仇杀和内战，连高喊"驱除鞑虏"的革命党，也坐下来加入了"五族共和"，这是很了不起的，也是真正值得我们当代人去挖掘的历史财富。

2010 年 12 月 23 日

著书如观山，喜奇不喜平

学界

戴旭（著名战略思想家、中国空军大校）——

有人说中国的改革开放是摸着石头过河，而雪珥则在历史的彼岸，对着这个摸了 170 多年石头还没有走过河去的民族大声疾呼：切莫重蹈前朝的覆辙！也许追金逐利的涛声会淹没他子规一般的啼鸣，但浪花碎灭之后，我相信雪珥的赤子之心、睿哲之思，将如灿然的珠贝一样闪耀在岁月的残阳里。

徐有威（著名学者，上海大学历史系副主任、博士生导师）——

雪珥的成功已经获得了广泛的承认……用现代的语言描述和解读 100 多年之前的历史，这就是雪珥有特色的语言特点。也许是没有受到历史系系统训练的背景反而更加容易发挥，雪珥曾经的从政和记者背景，使他的视角和文笔在绝大多数历史系科班出身中也是难以比拟的。那些体制内靠出版学术论著成长的学者，那些从来没有当过官也没有近距离观察过为官者的学者，即既没有吃过猪也没有看到过猪跑的学者写不出来的……我读着雪珥的书，时而哈哈大笑，时而掩书沉思。这些资料我过去多少知道，但是经过作者的一番诠释，我又发现了它们新的内涵；而那些从来没有注意到的资料特别是外文资料，则更令人耳目一新。

经济学家梁小民（摘自《生活周刊》2011 年 7 月 19 日）——

雪珥文笔通俗、流畅，读他笔下的历史，能像小说一样地把整本书读完，很受启发。

金矢（城市发展战略和规划专家、中国农大博士生导师、世博会中国馆咨询专家）——

在看雪珥写的《绝版恭亲王》和《国运 1909》，看来我们了解的晚清政治格局仍有许多虚构的内容。晚清如此，现在有多少是真实的呢？小到一个社会事件，大到几十年政坛的风云变幻。为什么历史脱离了原貌，因为写历史的人被利益和情感所异化了。然而，这些非真实的历史影响了未来的世界！

阎崇年（著名历史学家）——

"著书如观山，喜奇不喜平"，《绝版恭亲王》（《帝国总理》）有它非常奇特的地方，我感到有三点：第一，图文并茂，这本书的图片有230多幅，其中有很多图片非常珍贵。特别是恭亲王那个时代的很多图都是当时海外的一些资料，这些对我们理解恭亲王及他所在的那个时期的历史非常有帮助。第二，书中包含大量的海外史料，这是我们现在很多书中比较匮乏的。使我们间接地看到了恭亲王那个时代更为真实的一面。第三，写书的视角很独特。恭亲王本人很复杂，可以从不同角度剖析他。《绝版恭亲王》（《帝国总理》）重点选择恭亲王"改革"的视角，看完让人有很多启发。

黄兴涛（中国人民大学清史研究所所长）——

雪珥视野很开阔，它并不是就恭亲王只谈恭亲王。比如说，作者为了让我们更加了解恭亲王辅政的体制在整个晚清的独特作用，他还涉及了其他晚清政府人物奕劻、奕譞等，通过这些人物的映射谈恭亲王非常难得，增加这本书的可看性。另外，书中还有许多内幕的揭示非常有意思，比如里面提到恭亲王和慈禧太后关系处理上很多微妙的地方，这些都会非常吸引读者。

孙旭光（历史学博士，文化部恭王府管理中心主任）——

雪珥因为长期居住海外，涉猎了大量的外文史学参考资料。包括日本、澳洲和西方的众多历史资料，他收藏了国外当时的报告和报纸10万多份。所以这本书在《中国经营报》专栏上连载的时候，我是每期都看，很兴奋也很受启发，对恭亲王本人有了新的认识。

萧斌臣（著名教育专家，北京大学教育与人力资本研究所研究员）——

雪珥写历史的角度完全不同于所谓的主流史学家，其视角独特，眼光独到。与其说是在写历史，不如说在写现实。

商界

徐子望（著名金融投资家、美国高盛全球合伙人及中国区首任董事总经理、现任 CXC 开投基金董事长）——

雪珥先生的研究擦去了历史这面镜子上的很多污渍，让大家能够重新窥视清末民初这段历史的明镜，思索着历史的偶然与必然……经过百年涤荡，如果祖国这次能够成功升级，雪珥的研究及其生动有效的传播将功不可没！

任志强（著名地产商）——

体制内的改革者，一面要和光同尘，一面要负重前进，艰难而孤独。掌声难得，嘘声易起，本想"左右逢源"，却往往是"左右为难"，上下不讨好，里外不是人。恭亲王在雪珥眼中是位中国清末的改革者。这种改革者的处境大约和今天类同。

薛蛮子（著名金融投资家）——

1850 年，英法联军火烧圆明园，京师陷落，皇帝出逃，27岁的恭亲王出面斡旋，镇定自若，不亢不卑。恭亲王任大清国领班军机大臣、领班总理衙门大臣，推行洋务，动员整合资源，为改革保驾护航。推荐参阅雪珥先生所作《绝版恭亲王》（《帝国总理》）。

林白曦（Mikko Rautio，芬兰航空中国区首代，在中国长大的芬兰人）——

历史的进展有时是必然的，但经常也会是偶然的。回顾过去大家都可以做个事后诸葛亮，评头论足地假设一下如果当事人用其他方式运作有可能会是另外的结果。可现实是无情的，历史的篇章也是不可能倒流的。我最崇仰的是能公正地阐述过去的人，你可能对作者的观点有不同意见，可你必须诚实地坦然地面对曾经发生的历史。

雪珥的清末丛书使我大饱眼福，孤陋寡闻的我在以前还没有接触过能这么客观阐述清末这短短的几年的作品，它不偏不倚，让事实把前因后果慢慢地道来，书中文字诙谐风趣，与时俱进，读起来轻松，像一条清澈的小河从山上婉婉而下，让人受益匪浅。

我以为你如果不了解中国的历史，你就不会知晓她的将来。书中有些 100 多年前发生的事还在我们的社会中重演，是昨天，是今天，读者仁者见仁，智者见智，自有分晓，雾里看花也无妨。

林永青（价值中国网发起人、创融国际资本公司董事总经理）——

"改革"一词在什么时候成了社会主流话语体系？又是何时，总与"工具化"联系在一起？是权力的作祟，还是各种利益在重新调整中失衡？清末，纵使改革是民心所向，亦是官心所向，中国革命还是没能站起来。1909 年，改革失败，王朝解体。100 多年后的今天，改革的需求仍在，以史为镜，现代的中国还将跌倒在哪里？

胡若笛（红杉资本中国基金分析师）——

放假读了两本书，《绝版恭亲王》和《国运 1909》，据说某位国家领导人读了之后批得满书都是红字……站着批评当权者易，脚踏实地搞改革难啊。

媒体界

《中国经营报》总编辑 李佩钰——

我们脚下的石头，其实前人早已经摸过了，关键在于我们能否看得清彼岸，并有渡达彼岸的决心、智慧和勇气。身处这样一段历史的乱流里，我们更需要清楚地记得来路，而这恰恰是雪珥文字的价值。

何亮亮（著名媒体人、凤凰卫视时事评论员）——

在大家的一贯印象中，清王朝的最后改革是以"皇族内阁"

的骗局和闹剧作为收场的，充满了荒诞气氛。雪珥将自己定位于"历史拾荒者"的角色，以新闻记者的敏锐和律师的严谨两项从业训练与经验，从堆积如山的史料中爬捡出许多被忽视和遗忘的真相。

崔永元（著名媒体人），摘自时尚传媒集团王迪微博——

我问崔永元，可否推荐本书，他说最近在看雪珥的《绝版恭亲王》，真实的还原历史，并且很亲切地把我的笔记本拿过来写下了书名。我想，他是爱历史之人，他身上有沉淀的东西存在，所以才会有《我的抗战》如此深刻入微的作品。

张泉灵（央视著名主持人）——

读《绝版恭亲王》（《帝国总理》）：每个人都有自己的算盘。中国算盘所有演算无非两字：进退……洋务运动随着北洋舰队在日本联合舰队的炮火下沉没。尽管早在10多年前李鸿章就疾呼军事改革，尽管户部一直在"大国崛起"的幻觉中对北洋舰队实行财政封锁，一旦北洋舰队灰飞烟灭，那些从来袖手旁观甚至暗地里使绊子的新老愤青立刻用爱国主义的唾沫淹没了李鸿章。

萧三郎（著名媒体人、《新京报》书评周刊主编）——

我曾在《中国经营报》上追看雪珥《李鸿章谈心》等专栏，深为雪珥独特的历史写作所吸引。雪氏的历史写作，近来蜂拥出版，坊间流行，独具特色，个人以为，至少有两点与众不同之处：一是，重视对原始史料的挖掘以及实证，并累有新见。这与他在海外致力于收藏与晚清有关的文物保持着正相关的关系。这也是国内学者写历史文章所少见到的。二是，珍视历史的"古为今用"。写历史文章，有人力图冷静复原当时的气氛和现场，或标榜不带情感的"零度写作"，雪珥显然不属于此类。雪珥先生所聚焦的晚清改革史，其实明眼人很容易看清，雪珥先生之意，目光所看在晚清，心中所思在当下。祝贺雪珥改革史四卷文集出版。希望更多的人从雪珥的历史写作中有所助益。

王晓渔，《南方都市报》2011 年 5 月 22 日——

雪珥不是满足于给那些不懂文言的读者讲述一些白话版的故事，而是有着专业的文献功底和深刻的历史洞察力，同时又写得一手酸辣麻香的文章，对得上"深入浅出"四个字。

柳中原，《南方都市报》2011 年 7 月 17 日——

雪珥历史叙述的一大长处是，他擅长将平常所见的史料，寻找到一种新的解读角度，然后转化成故事素材，从而将历史娓娓道来，思路清晰，条理有序，讲述有趣味，阅读无障碍……面对卷帙浩繁的历史材料，如何理清错综复杂的经济利益纠葛，如何辨别激情口号之中的真伪，如何不为传统观点所束缚，最终穿越历史迷雾，还原历史真相，我以为，既需要坐冷板凳的工夫，更需要的是所谓史家眼光……雪珥自称是"非职业历史拾荒者"，这就仿佛郭德纲所说的"非著名相声演员"，既是自谦，分明又有十足的自信在里面。"非职业"，摆明了不走老套路，而"拾荒者"，或者意味着"人弃我取"，废物利用，主流学者们不用的、看不上的史料，我有能力用新方法、新观点来重新运用，不是自信又是什么？……我以为仍有一种传统士大夫的家国情怀在雪珥的笔触中隐隐潜伏，尽管远居澳大利亚，尽管面对的是100年前的人与事，但他的现世关怀是显而易见的……如果说历史是一个任人打扮的小姑娘，那么，我看到雪珥想做的，是努力去除涂抹在历史脸上的脂粉，将她还原回一个素颜女子，至于她是清秀可人，抑或是满脸雀斑，那就交托给读者诸君自己来做判断了。

黄鸣鹤，《厦门晚报》2011年4月10日——

在晚清历史中那么多鲜活的面孔中，雪珥偏偏挑中了"恭亲王"这位被称为"鬼子六"的大清王爷，以详尽的资料证明在大清国走向没落的最后时光中，并不是所有满清贵族都是荒淫无度的"哪管死后洪水滔天"，而是审时度势，努力推动洋务运动和政治变革，没有他在庙堂中的支持，就不可能有曾国藩、左宗棠、李鸿章这些封疆大吏在地方上的变革，从这个意义而言，这位爱新觉罗的后裔，才是晚清变革的掌舵人和总设计师。

慧远，《西安晚报》2010年12月19日——

与其说雪珥写的是与恭亲王相关的晚清历史，不如说他是以恭亲王为个案，剖析官场，解析国情，分析社情。并在此基础上，揭示人治社会的本质，对晚清以降的中国改革史进行颇富私人意味的另类解读与深度评析。

伊文匡（上海远东出版社副总编）——

晚清唯一一个敢于大张旗鼓地贪腐的国家领导人奕䜣，在升迁途中的每个岗位上，都展现了骄人的工作能力，成为大清诸多改革者幕后的保驾护航者，甚至被英国人认为是中国进步的动力所在。《绝版恭亲王》（《帝国总理》）说："这再度证明了：历史是复杂的，人性也是复杂的。"

雾满拦江（著名作家）——

历史是人性的统计学，能够于纷乱的世相中洞见未来，让我们认识规律并强化知人论世的能力。推荐澳大利亚华人雪珥的《绝版恭亲王》（《帝国总理》）。帝国的智者，尘封的思想，至今仍然重复不休的世相场景，去除虚幻的伪饰标签，与海外史料相印证，品味与现实几无区别的历史，于民族的宿命中找回自己。

网友

guxin（网名）——

雪珥极为擅长从经济的角度来透视政治的变革，从而揭示在一个官僚专制主义的体制下经济改革无从深入。实际上，晚清的历史必须重写，我们方能理解旧制度为何能阻挠新改革。

何以畏惧（网名）——

因为做生意，又不住在中国，很喜欢雪珥那种肯讲真话，不谈主义的劲头。

天地人（网名）——

我认为雪珥先生有两个基调。第一个是国民的劣根性和相互之间的深刻矛盾。这一点在甲午之战中表现得比较突出；第二点是体制内对权利和财富的争夺，以及由此对体制外的人民造成的恶劣影响。

话别锦少爷（网名）——

雪珥先生虽然是业余的历史学者，但他创作的目的应该不仅仅在于普及历史、娱乐大众。他更着重于用深入浅出的写法，还原历史彼时彼刻的原貌，为今时今刻的历史进程提供有益的借鉴，即所谓的"以史为镜"……要为历史事件、历史人物翻案，不仅需要能忍耐拾荒故纸堆的寂寞，更要有最终被碰得头破血流的准备。雪珥先生在翻案这方面处理得非常得体，对于一些历史人物都是点到为止，没有详谈，但那段历史的是非曲直，依然讲得非常透彻。

煜譡（网名）——

摆脱意识形态的束缚，撇开政治的偏见，客观评价清廷的新政，才是有独立的思考能力和价值观的知识分子所应持有的态度。

霜落（网名）——

关于 1909 年，宣统元年及前后的这次宪政改革，本可以看成清王朝最后的回光返照，但 100 年这个历史轮回却将其披上了"风景旧曾谙"的诡秘外套。百年前的那些世态百相，在今天看来仍有似曾相识的感受，这不得不让人感到一丝心惊肉跳。但从另一个方面讲，这些"历史照进现实"的景观，同样也是"资治通鉴"式历史经验的优质写本。

人可一笑（网名）——

在众人为改革众说纷纭的时候，他以特有的冷言冷语试图唤回我们的理智。

西甲铁闸（网名）——

雪珥的特点是站在"体制内"的角度，不是以往史学界以

"球迷"的身份来评述"场上情况"，所以有些东西很值得玩味。

冬日透窗（网名）——

总觉得雪珥的文字在不经意间映照出如今的历史，也许正如作者所言，历史在不断轮回，只是新瓶装旧酒而已。

唐（网名）——

《绝版恭亲王》（《帝国总理》）是一本不错的中国书。春节时候帮一位领导弄了十套书，专门送各个部委领导，我留下一本，看了看，挺不错。不错并不在于什么文笔，什么写法，什么历史，这些都是次要的，中国的文字从来都是两种，一种是什么婉约派，什么豪放派，专门用来欣赏的；另外一种是专门看门道的，这本书就是看门道的。至于这个门道怎么样，想看的就自己去看吧，门道是没法谈论的，只能自己琢磨。

M-话事人（网名）——

一本书，我能看三四遍，还是看不厌，这本书很了不起，《绝版恭亲王》（《帝国总理》）。我觉得自己是雪珥的最忠实的读者，他写的几部书，我全部都看过。

巫大准（网名）——

读雪珥《绝版恭亲王》（《帝国总理》），当千年老二也许更需智慧和胸怀。一句不当家不知柴米贵,道出的辛酸有几人知晓?

谷雨（网名）——

这本书让我想起了几年前的易中天旋风。两者都是用当下的流行语重新解读历史。不过,雪珥更多的是从一个商人的角度来权衡得失。难能可贵的是,雪珥援引了大量的海外资料来还原那段历史,给读者提供了一个完整的视角,且言语犀利幽默。

4fen（网名）——

兼具学术性和可读性,是写恭亲王的著作中非常全面、优秀的一本。读史鉴今,常读常新。

智赢云端（网名）——

中国的改革者大都是在老二位置上或者行使着老二权利的那帮牛人,从这个角度,这本书阐述了很多做老二的艺术,韬光养晦也好,曲线自强也罢,都是挺有意思的剖析的。大概也是这个原因,我倒是觉得这本书有些厚黑、有些办公室战术在里面。

醉心食色（网名）——

作者不愧一等一的玩史高手。把晚晴历史用恭亲王这根主线串得淋漓尽致。

uver1（网名）——

央视上介绍过这本书。一个政治家王爷，在清末非常的少见，对于清末的爱新觉罗氏的子孙们，他绝对是一颗明星，如果有如果，当时传位给他而不是咸丰，那么中国的历史会怎么样呢？应该不会有现在的颐和园，现在的恭王府，现在奢华神秘的东陵慈禧地宫了，静静读读历史，真的很让人放松。

人天地（网名）——

雪珥评价晚清改革，并非基于什么"主义"，而是着重于对事实的研究，注重"技术"的分析。敬仰的作者：不唯书，不唯上，只唯实。

风过杨柳岸（网名）——

这样具有颠覆性的内容，虽在意料之中，却也足以让人震撼，原来是这样……我们多年来看到的、听到的，有多少谎言？美国有一本书《历史老师的谎言》，可是，那是我们想这么做的么？到底我们的中学历史书，还要骗学生骗到什么时候？

（京）新登字083号

图书在版编目（CIP）数据

绝版恭亲王：风口浪尖上的晚清改革舵手／雪珥著.
—北京：中国青年出版社，2017.11
ISBN 978-7-5153-4976-3

Ⅰ.①绝… Ⅱ.①雪… Ⅲ.①奕訢（1832—1898）—生平事迹 Ⅳ.①K827=52

中国版本图书馆CIP数据核字（2017）第271544号

总 策 划：皮　钧
责任编辑：吴晓梅
助理编辑：马　绒
书籍设计：瞿中华

出版发行：中国青年出版社
社址：北京东四12条21号
邮政编码：100708
网址：www.cyp.com.cn
门市部：010-57350370
编辑部：010-57350521
印刷：鸿博昊天科技有限公司
经销：新华书店
开本：880×1230　1/32
印张：15
字数：320千字
版次：2018年1月北京第1版
印次：2018年12月北京第2次印刷
印数：10001—15000
定价：80.00元

本图书如有印装质量问题，请凭购书发票与质检部联系调换
联系电话：（010）57350337